南强知产文库

科技自立自强下的
知识产权与技术创新

乔永忠 著

厦门大学出版社
国家一级出版社
全国百佳图书出版单位

图书在版编目（CIP）数据

科技自立自强下的知识产权与技术创新 / 乔永忠著. 厦门 ：厦门大学出版社，2024.12. --（南强知产文库）. -- ISBN 978-7-5615-9604-3

Ⅰ . D923.404 ；F124.3

中国国家版本馆 CIP 数据核字第 2024FB7636 号

责任编辑	李　宁
美术编辑	李夏凌
技术编辑	许克华

出版发行	厦门大学出版社
社　　址	厦门市软件园二期望海路 39 号
邮政编码	361008
总　　机	0592-2181111　0592-2181406（传真）
营销中心	0592-2184458　0592-2181365
网　　址	http：//www.xmupress.com
邮　　箱	xmup@xmupress.com
印　　刷	厦门市金凯龙包装科技有限公司

开本	720 mm×1 020 mm　1/16
印张	18.5
字数	320 千字
版次	2024 年 12 月第 1 版
印次	2024 年 12 月第 1 次印刷
定价	86.00 元

本书如有印装质量问题请直接寄承印厂调换

前　言

科技自立自强是国家强盛之基、安全之要。习近平总书记强调的"保护知识产权就是保护创新"①，是对"知识产权"与"创新"关系的权威论断。党的二十大报告提出的"加强知识产权法治保障，形成支持全面创新的基础制度"，与该论断一脉相承。

为加快实现高水平科技自立自强，发展新质生产力，本书以"科技自立自强下的知识产权与技术创新"为主题进行深入研究，提出以下观点：第一，除了知识产权保护制度外，重大技术创新等奖励机制、研发补贴政策和研发竞赛机制等都对技术创新具有不同层面的促进作用。充分发挥知识产权保护制度和其他不同类型技术创新激励机制的协同作用，对实现中国高水平自立自强具有重要价值。第二，深入研究知识产权制度对协同技术创新、合作技术创新、开放式技术创新、集成技术创新和双元技术创新等行业或产业、企业及区域技术创新的激励机制，是实现党的二十大报告提出的"加强知识产权法治保障，形成支持全面创新的基础制度"目标的重要措施之一。第三，专利制度是激励技术创新的重要机制，调整专利保护长度、宽度和强度使其达到最优专利保护制度是激励技术创新的重要条件，同时重视专利价值、专利质量、专利诉讼、专利无效宣告、专利寿命等对技术创新的影响，有利于实现中国高水平科技自立自强。第四，作为国家发展战略性资源和国际竞争力核心要素的高价值专利是实现中国科技现代化的重要基础之一，做好高价值专利的高质量创造、科学判别和精准测度对实现中国高水平科技自立自强非常重要。总之，在实现高水平科技自立自强的背景下，研究知识产权制度促进技术创新的相关问题，对中国式现代化建设和发展新质生产力具有重要意义。

---

① 习近平在中央政治局第二十五次集体学习时强调：全面加强知识产权保护工作激发创新活力推动构建新发展格局［EB/OL］.（2020-12-01）［2024-02-05］.https://www.gov.cn/xinwen/2020-12/01/content_5566183.htm.

本书系国家自然科学基金面上项目"基于主客体及环境因素的专利收益影响机制实证研究"(项目编号:71874148)资助成果之一,同时属于南强知产文库,在此感谢资助。

　　本书结合习近平总书记相关讲话、党的二十大报告等重要文件及精神内容,基于科技自立自强背景,主要研究了知识产权制度对技术创新的促进作用,但是因为作者研究水平有限,对相关问题的理解和解读存在局限,恳请读者不吝赐教,以便后续完善相关内容。

2024 年 10 月

目 录

绪论 …………………………………………………………………………… 1

第一章 科技自立自强下的技术创新激励机制 ………………………… 4
 第一节　重大技术创新奖励机制 ……………………………………… 5
 第二节　典型技术创新奖励机制 ……………………………………… 20
 第三节　研发补贴政策和研发竞赛机制 ……………………………… 33
 第四节　不同类型技术创新激励机制的关系 ………………………… 49

第二章 科技自立自强下的知识产权制度与技术创新 ………………… 69
 第一节　知识产权保护制度与技术创新 ……………………………… 70
 第二节　知识产权与技术创新类型 …………………………………… 79
 第三节　知识产权与企业技术创新 …………………………………… 92
 第四节　知识产权与产业和区域技术创新 …………………………… 105
 第五节　知识产权保护、技术创新及外商直接投资 ………………… 117
 第六节　知识产权保护、技术创新及其他 …………………………… 125

第三章 科技自立自强下的专利制度与技术创新 ……………………… 130
 第一节　专利制度及其外部因素对技术创新的影响 ………………… 130
 第二节　最优专利制度与技术创新 …………………………………… 136
 第三节　专利价值与技术创新 ………………………………………… 149
 第四节　专利主体与技术创新 ………………………………………… 166
 第五节　专利事件与技术创新 ………………………………………… 185
 第六节　专利制度影响技术创新实证研究 …………………………… 199

第四章　科技自立自强下的高价值专利与技术创新…………… 215
 第一节　高价值专利促进技术创新的重要性及依据………… 215
 第二节　高价值专利及其对技术创新的激励作用…………… 220
 第三节　高价值专利培育与技术创新………………………… 227
 第四节　高价值专利判别与技术创新………………………… 230
 第五节　高价值专利测度与技术创新………………………… 242
 第六节　高价值专利驱动效应与技术创新…………………… 251
 第七节　高价值专利激励技术创新实证研究………………… 254

参考文献……………………………………………………………… 270

绪　论

2023年9月,习近平总书记在黑龙江考察时首次提出新质生产力的概念,并于2024年1月在主持中共中央政治局第十一次集体学习时强调:新质生产力是创新起主导作用,摆脱传统经济增长方式、生产力发展路径,具有高科技、高效能、高质量特征,符合新发展理念的先进生产力质态;发展新质生产力是推动高质量发展的内在要求和重要着力点;科技创新能够催生新产业、新模式、新动能,是发展新质生产力的核心要素。[①]

多年来,中共中央一直高度重视科技创新工作,把科技创新摆在国家发展全局的核心位置,全面谋划科技创新工作,加快推进科技自立自强。习近平总书记在2020年的中央经济工作会议上指出:科技自立自强是促进发展大局的根本支撑;2021年在两院院士大会、中国科协第十次全国代表大会上指出:加快建设科技强国,实现高水平科技自立自强;2022年在党的二十大报告中指出:加快实施创新驱动发展战略,加快实现高水平科技自立自强;[②]2023年,在中共中央政治局第三次集体学习时强调,加强基础研究是实现高水平科技自立自强的迫切要求。[③]

2020年,习近平总书记在中共中央政治局集体学习时强调的"保护知识产权就是保护创新",是对"知识产权"与"创新"关系的权威论断。党的二十大报告提出的"加强知识产权法治保障,形成支持全面创新的基础制度",

---

[①] 习近平在中共中央政治局第十一次集体学习时强调:加快发展新质生产力　扎实推进高质量发展[EB/OL].(2024-02-01)[2024-02-05].https://www.gov.cn/yaowen/liebiao/202402/content_6929446.htm.

[②] 习近平同志《论科技自立自强》主要篇目介绍[EB/OL].(2023-05-28)[2024-02-08].https://www.gov.cn/yaowen/liebiao/202305/content_6883464.htm.

[③] 习近平在中共中央政治局第三次集体学习时强调:切实加强基础研究夯实科技自立自强根基[EB/OL].(2023-02-22)[2024-03-15].https://www.gov.cn/xinwen/2023-02/22/content_5742718.htm.

与该论断一脉相承。知识产权关系国家治理体系和治理能力现代化。研究如何运用知识产权制度激励技术创新,对我国发展新质生产力,实现高水平科技自立自强具有重要的理论和现实意义。

首先,有助于强化知识产权保护顶层设计,大幅提升技术创新水平,夯实我国科技自立自强的前提基础。自立自强是民族复兴的前提,科技自立自强是建立创新型国家的重要条件。坚持创新在现代化建设全局中的核心地位,把科技自立自强作为国家发展战略支撑,是党在关键时期针对我国技术创新实际提出的新要求,是顺应技术创新发展趋势的历史必然。促进技术创新是知识产权制度的主要功能,高水平科技自立自强离不开知识产权制度的强有力保障,更离不开技术创新和经济发展的支撑。规划新时期国家知识产权创造、保护和运用的顶层设计,发挥好知识产权的创造、保护和运用在激励技术创新过程中的作用,准确把握利益平衡,严格准确保护知识产权,同时防范权利过度扩张,实施专利质量提升工程,突破关键核心技术,有效促进技术创新,为我国实现高水平科技自立自强奠定重要基础。

其次,有助于深化知识产权保护体制机制改革,完善技术创新机制体制,健全我国科技自立自强的制度保障。将科技自强自立提升到战略高度,是新时期我国技术创新发展的客观要求。近年来我国技术创新取得了很多成绩,专利授权数量也多年占据世界首位,但是我国现有的技术创新模式存在不少问题,不仅表现为出现"卡脖子"问题[①],而且表现为缺少重大的原始理论创新和颠覆式创新。将科技自立自强提高到战略高度是顺应时代要求和我国技术创新发展的规律。完善知识产权制度,改革知识产权体制机制,有效提升创新主体的技术创新能力。完善知识产权审查制度,提高审查质量和效率,充分运用知识产权保护制度激励技术创新。为此,需要积极探索建立适合我国技术创新发展水平和经济发展需要的产业和区域差异化的知识产权保护制度,推动科技创新自立自强。

再次,有助于推进知识产权领域国际合作,开展合作技术创新和开放技术创新,为我国科技自立自强创造外部条件。科技自立自强是一种独立自

---

① "卡脖子"问题是指中国在关键核心技术的技术体系或技术簇,包括基础工艺、核心元部件、系统构架与机器设备等,对美国为代表的西方国家依赖性强,且容易被断供和制裁。

主的技术创新精神。与自主技术创新相比,科技自立自强的重点在"科技自强"。虽然科技自立自强与自主创新都具有独立、自主创新的内涵,但是科技自立自强还强调了技术创新的"自强",即不仅"自立",而且要"强大"。与合作技术创新相比,科技自立自强的关键在"科技自强"。科技自立自强并不排除合作技术创新和开放技术创新,相反合作技术创新和开放技术创新是科技自立自强的客观要求,没有合作技术创新和开放技术创新就不会有科技自立自强。科技自立自强必须是建立在合作和开放基础上的技术创新,但是科技"自强"才是目前我国技术创新发展的关键。知识产权客体的无形性和区域性决定了其在国际合作中非常重要。目前,知识产权日益成为国家发展的战略性资源和国际竞争的核心要素,全球技术创新合作和知识产权保护问题日益复杂,知识产权全球治理的利益博弈越来越重要。为此,深度参与世界知识产权组织框架下的知识产权全球治理,推动知识产权领域的国际合作,提升我国知识产权全球治理水平,有助于提升高水平科技自立自强的速度。

最后,有助于维护知识产权领域国家安全,提升创新主体的技术创新能力,打造我国科技自立自强的安全屏障。将科技自立自强提升到战略高度,与近年来集中体现和逐渐激化的"卡脖子"之痛密切相关。但是究其实质而言,"卡脖子"问题不仅反映了我国技术创新能力在特定方面的不足,也反映了我国在技术创新发展新阶段的外部特征。科技自立自强是开放创新的目的。借用外部科技创新成果是科技自立自强的条件之一。科技自立自强绝不是科技的"盲目自大",而是要实现傲居全球的技术创新成果。维护知识产权领域国家安全对实现我国科技自立自强非常重要。提升知识产权保护强度,强化知识产权全球治理能力,维护知识产权领域的国家安全,突破"卡脖子"技术围堵,是我国实现科技自立自强的重要条件。值得特别强调的是,知识产权制度只是促进我国科技自立自强的重要机制之一。只有积极完善机制体制,优化制度政策环境,统筹基础研究和交叉学科及尖端技术,完善技术创新体系,激发创新主体的积极性和创造性,才有可能真正实现我国高水平科技自立自强。

综上所述,科学、高效运用知识产权激励机制,对加强科技创新特别是原创性、颠覆性科技创新,实现高水平科技自立自强,打好关键核心技术攻坚战,形成原创性、颠覆性科技创新成果,培育发展新质生产力非常重要。

第一章

科技自立自强下的技术创新激励机制

党的二十大报告提出的未来五年主要目标任务强调了"经济高质量发展取得新突破,科技自立自强能力显著提升"。① 经济高质量发展离不开"知识产权"与"技术创新";高水平科技自立自强能力提升更需要以技术创新为基础。技术创新是科技发展的关键,是发展新质生产力的核心要素,研究高水平科技自立自强背景下的技术创新激励机制对发展新质生产力具有重要的理论和现实意义。

随着全球科技、经济和社会的快速发展,世界各国正在面临公共健康、食品卫生、气候能源和国防安全等一系列重大挑战。在很多情况下,这些重大挑战的解决方案不仅取决于宏观技术创新的发展,而且取决于很难预先建立的微观解决方案及其实现路径,所以这些重大挑战及其解决方案意味着传统技术创新激励机制可能无法实现或者完全实现其特定目标。政府采购技术协议等传统方法的经验限制,导致传统技术创新激励方法很难满足宏观技术创新的需求。同时由于很多重大科技问题挑战都可能是重大市场失灵产生的结果,所以基于市场调节的技术创新激励机制的价值非常有限。寻求重大技术创新和突破应对这些重大的科技、经济和社会挑战需要更多的机制创新。那么什么样的技术创新激励机制可以确保创新主体持续进行重大攻关,并投入大量创造力、取得重大技术突破和技术持续迭代以及将重点聚焦于解决这些富有挑战性的问题方面,使政策制定者或者决策者能够将注意力转向各种有效激励技术创新,尤其是重大技术创新奖励机制,迎接

---

① 习近平:高举中国特色社会主义伟大旗帜　为全面建设社会主义现代化国家而团结奋斗——在中国共产党第二十次全国代表大会上的报告[EB/OL].(2022-10-25)[2024-03-15].https://www.gov.cn/xinwen/2022-10/25/content_5721685.htm.

重大社会问题挑战,值得系统深入研究。因此,本章主要研究重大技术创新奖励机制、典型技术创新奖励机制、研发补贴政策、研发竞赛机制与专利保护制度在促进技术创新方面的差异,以及不同类型技术创新激励机制的协同作用。

第一节 重大技术创新奖励机制

重大技术创新奖励机制是中国完善科技创新体系,实现高水平科技自立自强的重要措施之一。随着科技经济的快速发展,尤其是高新技术的快速发展,技术竞争的日益加剧,激励技术创新的奖励机制已经或者正在迅速复兴。传统技术创新激励机制中知识产权制度是通过授予权利人垄断权而激励技术创新和知识传播的制度之一,通常很难促使创新主体从事并完成重大理论和技术突破的创新任务。知识产权制度不能为市场失灵的挑战提供足够激励,以政府采购为导向的方法限制了可能的创新主体及其考虑的方法范围。[①] 由此可见,重大技术创新不仅是解决全球各国面临重大挑战的重要路径,也是实现中国高水平科技自立自强,发展新质生产力的关键措施。

一、重大技术创新奖励机制及其特征

技术创新奖励机制主要是指政府等组织者或者决策者通过奖金等金钱或者物质及精神奖励激励创新主体进行技术创新活动,并完成特定创新任务或者目标的机制。重大技术创新奖励机制是技术创新奖励机制主要类型之一,研究其内涵和特征对促进技术创新,实现高水平科技自立自强具有重要价值。

(一)重大技术创新奖励机制的内涵

重大技术创新奖(grand innovation prizes,GIPs)制度是指国家或者政

---

① MURRAY F, STERN S, CAMPBELL G, et al. Grand innovation prizes: a theoretical, normative, and empirical evaluation[J]. Research policy, 2012, 41(10): 1779-1792.

府针对应对重大技术挑战,且达到技术创新目标绩效或者取得突破性解决方法的创新主体进行奖励的机制。重大技术创新奖是指对完成事前确定的重大技术创新目标和技术绩效的创新主体的巨大现金报酬的特定级别创新奖励。如果重大技术创新满足奖励组织者设定的具体技术创新目标要求,技术创新完成主体将获得现金或者物质等形式的报酬,并将技术创新成果投入公有领域或者由国家支配,这即"重大技术创新奖励"机制。

(二)重大技术创新奖励机制的特征

1.兼容性

重大技术创新奖励机制的兼容性主要体现在两个方面。一是奖励机制的兼容性。也就是说,重大技术创新激励机制与专利制度等技术创新奖励制度是可以兼容的。该制度的目的是技术创新达到要求的绩效目标,技术创新主体或者发明人获得承诺的资金奖励,同时可以获得从技术消费者和技术许可者互动产生额外收益的技术独占权的专利制度保护。[①] 重大技术创新奖可以容许专利和奖励等多种激励技术创新机制共存于一体。其区别于传统技术创新激励机制的关键在于技术创新目标的特征只能被重大技术创新奖部分具体化。绩效目标可以被明确,但是解决方法的完整描述往往是不可能的。二是服务部门的兼容性。技术创新奖励机制的适用条件不限于公共部门,也可以在愿意提供相关信息的私营部门使用。公共部门与私营部门对现有重大技术创新奖励制度的设置大概一致。成功的技术创新产品通常需要大量的研发投入和研究团队的努力及其突破性的想法才能完成。由于技术创新成果的规格通常难以在完成之前进行完整和详细描述,所以重大技术创新奖励制度不同于小规模技术竞争,如软件开发竞争需要有限的资源,而且其解决方案通常可以详细描述。[②] 因此,重大技术创新奖励机制对公共部门和私营部门可以同时适用。

---

① KAY L. The effect of inducement prizes on innovation: evidence from the ansari X prize and the Northrop Grumman Lunar Lander Challenge[J]. R&D management, 2011, 41(4): 360-377.

② GALASSO A, MITCHELL M, VIRAG G. A theory of grand innovation prizes [J]. Research policy, 2018, 47(2): 343-362.

2.挑战性

获得重大技术创新奖的创新主体必须面临巨大的技术挑战和突破。解决重大社会需求、挑战重大技术障碍、突破重大技术创新是重大技术创新激励机制的三大重要目标。科学的重大技术创新激励机制至少应该能够解决两个重要问题：一是重大技术突破挑战通常涉及基础技术的突破，并依赖特殊专业机构中特别重要的利益相关者；二是大量重大技术突破挑战的社会本质迫使决策者思考超越现有市场激励措施，以吸引足够多样化的创新主体关注，并承诺通过一系列技术创新产生可信度较高的解决方案。① 因此，重大技术创新目标的挑战性是创新主体获得重大技术创新奖所要面临的重要难题，解决这些难题是获得重大技术创新奖励的对价。

3.有效性

科技奖励是承认科技工作者的劳动价值和科研成果、激励其持续创新的有效手段。② 重大技术创新奖励机制主要关注的是，创新主体能够实现重大技术创新的有效性，真正满足重大社会需求，为国家和社会带来显著的社会福利。当然，完成重大技术创新离不开对技术方法的依赖，但是最为重要的是对创新主体的技术创新主动性的激励。关于激励技术创新奖励机制的相关研究成果主要集中于技术创新奖励机制影响技术创新水平的方法及其有效性方面。Boudreau等（2016）基于不同类型竞争对手的技术创新激励机制以及奖励机制及其不同细节对技术创新的影响，研究了重大技术创新奖励机制的有效性问题。③ Loeb、Magat（1979）研究表明，当技术创新成果的利益可以量化时，基于消费者盈余的激励技术创新奖励机制可以达到最优水平，证明奖励机制的有效性。④ Galasso等（2018）结合现场观察、个

---

① MURRAY F, STERN S, CAMPBELL G, et al. Grand innovation prizes: a theoretical, normative, and empirical evaluation[J]. Research policy, 2012, 41(10): 1779-1792.

② 王海芸,张钰凤,王新.科技奖励视角下的创新团队激励研究[J].科研管理,2017(S1): 355-364.

③ BOUDREAU K, LAKHANI K, MENIETTI M. Performance responses to competition across skill-levels in rank order tournaments: field evidence and implications for tournament design[J]. The RAND journal of economics, 2016, 47(1): 140-165.

④ LOEB M, MAGAT W. A decentralized method for utility regulation[J]. Journal of law & economics, 1979, 22: 399-404.

人访谈和实际调查所得数据以及对现有相关理论、政策及其文献的分析发现,重大技术创新奖励机制设计存在界定激励技术创新奖励规范的复杂性、奖励机制的性质和作用,特别是专利制度与奖励过程治理等相关问题。[①] 总之,满足科技、经济和社会的重大需求,实现重大技术创新的有效性是衡量重大技术创新奖励机制绩效的关键。

二、重大技术创新奖励制度的产生和发展

评估重大技术创新奖励机制具有目标确定、机制设计和功能定位三个关键维度,其中激励技术创新的奖励机制设计包括预先制定规范、激励行为、资格审查规则和奖励效果治理等环节。因此,研究重大技术创新奖励机制的理论基础、制度政策依据、实施结果和经验借鉴对完善该机制具有重要价值。为了更好地理解重大技术创新奖励机制作为激励解决大规模社会挑战、促进重大技术创新的解决方案激励机制的功能定位,[②]需要对其产生背景和发展过程等进行较为系统的研究。

(一)重大技术创新奖励制度的萌芽和产生

重大技术创新奖励机制思想萌芽是发生在英国,与早期英国较为先进的科技发展水平密切相关。该制度萌芽和产生阶段大致可以划分为以下四个阶段。第一阶段为萌芽阶段。早在13世纪,英国政府就建立了技术创新激励制度,以便有效提升该国创新主体的技术创新能力,充分满足其解决最紧迫的科技、经济和发展需求。重大技术创新奖励制度的最初萌芽就是在这种背景下作为激励技术创新政策的特殊工具产生的。这为达到重大技术创新和技术突破,解决国家面临的科技经济挑战奠定了早期基础。第二阶段为初步产生阶段。到了16世纪,英国政府和企业等创新主体为鼓励发明人的突破性技术创新制定并实施了大量的事后奖励制度,例如英国议会对

---

① GALASSO A, MITCHELL M, VIRAG G, A theory of grand innovation prizes [J]. Research policy,2018,47(4):343-362.
② MURRAY F, STERN S, CAMPBELL G, et al. Grand innovation prizes: a theoretical, normative, and empirical evaluation[J]. Research policy, 2012, 41(10): 1779-1792.

"詹纳接种疫苗"和"救生艇大门"的相关奖励。① 第三阶段为正式产生阶段。在18世纪,英国政府机构和企业等创新主体开始较为系统性地使用重大技术创新奖励机制的思想激励重大技术突破和技术创新。但是在西班牙(1567年)和荷兰(1627年)两次不成功的重大技术创新奖励机制实施效果之后,英国颁布了《经度法案》(the Longitude Act),并承诺为解决"海上经度测量"技术问题的创新主体奖励奖金2万英镑,目的是解决航海定位和导航最重要的问题之一。1714年,英国政府通过《经度法案》,提供丰厚的经费奖励给第一个提出在航船上确定经度的可行方案的创新主体。该奖励机制激励了很多人研究确定航海经度的技术解决方案。虽然《经度法案》已经是比较完善的重大技术创新奖励机制的代表,同时也对该奖励机制进行了较为充分的修改和完善,但是它并不是唯一利用重大技术创新奖励机制奖励技术创新活动的实例,而是该机制具体适用的典型实例而已。

第四阶段为欧洲主要国家正式采用重大技术创新奖励机制的阶段。在整个18世纪和19世纪,法国特别勤勉地为国家解决科技、经济和社会重大问题挑战制定并适用重大技术创新奖励机制和普通技术创新奖励机制。如在皇家法令或者法国科学院从食品保护技术创新到农业害虫技术创新等方面初步设立了重大技术创新奖励制度。② 从1839年起,英国皇家农业学会为耕作、收获和作物准备等农业工具技术提供的普通技术创新奖励奖项和奖章,③在较大程度上激励了相应的科技、经济及社会发展问题的解决。尽管一些国家为了解决其面临的重大经济、科技及社会问题,尤其是技术突破问题,运用重大技术创新奖励机制(或者类似机制)激励了不少的技术突破和技术创新问题,但是重大技术创新奖励机制在19世纪开始逐渐失去其优势,取而代之的是专利保护制度、政府技术采购协议机制或者基于先发优势

---

① MANSFIELD E. Patents and innovation: an empirical study[J]. Management science, 1986, 32(2): 173-181.
② WRIGHT B. The economics of invention incentives: patents, prizes and research contracts[J]. The American economic review, 1983, 73: 691-707.
③ BRUNT L, LERNER J, NICHOLAS T. Inducement prizes and innovation[J]. Journal of industrial economics, 2012, 60(4): 657-696.

和补充资产控制的市场奖励等机制,①以此激励技术创新活动,并取得较大的成功。虽然重大技术创新奖励机制被较少适用的原因尚未完全得到解释,但是关于英国《经度法案》的争议推动了专利制度等激励技术创新机制的实施。值得关注的是,重大技术创新奖励机制的设计者和参与该奖励机制的创新主体都发现,该奖励机制难以保证每一位获奖者都是合格的。②同时因为在重大技术创新奖励制度中独立发明者难以在奖励之前获得资助,完成其技术创新,而且技术创新成本的上升也可能是驱动重大技术创新奖励机制被淡化,而专利保护制度等激励技术创新制度被重视的原因之一。作为重大技术创新奖励机制的补充,虽然政府机构在创新主体获得奖励之前对其个人技术创新提供有条件的资助,③但是工业产业相关研究的兴起使企业能够利用部分专利垄断权获得利润进一步激励了技术创新。由此可见,虽然重大技术创新奖励机制具有促进技术创新的特殊动力,但也存在先天缺陷和不足。

(二)重大技术创新奖励机制的完善和发展

在20世纪初,重大技术创新奖励机制以"航空技术"等一系列奖项为标志出现了短暂的强势回归。但是除了这种短暂回归之外,正式的重大技术创新奖励机制只在20世纪末期作为一种重要的技术创新激励机制重新出现过。重大技术创新激励机制的短暂复苏部分原因可能是1996年以1000万美元为奖金的Ansari X重大技术创新奖励项目的成功。④ 该技术创新奖励项目是由彼得·迪亚曼迪斯通过X奖基金会发起的重大技术创新奖励项目,奖励第一项发射可重复使用的载人飞船进入太空的太空飞船技术突破。1999年,美国国家工程学会工程与科学引导奖励项目报告正式明确

---

① TEECE D. Profiting from technological innovation: implications for integration, collaboration, licensing and public policy[J]. Research policy, 1986, 15(6): 285-305.
② SIEGEL R. All-pay contests[J]. Econometrica, 2009, 77(1): 71-92.
③ CROSLAND M, GALVEZ A. The emergence of research grants within the prize system of the French Academy of Sciences, 1795-1914[J]. Social studies of science, 1989, 19(1): 71-100.
④ KAY L. The effect of inducement prizes on innovation: evidence from the Ansari X prize and the Northrop Grumman Lunar Lander Challenge[J]. R&D management, 2011, 41(4): 360-377.

了美国政府对重大技术创新奖励机制的关注。随后美国政府发起了面向特定技术创新目标的重大技术创新奖励比赛项目：2004年，美国国防高级研究项目机构（DARPA）发起了奖金为100万美元奖励项目的邀约，要求在无人干预的情况下完成150英里（约241.4千米）的赛道重大技术突破。美国26个科研团队花费超过1亿美元的研发经费对相关技术进行研究，最后由微软联合创始人保罗·艾伦资助研发的宇宙飞船一号项目组宣布获胜并得到正式奖励。Ansari X 奖励项目获得的关注和投资再次激发了政府对重大技术创新奖励机制的兴趣。2006年，美国国家航空航天局（NASA）发起了重大技术创新奖励项目以完成相应的重大技术创新和技术突破。除了政府机构对重大技术创新奖励机制的运用和关注，私营部门对重大技术创新奖励机制的关注也不例外。这段时间私营部门也发起了X奖基金会和生命基金会，包括关于肌萎缩侧索硬化（ALS）生物标记的项目在内奖励了多项重大技术创新奖励项目，完成一系列重大技术创新和技术突破。

奥巴马政府时期，美国对重大技术创新奖励项目机制的运用从个别独立的技术实验项目转变为更加广泛的科技政策倡议和号召，相关机制实施的法规旨在加速采用所有类型的技术创新奖励机制作为一种激励技术创新的重要工具。2005年医疗创新基金奖法案为新药技术创新提供了基于重大技术创新或者技术突破的奖励；2007年美国能源部被授权实施竞争性的"现金奖励能源技术计划"；2009年美国政府鼓励所有政府机构通过技术创新奖励机制促进和利用技术创新解决科技经济面临的重大挑战；2010年美国竞争法案中正式确立了该奖励机制在美国创新战略中的地位；2011年美国与主要机构密切合作，充分利用相关法案授权在国家优先技术领域设置宏大的重大技术创新奖励项目激励重大技术创新项目，解决相应的科技、经济和社会挑战。

尽管针对解决重大科技经济挑战设置的重大技术创新奖励机制的项目越来越多，但是由于缺乏确保重大技术创新奖励机制有效运行的较为完善的操作规程和机构框架，从一定程度上阻碍了该技术创新奖励机制相关奖励项目的实施。历史教训表明，真正有效的奖励机制很难设计，而运作良好的奖励资金来源更是难以维持。如果没有有效的对重大技术创新奖励机制实施绩效的科学准确评估，该机制奖励项目的组织者和政策制定者将无法系统和客观地评估技术创新激励机制运行绩效，也难以确定未来对重大技术创新奖励机制及所涉及奖项的完善,很难支持运作良好的重大技术创新奖励机制的奖励资金的可持续运行。①

综上所述,根据科技、经济和社会的重大需求,不断完善重大技术创新奖励机制,尤其是维持奖励资金来源,对技术创新的激励作用的发挥非常重要。

(三)重大技术创新奖励典型项目及其分析

重大技术创新奖励机制的奖励适用不限于针对公共部门,在私营部门的适用也可以更多地激励技术创新。不同于较小规模的技术创新竞争,例如软件开发竞争要求不限于资源,而且解决方法的大量细节可以被详细描述,重大技术创新奖项目成果很难进行详细描述。2009年度的《麦肯锡报告》估计,在过去10年中,随着大量资金提供者进入激励技术奖励提供者的队伍,美国重大技术创新奖的可用资金总额增加了两倍多,超过3.75亿美元。② 高通公司和诺基亚为开发能够识别和测量个人健康信息且价格合理的设备提供了数百万美元的奖励资金。盖茨基金会为世界上最贫穷地区的儿童提供了一项技术创新奖励基金。激励技术创新奖项目的快速发展趋势可能是由于1996年X奖基金会为一架私人航天飞机在两周内两次向太空发射可重复使用的载人航天器而设立的价值1000万美元的Ansari X奖的成功而激发的。③ 由此可见,虽然技术创新奖励机制存在不同水平的规模,但是重大技术创新奖励机制复苏是一种发展趋势。

"先进汽车保险技术X奖"(奖金1000万美元)被学界公认为使用重大技术创新奖励机制激励技术创新的重要奖项之一。Murray等(2012)利用参与该重大技术创新活动获得奖励的团队人员、奖励组织者和奖项评委的

---

① MURRAY F, STERN S, CAMPBELL G, et al. Grand innovation prizes: a theoretical, normative, and empirical evaluation[J]. Research policy, 2012, 41(10): 1779-1792.

② GALASSO A, MITCHELL M, VIRAG G. A theory of grand innovation prizes[J]. Research policy, 2018, 47(2): 343-362.

③ BOUDREAU K, LACETERA N, LAKHANI K. Incentives and problem uncertainty in innovation contests: an empirical analysis[J]. Management science, 2011, 57(5): 843-886.

详细信息对"先进汽车保险技术 X 奖"进行深入研究,并对激励技术创新实际情况进行理论和规范分析,论证了重大技术创新奖机制的理论基础,以及组织者和倡导者对该奖励机制所采取的立场观点。基于该奖励机制构建的理论框架,定义了重大技术创新奖励机制的评奖目标、评奖机制和奖励机制绩效评估等问题。[①] 该研究进一步从理论和实践两个方面完善了重大技术创新奖励机制,为激励技术创新,解决重大科技、经济和社会发展挑战作出贡献。

随着大量的投资进入激励技术创新奖励项目行业,激励技术创新奖项目的费用需求大幅增加,同时也吸引了实力雄厚的投资公司或者创新主体对重大技术创新奖励项目的投资。例如盖茨基金会、高通公司和诺基亚公司等重要创新主体已经为发明"儿童免疫接种"可以负担得起的医疗设备等技术开发提供了数百万美元奖金的奖励项目资助。作为公共部门中技术创新奖最重要的例子之一,2004 年开启的"达尔帕"(Darpa)技术创新挑战竞赛,其目标是将为制造一辆能够快速穿越莫哈韦沙漠 150 英里的自动驾驶汽车的团队奖励 100 万美元奖金,以奖励其在该项技术创新中作出的贡献。"达尔帕"(Darpa)大挑战项目的技术创新奖励目标是开发地面军队自主化的技术创新。"达尔帕"(Darpa)技术创新挑战竞赛通常被描述为启动自动驾驶汽车行业的重要奖项之一。[②]

奥巴马政府时期颁布的国家创新战略强烈鼓励使用重大技术创新奖励机制,以便更大力度地进行重大技术创新突破,解决科技、经济和社会重大问题。2011 年美国《竞争再授权法案》为所有联邦机构提供技术创新奖励项目的权力。[③] 从那时起,美国政府已经在 100 多个联邦机构中实施了 1000 多项相关技术创新和技术突破的挑战。由此可见,重大技术创新奖励机制为美国突破重大技术创新,解决科技、经济和社会发展问题发挥了重要作用。

---

① MURRAY F, STERN S, CAMPBELL G, et al. Grand innovation prizes: a theoretical, normative, and empirical evaluation[J]. Research policy, 2012, 41(10): 1779-1792.

② GALASSO A. Rewards versus intellectual property rights when commitment is limited[J]. Journal of economic behavior & organization, 2019, 169: 397-411.

③ WILLIAMS H. Innovation inducement prizes: connecting research to policy [J]. Journal of policy analysis and management, 2012, 31(3): 752-776.

三、重大技术创新奖励机制的评估及其限制

重大技术创新奖励机制绩效评估不仅是对整个奖励制度运行情况的全面评估,而且是对奖励机制的理论提出者和组织倡导者的主张与实践进行较为客观和科学的评价。

(一)重大技术创新奖励机制评估

重大技术创新奖励机制绩效评估存在五个关键问题:一是重大技术创新奖励机制是否可以用来实现比理论或者政策分析中预期更复杂的技术创新目标;二是尽管理论设计的重大技术创新奖励目的是让创新主体产生有效的攻关目标,但是实际组织和倡导者以及技术创新主体的目标则是最大限度地实现它;三是重大技术创新奖前期技术规范的设计非常复杂且重要,必须能够确保难以准确预测的解决方案的规范性;四是事前激励理论或者奖励倡导者认为,知识产权制度可以作为促进技术创新的补充制度,而不是替代该技术创新机制;五是重大技术创新激励奖励的治理至关重要,盲目"精简"机构组织安排使奖项组织者很容易因重大技术创新奖奖项的结构或者公平性产生争议。[①] 总之,对重大技术创新奖励机制进行客观和科学的评价非常复杂,需要克服不少理论和实践方面的困难,但是该评估对完善重大技术创新奖励机制、提高激励效率非常重要。

科技奖励制度对激励人才和促进创新发挥重要作用。[②] 不少学者从利益相关者角度对重大技术创新奖励机制的运行绩效进行了评估。例如,Wright(1983)对重大技术创新奖励机制与其他技术创新奖励机制进行了系统的比较分析,并确定对技术创新主体进行合理和有效奖励是重大技术创新奖励机制的首要条件。针对这个首要条件的评估主要存在两个困难:一是针对不同的技术创新奖励机制缺乏统一的维度或者标准,评估不同奖励机制激励技术创新的绩效时应该具体问题具体分析;二是作为技术创新激

---

① MURRAY F, STERN S, CAMPBELL G, et al. Grand innovation prizes: a theoretical, normative, and empirical evaluation[J]. Research policy, 2012, 41(10): 1779-1792.

② 徐顽强,何菲.科技奖励制度促进自主创新战略的作用机制研究[J].自然辩证法研究,2011,27(8):56-60.

励机制的评估模型,评估奖励机制的运行绩效需要一些假设条件,所以相对于实际情形而言,具有理想化的色彩。① 为了克服上述两个主要困难,Murray 等(2012)在完善相关假设的前提下对重大技术创新奖励机制的运行绩效和经验进行了较为系统的评估,其构建评估框架开创了重大技术创新奖励激励机制设计模式。② 另外,Hopenhayn 等(2006)、Chari 等(2012)也分别进行实证研究,提供了结果相近的结论,③但是其进行比较分析的方法相对不够深入。学者构建这个评估框架的目标是全面、概括、科学和客观地评价技术创新激励机制的绩效,但是也捕捉到该技术创新激励机制中涉及的奖项本质。Murray 等(2012)适用评估方法的关键是将重大技术创新奖分解为三个维度用以描述重大技术创新奖励机制的奖励目标、运行机制和奖励过程。④

1.奖励目标

重大技术创新奖励机制的奖励目标,是获得预设奖励资金或者报酬需要完成的具体技术创新目标,是任何技术创新奖励机制所具有激励技术创新的关键特征。该特征无论是为了最大化社会盈余还是其他属性,均是评估重大技术创新奖励机制的基础依据。通俗地讲,就是技术创新达到什么要求才可以获得预设的奖励。奖励目标的明确性和具体性是奖励机制有效激励技术创新的基础,但是事实上技术创新完成之前是很难将奖励目标进行明确和具体化的,因为技术创新存在一定程度的不可预测性是很正常的。

---

① WRIGHT B. The economics of invention incentives: patents, prizes and research contracts[J]. The American economic review, 1983, 73: 691-707.

② MURRAY F, STERN S, CAMPBELL G, et al. Grand innovation prizes: a theoretical, normative, and empirical evaluation[J]. Research policy, 2012, 41(10): 1779-1792.

③ HOPENHAYN H, LLOBET G, MITCHELL M. Rewarding sequential innovators: prizes, patents, and buyouts[J]. Journal of political economy, 2006, 114(11): 1041-1068; CHARI V, GOLOSOV M, TSYVINSKI A. Prizes and patents: using market signals to provide incentives for innovations[J]. Journal of economics theory, 2012, 147(2): 781-801.

④ MURRAY F, STERN S, CAMPBELL G, et al. Grand innovation prizes: a theoretical, normative, and empirical evaluation[J]. Research policy, 2012, 41(10): 1779-1792.

2.运行机制

运行机制是指重大技术创新奖励机制预设奖品,创新主体进行技术创新,评估者对创新成果进行考核,并与预设目标进行对比,评价是否达到要求的过程。运行机制强调预先定义"技术创新达到目标"评价方案,以及促成技术创新解决方案所需的激励措施。例如参赛创新主体的资格条件、最终达到技术创新预设目标的裁决标准对运行机制都非常重要。重大技术创新奖励机制的具体运行方式主要包括以下四个方面内容。一是事前技术规范:重大技术创新获胜解决方案规范,即技术创新前期对创新目标技术参数的相关定义。如果奖励机制中同时包括奖金与专利,对专利预先规范包括必须满足新颖性、非显而易见性和实用性等可专利性条件;奖励涉及奖金通常有更精确的技术规范和界定标准。二是事前激励规范:重大技术创新奖励机制涉及具体的激励措施规定,主要包括激励假设条件和事前激励措施等规定。如果涉及专利申请或者授权等情况,激励技术创新的关键措施是排他的垄断权利,即将他人排除在专利权利保护范围之外。涉及技术创新奖金情况下,奖励应该明确规定经济奖励的额度、支付时间和支付方式等要求。如果涉及其他非货币激励措施以及一些解决方案的其他知识产权,也应该明确规范。三是创新主体参赛资格和阶段:包含允许参与技术创新主体的数量及参与奖励机制的资格条件选择及其参与程序规定。虽然政府技术采购机制也有类似复杂的资格规则,但是在专利申请和授权方面并没有特别的同等条件。四是奖励治理:奖励实际选择方式及奖金分配。专利权由国家专利局审查授权,专利起诉期间法院对专利行为的限制应该遵循专利法律相关规定,奖金分配比例和方式应该进行明确规定,并成为奖励治理机制的重要组成部分。

3.奖励过程

根据重大技术创新激励机制设置规定标准定义技术创新成功或者不成功的标准以及激励技术创新的过程。做出这种判断的一种方法是返回到初始的奖励目标,并测度其是否符合要求。但是技术创新的不可预测性往往导致这种方法不是完全可行,所以需要适当考虑技术创新激励功能实现过程中产生不可预测的技术创新。与专利保护制度一样,重大技术创新奖励机制考虑因素包括技术创新程度、技术创新多样性维度及各维度发展和披露新知识的水平等。①

另外,不少学者认为,重大技术创新奖励机制与专利保护制度二者之间不但相互不排斥,而且具有较强的互补性。如果这两种机制属于强有力的替代品,那么由奖品引起的努力维度很难验证,研发投资不足的情况可能相对要少,因为它足以在另一个方面诱导高度努力,使技术创新取得整体成功更为可能。如果这种机制是强有力的补充,那么在可观察维度上诱导努力就足够了,因为两个努力层次之间的互补性将为创新主体提供内在激励,沿着不可观察维度进行努力。由此可见,重大技术创新奖励机制的适用条件对其是否运行成功非常重要。

(二)重大技术创新奖励机制的限制

研究重大技术创新奖励机制对理解机制运行绩效和经验及解释奖励机制理论及其分歧,完善和实践重大技术创新奖励机制,激励重大技术创新和技术突破,解决科技、经济和社会重大挑战具有重要的理论和现实意义。Murray等(2012)认为,关于重大技术创新奖励机制的经验现实与经济文献所描述的、政策制定及文献中提倡的技术创新奖励机制具有重大背离,具体表现在以下四个方面。

首先,与假设重大技术创新奖励制度只有单一且最终的促进技术创新目标相反,实际中重大技术创新奖励机制融合了很多复杂的目标,包括教育、意识、可信度和替代方案的可行性。即使重大技术创新奖励项目没有按照设定标准产生获奖者,也有可能在其他方面的目标获得成功。与此相反,即使按照预期设定目标确定获胜者和颁发奖金,该技术创新奖励项目可能仍然无法实现其一些最重要的设计目标。

其次,为重大技术创新奖励机制提供目标的问题类型并不容易用单一、通用的技术目标或者度量指定。现实并不像理论学者、机制倡导者或者组织者所假设的那样清晰或简单。任务的复杂性以及解决奖励项目涉及问题所需技术创新的系统性质,需要从多个维度对奖励项目进行全面和客观的

---

① MURRAY F, STERN S, CAMPBELL G, et al. Grand innovation prizes: a theoretical, normative, and empirical evaluation[J]. Research policy, 2012, 41(10): 1779-1792.

评估。其中一些维度既不能量化,也很难预料,而另一些维度可能会随着竞争的展开而改变。通用指标的适用可能由当前的技术选择所驱动,而将其转化为新方法可能不容易实现。有时对重大技术创新奖励项目实施不够理想,表现为技术竞争偏向于其他技术领域的创新,而远离原本设计的技术领域选择。由此可见,重大技术创新奖励制度绩效的评估是一个复杂的系统问题。

再次,获奖创新主体的现实感受与奖金奖励的理论效果之间存在明显差异。广泛的激励措施(包括宣传、关注、信誉、获得资金和测试设施)绝大多数都属于金融性质的,但是并不一定被奖励金额规模所吸引,有时获奖创新主体的现实感受可能更加重要。有些激励措施是属于社会性质的,很难从它们对参与者产生的效用进行衡量。然而,奖励措施的观察结果可能提供了另一种解释,即参与技术创新奖励项目的创新主体可能会对比以往工作中所假设的更广泛的激励措施做出理性反应。

最后,强调重大技术创新奖励机制及其项目治理和管理的关键作用和未被充分重视的作用。重大技术创新奖励项目的治理和管理机制必须明确设计,以适应正在开发的特定奖励类型,这需要花费的代价较大且耗费的时间较长。此外,鉴于预先说明重大技术创新过程中可能发生的一些困难,可能需要对相关规则进行修改和调整,以尊重已经致力于进行技术创新的参与者的权利和意见。①

重大技术创新奖励机制是一种相当复杂且动态发展的奖励制度,不能僵化地适用该奖励机制。Murray等(2012)的研究结果还表明,全球技术创新发展不能被视为一种简单的技术创新激励机制即可完成,允许政府和其他机构在市场失灵的地方采取相应奖励机制激励重大技术创新,应对科技、经济和社会发展的重大挑战。相反,应该将重大技术创新奖励机制看作是一种新的技术创新激励机制类型,设置一系列复杂有效的激励技术创新的重要措施,确保形成重要的技术创新和技术突破。虽然重大技术创新奖励机制的组织和实现方式在不同时期或者区域存在一定差异,但是能够从现

---

① MURRAY F, STERN S, CAMPBELL G, et al. Grand innovation prizes: a theoretical, normative, and empirical evaluation[J]. Research policy, 2012, 41(10): 1779-1792.

有重大技术创新激励机制运行绩效或者实施结果验证其在促进技术创新过程中的整体效果。① 由此可见，为了使得重大技术创新奖励机制运行获得良好的绩效，需要不断完善其适用条件，并使其对技术创新的激励更加准确和有效，解决更多的重大挑战问题。

值得一提的是，重大技术创新奖励机制需要大量的奖励资金作为支撑，所以充足的奖励资金来源和正确使用监管就成为该奖励机制有效运行的前提基础。因为奖励资金是技术创新激励机制的核心要件之一，所以奖金监管制度对激励技术创新奖励机制的有效实施非常重要。在重大技术创新奖励机制适用中，创新主体在多个技术创新周期内可以保留专利权，只有创新主体获得有竞争力的产品，组织者才会支付每周期的奖励资金。Roin（2014）认为，大多数发达国家使用类似的方法为其公民提供获得处方药的途径。② 在许多情况下，即使一次冲击导致机制决策者将其所有资源转移到替代产品上，因为该机制能够保证创新主体基于技术创新获得相应的垄断利润，所以奖励机制的奖金拨付监管制度可能比专利保护制度和简单的奖励机制更适用。当组织者预算相对于垄断利润和替代投资足够大时，奖金调节制度是实现最佳福利水平的最优机制。与此同时，应该确定不结合专利保护制度和现金转移的更简单的奖励机制比奖金监管更好的情况。如果发生突发情况，组织者预算不足以使专利处于休眠状态，而且产品市场的损失将会很大，可能会发生奖金拨付困难问题。另外，奖励资金监管制度的运行情况可以反映关于塑造奖励计划随着时间的推移以最大化福利的状况。当面临大量的预算限制和垄断扭曲不严重时，政府可能更愿意预付奖金，以便获得预期奖励效果，避免出现意外情况。在这种情况下，专利保护制度和重大技术创新奖励机制之间就会出现动态互补性，此时当政府将其所有可用的现金作为奖金预付转移给创新主体，并让其享受垄断利润时，技术创新的激励绩效就得到了最大化。相反，当垄断定价产生大量的社会福利损失时，随着时间的推移，专利保护制度和简单奖励机制均匀分配技术创

---

① MURRAY F, STERN S, CAMPBELL G, et al. Grand innovation prizes: a theoretical, normative, and empirical evaluation[J]. Research policy, 2012, 41(10): 1779-1792.

② ROIN B N. Intellectual property versus prizes: reframing the debate[J]. The university of Chicago law review, 2014, 81: 999-1078.

新收益可能更有效率。① 由此可见,关注奖金监管制度对重大技术创新机制激励技术创新作用的正常发挥非常重要。

第二节 典型技术创新奖励机制

技术创新奖励机制是在监管机构可能没有能力对奖金做出可信或者可执行的承诺条件下设置的以创新主体达到某种技术突破或者技术创新要求为目标,进而提供现金或者其他类型报酬奖励技术创新的机制。当然,这种机制在英国并没有妨碍《经度法案》作为激励技术创新重要机制的作用,且为科技发展作出重要贡献。综合文献发现,英国《经度法案》是重大技术创新奖励机制的典型代表之一;跨期奖励制度是一种特殊的技术创新激励制度,其特征在于对奖金拨付时间的特别规定。无论是《经度法案》,还是跨期奖励制度对技术创新的促进作用,都值得深入分析并借鉴其成功经验,从而对中国实现高水平科技自立自强提供更加有效的科技政策建议。

一、《经度法案》奖励机制

1714 年,英国颁布的《经度法案》在激励技术创新,尤其是重大技术创新方面发挥了非常重要的作用。当然,该法案也存在一些缺陷,如有达到技术创新目标要求获得奖励的发明人或者创新主体,曾因为奖金兑付问题最终请求国王干预,结果是等待若干年才获得政府的资金补偿。这可能是该法案在激励技术创新方面最不成功的地方。本部分内容对英国《经度法案》在激励技术创新方面的问题进行分析。

(一)《经度法案》奖励机制概述

1.《经度法案》产生的历史背景

英国并不是世界上第一个提供"经度奖"奖励的国家。在 16 世纪 90 年代末期,西班牙王国为发现海上经度位置,方便航线定位,争夺全球贸易优

---

① GALASSO A. Rewards versus intellectual property rights when commitment is limited[J]. Journal of economic behavior & organization, 2019, 169: 397-411.

势和海上霸权创造条件,启动了获得海上经度定位相关技术的奖励项目。随后在17世纪初,荷兰也颁发了寻找"东方"和"西方"联系路径的一系列技术奖励项目,其中1600年荷兰提供500荷兰盾的奖金和每年1000荷兰盾的年金;1738年荷兰将奖金金额提高到5万荷兰盾。[1] 而英国政府在1714年才决定颁发第一个特别重大技术创新奖励项目奖励相关技术突破,这表明当时解决航海导航定位技术问题在不同国家之间具有持续的创新价值。如果该项重大技术需求得到解决,会将对航海技术发展具有很大的推动作用,使科技进步、经济贸易发展和社会福利产生重大增量。

1714年,英国颁布的《经度法案》授权向任何达到规定技术突破或者技术创新水平要求的创新主体支付以下奖金:定位准确度在一经度之内的奖励1万英镑;定位准确度在三分之二经度之内的奖励1.5万英镑;定位准确度在半经度之内的奖励2万英镑。虽然不知道英国政府是如何制定这些技术创新的"奖励标准",但是该法案在技术创新完成之前设置了明确的技术要求和具体对应的奖励金额,是对技术创新激励机制的重要贡献。

英国《经度法案》颁布时,需要使用一种简单的科学仪器观察地平界和一个已知天体之间的角度,如太阳或者北极星,以便确定目标物的位置。按照当时的技术条件,找到经度要复杂得多。虽然该理论众所周知,如果没有高度精确的海基计时,就不可能将当地时间与参考点的时间进行比较。地球经度可以通过各种天体方法识别,比如借助卫星的日食现象确定相关标的物的具体位置。但是正如牛顿(1643—1727)在1713年所述,通过测量月球和恒星之间的距离可以将一艘轮船的位置确定在2~3经度以内;时间管理技术是最有前途的解决该技术难题的潜在解决方案,但是在面对海上温度、压力和湿度等条件变化时,足够准确定位航程具体位置面临重大的技术挑战。不过,也有学者认为,这种确定航船定位的算法技术的实际误差并不比用基本计算方法好多少。[2]

---

[1] DAVID P, HALL B, TOOLE A. Is public R&D a complement or substitute for private R&D? a review of the econometric evidence[J]. Research policy,2000,29(4-5):497-529.

[2] RACHLIN D. The marine chronometer: its history and development[J]. Reference reviews,2014,28(1):33-34.

2.《经度法案》的目标和组织

为了应对突然的严重航海灾难造成的挑战,对解决船舶在海上位置的定位问题的技术需求日益增长,1714年英国议会颁布的《经度法案》为精确确定航海经度提供了激励技术创新的实质性奖励项目。英国政府当时利用对技术创新主体高达2万英镑奖金额度的奖励承诺,以及经度奖励委员会专家和发明人代表参与的大量人力和财力资源,鼓励在高社会价值但回报相对较低的私人投资领域的知识积累,共同解决航海经度确定的技术难题。18世纪70年代早期,在与经度奖励委员会专家长期激烈的争论和商议之后,英国著名钟表匠约翰·哈里森(1693—1776)完成了相应的技术创造,获得了与此大致相当的奖项的货币奖励,对促进当时的技术创新发展发挥了重要作用。Mokyr(2010)将哈里森的海洋天文钟称为"18世纪划时代的关键技术创新之一"。①

1714年英国颁布的《经度法案》设立了经度奖励委员会,以管理巨额奖金及其付款进度,以获取精确确定船舶经度的相关技术。然而,该奖项并没有禁止创新主体申请专利,所以运用新的航海天文钟的发明数据信息申请专利的倾向比较高。Burton(2017)认为,虽然该《经度法案》所设奖项刺激了重要发明人进入该领域进行技术创新,但是更为重要的是,激励技术创新的奖励机制促进了在一个具有重大社会价值的技术领域的研发投资。当然,专利保护制度的条件是公开其解决技术问题的技术方案,这促进了技术信息的披露,扩大了知识传播渠道。这一规定显著强调了激励技术创新的奖励机制和专利保护制度在技术创新激励竞赛设计中的互补性具有重要价值。②

3.《经度法案》奖励机制的特征

英国《经度法案》奖励机制具有三个重要特征。首先,《经度法案》具有较为完善的组织机构和议事程序。为了技术创新奖励机制顺利实施,英国政府依据法案构建了由23位精英组成的经度技术奖励委员会,其中包括皇家学会会长和下议院议长等重要官员,并且通常在伦敦的海军部大楼每年

---

① MOKYR J. The contribution of economic history to the study of innovation and technical change[J]. Handbook of the economics of innovation,2010,1:11-50.

② BURTON M D,NICHOLAS T. Prizes,patents and the search for longitude[J]. Explorations in economic history,2017,64(4):21-36.

举行奖励事务会议三次至四次。委员会决定由皇家天文学家内维尔·马斯克林(1732—1811)主持,其成员普遍倾向于"重视科学"的天体方法,而不是由哈里森提出的"科学辅助"的机械解决方案。根据委员会的酌情决定权,其可以根据该法案规定的标准作出裁决。经多数委员会成员同意,可以先向项目承办方支付一半数额的奖金作为对其技术创新的激励,其余奖金将推迟到从英国港口到西印度群岛港口的航行中的科学评估结果得出后再行拨付。1714—1828年期间根据实际情况对该法案进行了相应的完善和发展,补充了法案适用的地区范围,厘清了委员会权力和经度裁决的条件。法案委员会最终在1828年被解散。

其次,《经度法案》委员会根据项目进度提供付款服务。1714年颁布的英国《经度法案》规定,对于取得重大技术突破或者中期研发的创新主体,可以由5名委员会成员提议,批准不超过2000英镑作为前期奖金。也可以通过特别程序建议支付2000英镑以上的金额作为奖金发放。例如莱昂哈德·欧拉(1707—1783)在1765年因对托拜厄斯·梅尔的"月球桌"贡献较大,获得300英镑前期奖金鼓励,但是梅尔的遗孀同年获得了3000英镑作为对她丈夫的工作奖励。当然,委员会支付的前期奖金金额被计入奖金的总额度。哈里森在30多年的工作时间里分期获得了23050英镑的奖金,其中包括提供给他建造计时器的费用。[①] 在《经度法案》存续的114年里,经度委员会在管理人员和技术创新团队的工资等项目上花费了约15.7万英镑的费用,其中大约三分之一可归因于按照进度提前拨付费用和奖金。

最后,《经度法案》没有取代专利保护制度,而是在专利保护制度之上增加了另外类型的技术创新激励措施。尽管当时知识产权的概念仍然是基本的,但是在英国确实存在一种基于技术创新获取专利的方法。[②] 1624年颁发的英国《垄断法令》奠定了专利法律制度的基础,直到1852年英国专利法修正案才正式获得通过。虽然1624年颁布的《垄断法令》没有规定14年的

---

① RACHLIN D. The marine chronometer: its History and development[J]. Reference reviews,2014,28(1):33-34.
② MACLEOD C, TANN J, ANDREW J, et al. Evaluating inventive activity: the cost of nineteenth-century UK patents and the fallibility of renewal data[J]. Economic history review,2003,56(3):537-562.

专利法定保护期限,但是到 1720 年后,全面的成文法律已经基本成为规范,并且被广泛传播。Bottomley(2014)将专利制度描述为"至少从 17 世纪 70 年代开始积极筹备"的法律制度,反映了促进"一个独特可靠的尖端技术语料库"产生的规范。①

《经度法案》实施过程是政府资助科研项目、促进技术创新尝试的决定性案例的来源。然而,由于缺乏数据和经验知识,对经度奖奖励机制运作机理的理解仍然存在重大缺漏。学者试图利用该行业技术生命周期的相关数据及根据航海天文钟的发明者提供的广泛信息对该法案的运行机制进行分析。事实证明,1714 年英国颁布的《经度法案》导致了很多熟练的发明人就相应的技术创新和技术突破进行了激烈竞争。经度奖励项目委员会根据项目进度为项目承担方进行前期拨付款项,资助项目在研发投资中后期的顺利进行。与此同时,项目承担方就相关技术申请专利的倾向也很高。虽然发明人可能会利用奖励机制奖金的广告利益在专利法定保护期间获得收益,但是从激励技术创新政策的角度来看,专利技术的信息披露要求为知识在技术创新主体之间的传播创造了更多的机会。在经度奖励项目委员会针对项目溢价评审期间,政府没有坚持要求项目承担者转让专利权,也没有通过政府的影响力来"收购"获得专利权的发明技术。如果《经度法案》奖励项目在一开始就有更严格的信息披露要求,激励技术创新的奖项可能就会成为申请专利权的有效替代品。然而,有了信息披露要求,约翰·哈里森可能没有办法进入奖励范围。如果没有被允许申请专利,发明的成本就可能太高了。虽然这种分析思路不能说明奖励机制其中的核心问题,但是已经展示了航海天文钟相关技术是如何在一个以激励技术创新奖励机制和专利保护制度交叉促进技术创新为特征的环境中开发的。② 航海天文钟技术在航海科技史上的重大价值对促进技术创新的奖励机制和技术创新政策的完善发挥了作用。

---

① BOTTOMLEY S. The british patent system during the industrial revolution 1700-1852[M]. Cambridge: Cambridge University Press,2014.

② BURTON M D, NICHOLAS T. Prizes, patents and the search for longitude[J]. Explorations in economic history,2017,64(4):21-36.

(二)《经度法案》的运行机制及效果

1.《经度法案》的运行机制

1714—1939年期间,技术创新奖励机制的适用范围涵盖参与技术创新和技术竞争的大多数行业,同时两次世界大战对科技和经济发展产生的影响导致了技术创新奖励机制项目实施率出现下降趋势。由于经度奖奖励机制并不排除专利保护制度,所以能够在奖金与专利相互作用的背景下,长期观察特定行业或者产业技术创新的发展趋势。从Burton、Nicholas(2017)提供的技术创新奖励机制实施数据可以观察特定行业整个生命周期的大多数信息,将1714—1939年英国授权专利信息数据库进行匹配,确定发明人使用专利保护制度的熟练程度,并从以下四个方面研究英国《经度法案》激励技术创新的机制。[①]

首先,经度奖奖励项目激励技术创新机制能够有效促进技术发明人进行相应技术创新。英国政府提供奖金的机制鼓励了很多英国发明人参与激励技术创新项目的积极性,同时引发了包括约翰·哈里森在内的小部分重要发明人关于相关技术的激烈竞争。与此同时,直到19世纪70年代和80年代,即《经度法案》通过的150多年后,以技术创新为核心的工匠精神才真正达到顶峰。航海计时技术随着时间的推移而得到发展和完善,技术创新激励奖项启动了一个漫长的累积创新过程。由此可见,《经度法案》对技术创新的激励作用随着机制的不断完善发挥得更加充分。

其次,经度奖奖励项目委员会为成功的发明人足额支付奖励项目中期款项。《经度法案》实施期间,由经度奖项目委员会向发明人支付奖励项目中期款项总计52535英镑,该信息在现有文献中经常被忽视,但是这些款项为创新主体的研发投资、项目改进和项目实验提供了重要保障。例如,哈里森在1735年完成的第一个航海天文钟和1759年完成的最后一个天文钟期间收到了一系列的奖项资金,为其后续技术创新发挥了重要作用。然而,这些随进度拨付的款项并不能预测项目完成或者申请专利的具体时间。也就是说,随进度拨付的款项很可能改变了像哈里森这样的个人对技术创新的

---

① BURTON M D, NICHOLAS T. Prizes, patents and the search for longitude [J]. Explorations in economic history, 2017, 64(4): 21-36.

资源分配,但是并没有更普遍地增加发明者或者专利的潜在供应。

再次,在经度奖奖励项目期间和之后发明人拥有的专利对技术创新具有非常重要的影响。相对于现有文献的评估标准,航海天文钟发明人有特别高的专利申请倾向。Bottomley(2014)基于英国专利检索系统对相关专利技术的检索结果进行分析,发现专利权带给发明人的私人经济利益可以帮助发明人借鉴他人想法,同时促进技术的披露和知识的传播,有效激励技术创新,从而获得社会利益。像哈里森这样选择将其技术创新内容使用保密技术方式而不是申请专利的发明人,因为没有技术披露和知识传播,阻碍了当局确保技术和知识在创新者之间传播的努力。①

最后,在进一步发展航海计时相关技术以提高准确性成为人们关注的焦点时,基于激励技术创新的奖励机制和基于专利保护制度的激励技术创新都很重要。1823—1835年,英国海军部在格林威治的皇家天文台进行了相关技术的奖励项目竞赛,以促进航海天文钟的设计,同时达到专利保护水平的高峰。异质性分析结论表明,在19世纪20年代和30年代,与科学仪器相关专利的对照组相比,航海计时技术相关专利的比例从59%增加到174%。② 可见,技术创新奖励机制并没有排斥专利制度对技术创新的保护强度,而是同时增加了相关技术的专利数量,说明技术创新奖励机制与专利保护制度可以协同发展。

总之,航海计时技术的发展反映了技术创新奖励机制和基于专利保护制度的激励技术创新机制之间存在复杂的互补关系。评估激励技术创新奖励机制和技术竞赛影响的标准之一是其改变资源分配促进技术创新、解决技术问题、推动社会发展的驱动力。研究表明,英国《经度法案》奖励机制为技术熟练的发明人提供了激励技术创新的催化剂,以指导发明人努力进行技术创新,解决技术问题,因为专利保护制度本身并没有为私人投资产生足够的激励。由于专利保护制度要求发明人披露技术方案,实际纠正了《经度法案》设计中的一个重要缺陷,即缺乏信息披露机制为增加发明创造数量设置了障碍。大量关于技术创新的理论研究成果已经研究了使用激励技术创

---

① BOTTOMLEY S. The british patent system during the industrial revolution 1700-1852[M]. Cambridge:Cambridge University Press,2014.

② BURTON M D,NICHOLAS T. Prizes,patents and the search for longitude[J]. Explorations in economic history,2017,64(4):21-36.

新的奖励机制作为替代可以消除专利保护制度对社会福利的损失。① 事实上,专利保护制度包含的技术信息披露等机制对引导和激励技术创新的政策设计具有重要的潜在价值和意义。因此,技术方案等信息披露要与专利保护范围相一致。

2.《经度法案》的实施效果

英国《经度法案》技术创新奖励机制经常被作为一种旨在促进技术创新发展的非专利制度的突出例子在创新文献中被引用。例如Wright(1983)对专利保护制度、奖励机制和激励发明创造的研究协议对技术创新的影响进行了经济学分析;②Kremer(1998)基于政策工具视角分析了激励技术创新的新机制;③Brunt等(2012)研究了产出更多技术创新产品的引导奖励机制;④Moser、Nicholas(2013)将奖励机制、公开制度与专利保护制度作为鼓励技术创新机制的非货币奖励政策进行了较为详细的研究;⑤Murray等(2012)对重大技术创新激励机制的理论突破和实践评估进行了研究。⑥ 这些研究成果激发了一系列激励现代技术创新成果的奖励机制和技术竞赛奖励项目,如著名的"空间创新X奖竞赛"和"超高效飞行器"的发展或者经济有效的"基因测序技术"等重大技术突破和技术创新。2010年美国国会通过的《美国竞争法案》为联邦政府机构提供了开展技术创新奖励机制和技术

---

① WRIGHT B. The economics of invention incentives: patents, prizes and research contracts[J]. The American economic review, 1983, 73: 691-707; KREMER M. Patent buyouts: a mechanism for encouraging innovation[J]. Quarterly journal of economics, 1998, 113(4): 1137-1167.

② WRIGHT B. The economics of invention incentives: patents, prizes and research contracts[J]. The American economic review, 1983, 73: 691-707.

③ KREMER M. Patent buyouts: a mechanism for encouraging innovation[J]. Quarterly journal of economics, 1998, 113(4): 1137-1167.

④ BRUNT L, LERNER J, NICHOLAS T. Inducement prizes and innovation[J]. Journal of industrial economics, 2012, 60(4): 657-696.

⑤ MOSER P, NICHOLAS T. Prizes, publicity and patents: non-monetary awards as a mechanism to encourage innovation[J]. Journal of industrial economics, 2013, 6(3): 763-788.

⑥ MURRAY F, STERN S, CAMPBELL G, et al. Grand innovation prizes: a theoretical, normative, and empirical evaluation[J]. Research policy, 2012, 41(10): 1779-1792.

竞赛的必要权力。另外,英国政府基于《经度法案》精神,2014年积极支持由一个1000万英镑的奖金基金组成的奖励项目,用于解决全球抗生素耐药性的技术创新和技术突破问题。这是一个具有重大社会价值的技术领域,尚未通过基于专利保护的技术创新激励措施加以解决的问题。因此,这些技术创新奖励项目属于《经度法案》的重要成果。

相关研究成果从历史视角或者法律角度分析了《经度法案》的技术创新激励机制对技术创新产生的重要影响。虽然有学者特别努力试图进行较为详细的定量分析,但是经度委员会拒绝为学者提供相关信息的决定引起相当大的争论,最终没有对实际开发航海天文钟的发明创造进行实证分析。[①]"疫苗开发"和"人类基因组测序"等奖励项目的技术突破和技术创新中,学者强调了政府承诺对激励技术创新奖励机制的成功至关重要。激励技术创新的奖励机制运行中政府为什么以现金奖励而不是财产权奖励创新主体的问题值得思考。例如,政府可以通过将现金奖励转向低税收而获得的经济回报,而提供其他政治回报的政策可能超过那些获得知识产权保护的政策。[②] 其中可能的原因是现金奖励可为获奖人带来直接的收益感受。

二、跨期奖励制度

跨期(intertemporal-bounty,IB)奖励制度属于国家奖励机制,其特征在于奖励行为不是一次性完成,而是根据技术创新行为特征和奖励机制的具体规定分期进行。为了使跨期奖励制度作为促进技术创新机制更加有效,政府应该通过征税等手段获得奖励资金,以便长期向提出奖金要求的创新主体支付临时奖金。跨期奖励制度对激励技术创新发挥了重要作用。

(一)跨期奖励制度的内涵及特征

跨期奖励制度是专利保护制度激励技术创新的一种替代方案。该奖励制度属于依赖于国家科技政策的技术创新奖励机制,而不是传统的一次性到位的奖励制度。它以技术创新主体在公共领域进行的任何可以获得奖励

---

① BURTON M D, NICHOLAS T. Prizes, patents and the search for longitude[J]. Explorations in economic history, 2017, 64(4): 21-36.

② ROIN B N. Intellectual property versus prizes: reframing the debate[J]. The university of Chicago law review, 2014, 81: 999-1078.

的技术创新为奖励对象。为了达到跨期奖励机制的特定要求,不是一次性支付奖金,而是分期拨付奖金。为了使跨期奖励制度作为促进技术创新机制更加有效,政府部门必须通过征税等手段获得资金,以便长期向提出奖金要求的创新主体支付临时奖金。跨期奖励是依赖于政府机构的激励技术创新的奖励制度,条件是观察到的可奖励技术创新产品的市场动态需求额度,乘以政府确定的不随时间改变的获奖概率。如果年度市场销售随着时间的推移而增长,那么明年收到的奖金支付也会同时增长。然而,如果社会不再要求特定技术创新的奖励项目,那么相关年度市场销售额将降至零,并且不再支付给相关提出奖金要求的创新主体。因此,一方面,跨期奖励制度可以针对所有的技术创新,确保使用相同技术创新生产的任何可奖励产品的竞争性供应。另一方面,跨期奖励制度可以利用观察到的市场销售信息揭示技术创新随着时间推移对社会重要性的变化。因此,跨期奖励制度可以在很大程度上克服信息不对称问题,同时作为促进技术创新活动的有效工具,不会产生因为权利垄断造成的社会损失。尽管奖金要求在法律上是永久的,但是每个创新主体的有效寿命都是有限的。任何因奖励产生的商品的市场都可能随时被新创新的到来所替代,因此,后来看似有价值的奖励主张都可能在当时变得毫无价值。鉴于跨期奖励制度在很长一段时间内向创新者提供依赖国家的奖励,它在风险环境中提供了一种比传统的一次性奖励制度更实用和可行的奖励机制。[1]

(二)跨期奖励制度的相关研究

有关研究激励技术创新奖励机制的绝大多数文献使用了静态平衡模型。然而,在动态变化的现实世界中,任何技术创新的社会价值在任何时候都可能随时间的推移发生变化。这种情况同样适用于技术创新产生的私人价值。由此可以观察到任何技术创新的私人价值和社会价值往往都会随着时间的推移而变化,并可能因为其未能满足市场预期或者其新出现的市场竞争对手,而在任何时候被替代。因此,技术创新价值在本质上具有前瞻性,并依赖于国家相关激励制度。政府机构可能因为其对技术创新的动态

---

[1] LIN H C. The switch from patents to state-dependent prizes for technological innovation[J]. Journal of macroeconomics, 2016, 50: 193-223.

性掌握不够,错误地为一些短时间内就变得毫无价值的技术创新颁发一个奖金金额相当大的奖励。① 简而言之,基于特定技术创新一次性地给予创新主体奖金就能达到奖励目标的愿望既不切实际,也存在一定风险。Abramowicz(2003)认为,在激励技术创新奖励机制的文献中并没有提出可行的公式或算法计算具体的奖励数额,这些问题属于普通激励技术创新奖励制度所具有的常见缺陷。②

不少学者对跨期奖励制度激励技术创新的相关问题进行了较为深入的研究。例如,Jones(1995)基于程式化的非规模经济增长模型研究了技术创新奖励机制对研发投入(R&D)的影响;③Lin(2016)分析了跨期奖励制度替代专利保护制度的动态平衡问题,为技术创新奖励机制作出实质性贡献;④Romer(1990)基于类型延展模型引入了内生研发投入问题,并分析了其对技术创新的影响;⑤Jones(1995)通过规模效应拓展了Romer的研究模型。⑥ 随后出现了基于经济增长模型的研发投入不同层面考察专利政策激励技术创新绩效的研究成果。⑦ 该经济增长模型以恒定的人口增长率和内生技术创新效率为基础,分析了私人研发投资导致制造新型中间产品的创新设计不断流动的问题。规模经济中,专利被授权以保护技术创新的垄断

---

① LIN H C. The switch from patents to state-dependent prizes for technological innovation[J]. Journal of macroeconomics, 2016, 50: 193-223.

② ABRAMOWICZ M. Perfecting patent prizes[J]. Vanderbilt law review, 2003, 56: 115.

③ JONES C I. R&D-based models of economic growth[J]. Journal of political economy, 1995, 103: 759-784.

④ LIN H C. The switch from patents to state-dependent prizes for technological innovation[J]. Journal of macroeconomics, 2016, 50: 193-223.

⑤ ROMER P. Endogenous technological change[J]. Journal of political economy, 1990, 98: S71-S102.

⑥ JONES C I. R&D-based models of economic growth[J]. Journal of political economy, 1995, 103: 759-784.

⑦ CHU A. Effects of blocking patents on R&D: a quantitative DGE analysis[J]. Journal of economic growth, 2009, 14(1): 55-78; HELPMAN E. Innovation, imitation, and intellectual property rights[J]. Econometrica, 1993, 61: 1247-1280; LIN H C. Creative destruction and optimal patent life in a variety-expanding growth model[J]. Southern economic journal, 2015, 81(3): 803-828; O'DONOGHUE T, ZWEIMULLER J. Patents in a model of endogenous growth[J]. Journal of economic growth, 2004, 9: 81-123.

权,从而造成垄断的价格扭曲,削弱了市场对中间商品的需求。此外,这种机制可能扭曲专利和非专利中间体的相对价格,导致最终产品生产的中间投入的社会低效组合。因此,这种扭曲可以转化为经济总要素生产率的损失。无论政府如何微调专利的法定保护时间或者客体范围,专利保护制度扭曲经济发展的现象永远不可能具有社会效率。Jones(1995)提出了一个有限法定保护时间长度的专利制度作为初始专利制度经济,以便保持经济发展的稳定状态;同时认为通过用技术创新跨期奖励制度取代专利保护制度,可以更加有效地激励技术创新。[1] 如果每个制度下只有一个可行的研发部门,技术创新的创造性被破坏就会盛行,现有中间生产者所面临的风险率是由其内源属性确定的。跨期奖励制度是一个由国家财政资助的激励技术创新的公共奖励机制,所以在跨期奖励机制中引入劳动力和资本两种因素所得税制度,其中劳动所得税是非扭曲的,而资本所得税是扭曲的。由此可见,在不同税收计划下的跨期奖励制度如何随着时间的推移过渡到一个新的稳定状态对技术创新非常重要。

(三)跨期奖励制度的作用机制

激励技术创新的跨期奖励制度,是指创新主体在公共领域进行技术创新以换取奖金的奖励机制。Lin(2016)的研究显示,只要技术创新奖励机制效率设定合适,即使存在扭曲的资本所得税制度,从专利保护制度转向跨期奖励机制激励技术创新就可以改善社会福利。跨期奖励机制在一定程度上消除了专利垄断权对市场的扭曲,作为可交易资产,奖励资金可以跨期奖励对社会具有重要价值的技术创新。然而,技术创新创造性的损失可能会使奖励机制的部分功能变得毫无价值。为此,政府可以通过征税来支付激励技术创新的奖金。通过劳动收入税的资助,权利转换可以产生与消费等量的福利收益,这被认为是保留专利保护制度的最大机会成本,因为劳动力所得税在该模型中是不被扭曲的。在扭曲性资本所得税的作用下,只要设定的奖金效率适当,制度转换就可以保持福利改善。[2] Grossmann 等(2013)

---

[1] JONES C I. R&D-based models of economic growth[J]. Journal of political economy, 1995, 103: 759-784.

[2] LIN H C. The switch from patents to state-dependent prizes for technological innovation[J]. Journal of macroeconomics, 2016, 50: 193-223.

研究发现,在专利保护制度保障技术创新和经济增长的过程中,创新主体可以获得最佳的利益分配。其工作可以通过结合非扭曲劳动所得税和扭曲资本所得税补贴专利产品的研发和垄断价格实现帕累托最优效率。与专利保护制度对经济发展的影响相反,绝大多数专利并没有维持到法定的最长保护期届满,所以专利保护制度在其模式经济中对总要素生产率并没有进行扭曲。不过,最佳利益分配仍然是不可能的。如果劳动力所得税和资本所得税都是扭曲的,或者政府补贴完全依赖于扭曲的资本所得税,那么跨期奖励制度就可以取代专利制度。它迫使所有的技术创新都能在公共领域免费提供给社会公众。因此,跨期奖励制度作为激励技术创新机制可以在一定程度上排除市场失灵的缺陷,同时允许政府关注如何通过调整奖金概率纠正次优研发的问题。[①]

(四)跨期奖励制度的限制及不足

跨期奖励制度激励技术创新的实施效果可以证明,分散的市场机制可以复制帕累托最优效果,激励技术创新的跨期奖励机制不可能一次性实现其目标。相反,跨期奖励机制中的奖金在无限时域内动态使用,作为定期奖金支付给奖金要求的持有人。

跨期奖励制度允许技术创新主体在任何时候选择从奖金需求市场中一次性地兑现全部奖金。然而,政府并不需要评估任何特定技术创新的奖励规模,因为每一项技术创新的重要性都可以通过观察到的内含其技术创新商品市场销售情况来揭示。尽管奖金要求在法律上是永久的,但是如果市场对该技术创新产品的需求消失,相关的技术创新及其产品就没有任何价值而不被社会公众接受,所以此时的技术创新就不再需要激励。此外,即使一些计算奖金概率的数据可能不够准确,政府总是可以根据需要调整奖金概率,以适应市场或者经济状况的动态变化。这使得跨期奖励制度在激励技术创新方面更加实用,要么作为一次性征税的帕累托最优替代方案,要么作为一种次优但是可以改善社会福利的替代方案,可以在一定程度上替代

[①] GROSSMANN V, STEGER T, TRIMBORN T. Dynamically optimal R&D subsidization[J]. Journal of economic dynamics & control, 2013, 37: 516-534.

专利保护制度对技术创新的激励。①

对技术创新的税收融资奖励实质上是政府转移支付的方式之一。如果在现实世界中没有一次性税收制度,就有必要为跨期奖励制度征收最少扭曲的税收,以获得更大的社会福利收益。② 与专利保护制度和简单奖励制度相比,选择跨期奖励机制激励技术创新的效率更高,可以产生更多的技术创新和技术突破,解决更多的技术、经济和社会挑战,增加社会总福利。由此可见,作为奖金的现金转移和专利权利之间具有一定的互补性,专利制度作为一种期权承诺就其特定保护范围进行法律保护的作用约束组织者激励技术创新,同时保证奖金支付同样激励技术创新。③

综上所述,与所有技术创新激励机制一样,跨期奖励激励技术创新机制也存在其限制和不足,只有满足其适用条件时,才可以达到较为理想的激励技术创新效果。

第三节 研发补贴政策和研发竞赛机制

信息不对称背景下的研发补贴及技术许可政策对技术创新具有重要的影响。基于动态视角研究创新主体的投资策略和政府研发补贴政策对促进技术创新具有重要意义。对称信息情况下,研发补贴政策是次最优的选择;在特定信息不对称条件下,专利保护制度可以达到有条件的最优状态。提升专利保护制度和研发补贴政策的相互补充水平,将在多个行业或者产业的信息不对称情况下达到激励技术创新的较好结果。④ 国内外研究文献和科技政策实施效果已经证明,单一的激励机制不利于技术创新能力的提升,

---

① LIN H C. The switch from patents to state-dependent prizes for technological innovation[J]. Journal of macroeconomics, 2016, 50: 193-223.

② LIN H C. The switch from patents to state-dependent prizes for technological innovation[J]. Journal of macroeconomics, 2016, 50: 193-223.

③ GALASSO A. Rewards versus intellectual property rights when commitment is limited[J]. Journal of economic behavior & organization, 2019, 169: 397-411.

④ JEON H. Patent protection and R&D subsidy under asymmetric information[J]. International review of economics & finance, 2019, 62(7): 332-354.

所以综合不同类型技术创新激励机制优势,完善中国激励技术创新政策,对实现高水平科技自立自强,发展新质生产力具有重要价值。

一、研发补贴政策与技术创新

政府出台的鼓励研发投资政策应该充分考虑技术创新信息不对称对市场需求的扭曲,及其对技术被许可主体或者受让主体带来的隐患。但是现实中政府出台的研发政策对这种扭曲的考虑较少,尤其是从动态的角度对扭曲的关注就更少。① 这种情况为最大限度发挥研发政策对创新主体的鼓励作用,有效激励技术创新带来一定程度的阻碍。尽管关于研发补贴政策激励技术创新的相关研究成果相对较多,但是对于研发投入政策激励技术创新的理论和经验模型的有效性还没有达成共识。例如,Spence(1984)认为,在存在技术溢出效应情况下,积极的研发补贴政策在促进技术创新方面是最优的。② Hinloopen(1997)认为研发补贴政策比研发合作更有效。③ 然而,Lahiri、Ono(1999)基于更普遍的需求功能驳斥了上述论点,认为有成本优势的企业应该得到研发补贴,而没有成本优势的企业应该被征税。④ Gick(2008)通过研究技术创新信息的披露机制发现,专利申请成本补贴是社会福利的损失和浪费,因为其导致了技术相关信息的过度披露,相关经验证据也显示出研发补贴政策在不同条件下的不同结果。⑤ 许多研究表明,研发补贴政策确实可以激励技术创新活动,如 Czarnitzki、Toole(2007)研究了研发补贴政策与市场不确定性对技术创新的影响;⑥ Gonzalez、Pazo

---

① JEON H. Patent protection and R&D subsidy under asymmetric information [J]. International review of economics & finance, 2019, 62(7): 332-354.

② SPENCE M. Cost reduction, competition, and industry performance[J]. Econometrica, 1984, 52(1): 101-121.

③ HINLOOPEN J. Subsidizing cooperative and noncooperative R&D in duopoly with spillovers[J]. Journal of economics, 1997, 66(2): 151-175.

④ LAHIRI S, ONO Y. R&D subsidies under asymmetric duopoly: a note[J]. The Japanese economic review, 1999, 50: 104-111.

⑤ GICK W. Little firms and big patents: a model of small-firm patent signaling [J]. Journal of economics and management strategy, 2008, 17(4): 913-935.

⑥ CZARNITZKI D, TOOLE A. Business R&D and the interplay of R&D subsidies and product market uncertainty[J]. Review of industrial organization, 2007, 31(3): 169-181.

(2008)研究了公共研发补贴对私人技术创新的影响;①Hussinger(2008)研究了研发补贴与企业规模对技术创新的影响。② 但是,也有研究表明,研发补贴政策并没有达到激励技术创新的作用,如 Wallsten(2000)研究了政府与产业之间关于研发补贴对技术创新的影响;③Klette、Møen(2012)基于微观经济学理论视角研究了研发投入对研发补贴的回应问题。④ 同时研究发现研发补贴政策不存在挤出效应,如 Busom(2000)研究了研发补贴效果评估结果发现其不存在挤出效应;⑤Klette、Møen、Griliches(2000)研究了研发补贴导致的市场失灵对技术创新的影响;⑥David、Hall、Toole(2000)研究了公共研发补贴与私人研发补贴的相互关系发现其不存在挤出效应;⑦Lach(2002)分析了研发补贴是否可以取代研发投入的问题,并提出了相应的政策建议。⑧ 由此可见,研发补贴政策是否真正或者在多大程度上发挥了激励技术创新的作用,值得进一步研究。

---

① GONZALEZ X, PAZO C. Do public subsidies stimulate private R&D spending? [J]. Research policy, 2008, 37(3): 371-389.

② HUSSINGER K. R&D and subsidies at the firm level: an application of parametric and semiparametric two-step selection models[J]. Journal of applied econometrics, 2008, 23 (6): 729-747.

③ WALLSTEN S. The effects of government-industry R&D programs on private R&D: the case of the small business innovation research program[J]. The RAND journal of economics, 2000, 31(1): 82-100.

④ KLETTE T, MØEN J. R&D investment responses to R&D subsidies: a theoretical analysis and a microeconometric study[J]. World review of science, Technology and sustainable development, 2012, 9: 169-203.

⑤ BUSOM I. An empirical evaluation of the effects of R&D subsidies[J]. Economics of innovation and new technology, 2000, 9(2): 111-148.

⑥ KLETTE T, MØEN J, GRILICHES Z. Do subsidies to commercial R&D reduce market failures? Microeconometric evaluation studies[J]. Research policy, 2000, 29(4-5): 471-495.

⑦ DAVID P, HALL B, TOOLE A. Is public R&D a complement or substitute for private R&D? A review of the econometric evidence[J]. Research policy, 2000, 29(4-5): 497-529.

⑧ LACH S. Do R&D subsidies stimulate or displace private R&D? Evidence from Israel[J]. The journal of industrial economics, 2002, 50(4): 369-390.

(一)研发补贴政策促进技术创新的条件

研发补贴政策对不同类型创新主体,尤其是对处于不同价值链位置的企业技术创新的激励作用存在差异。例如,在同一产业中,上游企业开发的新技术可以通过技术许可协议被下游企业合法使用,增加下游企业基于该新技术获得的相应利润,上游企业因此获得技术许可费用,激励其进一步的技术创新。新技术的许可费及其营利能力与当时专利保护强度大小直接相关,但是下游企业无法在技术质量和研发成本方面确定上游企业技术的实际信息,导致信息不对称,对下游企业使用该专利技术在一定程度上带来不便。专利技术许可方如何在动态框架中向被许可方发送有关专利技术的信息,对最大限度使用技术创新,提高技术创新使用效率非常重要。为了最大限度提高社会福利,在垂直分离和信息不对称两种情况下,研发补贴政策对技术创新的影响存在明显差异。相关技术创新的信息不对称不仅造成上下游企业关于技术许可实施造成扭曲技术许可费用确定性的动态变化,而且对政府的研发补贴政策激励创新主体确定研发投资时机的决策和进一步促进技术创新具有重要的影响。因此,正确使用研发补贴政策促进技术创新需要满足其适用条件。

因为技术创新激励不足以抵消政府补贴支出,社会福利减少了研发补贴的数量,所以信息对称条件下,对相关技术创新及其产品的研发补贴政策总是次最优的,而不是最优的。但是当市场上存在信息不对称问题时,这一论点并不一定完全成立,因为只要有研发补贴存在,就有可能因为其对技术创新的激励作用而获得相对较好的研发结果,除非给予太多的研发补贴。同时因为研发补贴政策有其相对应的激励功能,所以通过激励主导企业进行技术创新就可以相应减轻创新主体对投资时间的扭曲。随着不同类型技术创新主体研发成本的相对差异补贴金额的增加,在技术领域占主导地位的创新主体更加难以决定是否提前进行投资。[1] 因此,在信息不对称的条件下,研究通过优化研发补贴政策激励技术创新的机制具有重要意义。

尽管研发补贴政策并不能真正改善信息不对称结构下的社会福利水

---

[1] JEON H. Patent protection and R&D subsidy under asymmetric information[J]. International review of economics & finance, 2019, 62(7): 332-354.

平,但是值得注意的是其对技术创新时机的重要影响。在对称信息的条件下,研发投资效率较高的企业较早进行投资,以减少社会福利的损失,而由于最优专利制度对技术创新的影响,研发效率较低的企业延迟了其投资时机,丧失了最优的研发投资时机,间接影响了技术创新效果。但是在信息不对称的情况下,研发补贴政策既不刺激也不抑制技术创新,或者说因为信息不对称导致研发补贴政策对技术创新产生的影响不显著,除非对创新主体加大研发补贴额度。

(二)研发补贴政策促进技术创新效率的机制

信息不对称通常会导致技术创新效率较低的创新主体在多数情况下研发投资不足,而技术创新效率较高的企业可能存在投资过度,所以优化信息披露和提升信息对称水平对促进创新主体的技术创新策略具有重要价值。当政府研发补贴政策发挥作用时,其对创新主体的研发投资影响会变得更加清晰,因为技术创新效率较高的创新主体总是在信息不对称的情况下对研发项目投资过度。已有文献研究表明,科研项目的研发投资不足和过度投资通常分别归因于外部融资和市场竞争的限制,而它们都是由信息不对称所导致。[①] 这种情况均对研发补贴政策激励技术创新的作用产生影响。

创新主体决定进行研发的投资时间被视为信息不对称条件下的专利技术被许可方信任技术质量的信号。这种用于研发投资和政府政策的新颖方法为专利技术许可博弈的动力学视角提供了启示。不少学者对最优专利制度激励技术创新问题进行了讨论,其中部分学者从社会福利损失、后续技术创新和技术模仿竞争等视角进行了较为深入的研究。在社会福利损失方面主要集中在以下四个方面的研究。

首先是基于最优专利保护制度对技术创新的激励作用。如 Gilbert、Shapiro(1990)基于最优专利保护的长度和宽度视角研究了信息不对称条件下的社会福利损失及其对技术创新的影响;[②]Klemperer(1990)基于专利保护范围视角研究了信息不对称条件下社会福利损失及其对技术创新产生

---

① JEON H. Patent protection and R&D subsidy under asymmetric information [J]. International review of economics & finance, 2019, 62(7):332-354.

② GILBERT R, SHAPIRO C. Optimal patent length and breadth[J]. The RAND journal of economics, 1990, 21(1):106-112.

的影响;①Denicolo(1996)基于专利竞赛与最优专利保护长度和宽度视角研究了信息不对称条件下社会福利损失及其对技术创新产生的影响。②

其次是专利制度及研发补贴政策对后续技术创新和累计技术创新等的影响。其中后续技术创新方面的相关研究主要集中在如下两个方面:一是基于专利保护制度与连续性或者累积性技术创新视角的信息不对称条件下后续技术创新及其影响;③二是基于专利保护范围、反垄断和累积性技术创新视角研究了信息不对称对连续性技术创新的重要影响。④

再次是关于技术模仿方面的技术创新激励作用研究。例如,Aoki、Hu(1999)基于技术许可和诉讼视角分析了激励技术创新的法律保护制度对技术模仿竞争的影响;⑤Denicolo(1996)基于专利最优保护长度与宽度与技术创新成本视角分析了技术模仿竞争的相关问题;⑥Anton、Yao(2006)基于专利侵权损害和利益平衡视角分析了信息不对称条件下的技术模仿竞争问题;⑦Choi(2009)基于替代损害规则和获得知识产权保护概率视角研究了信息不对称条件下不公正竞争、利润损失和合理特许权使用费补偿等对技术模仿和技术创新及两者关系的影响。⑧

---

① KLEMPERER P. How broad should the scope of patent protection be[J]. The RAND journal of economics,1990,21(1):113-130.

② DENICOLO V. Patent races and optimal patent breadth and length[J]. The journal of industrial economics,1996,44(3):249-265.

③ SCOTCHMER S. Standing on the shoulders of giants:cumulative research and the patent law[J]. The journal of economic perspectives,1991,5(1):29-41.

④ CHANG H. Patent scope, antitrust policy, and cumulative innovation[J]. The RAND journal of economics,1995,26:34-57.

⑤ AOKI R, HU J. Licensing vs. litigation:the effect of the legal system on incentives to innovate[J]. Journal of economics and management strategy,1999,8(1):133-160.

⑥ DENICOLO V. Patent races and optimal patent breadth and length[J]. The journal of industrial economics,1996,44(3):249-265.

⑦ ANTON J, YAO D. Finding "lost" profits:an equilibrium analysis of patent infringement damages[J]. Journal of law, economics, and organization,2006,23(1):186-207.

⑧ CHOI J. Alternative damage rules and probabilistic intellectual property rights:unjust enrichment, lost profits, and reasonable royalty remedies[J]. Information economics and policy,2009,21(2):145-157.

最后,在相关技术创新存在技术信息垂直分离的情况下,部分学者对专利保护制度和研发补贴政策的关注相对较少。例如,Lerner、Tirole(2004)假设产业下游用户的盈余随许可专利数量的增加而增加,研发补贴政策需要在技术交易和许可市场中鼓励建立专利池或者专利联盟的必要性;① Farrell、Shapiro(2008)认为,如果产业下游市场存在寡头垄断,对专利技术费用产生较大影响,导致拥有质量较低的专利优于申请需要重大审查成本的高质量专利;② Jeon、Nishihara(2018)通过分析垂直分离市场,提出了有效性和侵权损害组合效率最优的专利制度和研发补贴政策,但是没有深入讨论在现实世界中存在技术许可协议的情况下,专利保护强度与研发补贴政策的结合度问题。③

动态视角下创新主体针对研发项目投资时间的信息特征能够在一定程度上反映研发补贴政策对技术创新的影响。在不同研发政策的引导下,技术创新效率较低的创新主体愿意模仿技术创新效率较高的创新主体的创新行为,进而获得更多的技术许可可能性。这使得占主导地位的创新主体比其他创新主体在对称信息情况下的投资时间更早,以便将自己与其他占主导地位的创新者分离出来。然而,如果技术许可双方在相关技术方面存在信息不对称问题,那么制造商不仅不能识别创新者技术创新的质量,投资者也不能了解交易对手基于技术创新的营利能力。当然,产业下游市场的竞争水平有可能极大地改变这种情况。④ 由此可见,信息不对称条件下的研发补贴政策对技术创新的促进作用是有限的。

另外,如何在不同行业或者产业的异质性企业之间合理分配研发补贴才能最大限度地激励技术创新,也是学者特别关注的重要问题之一。⑤ 传统观点认为,公平竞争环境会激励竞争,并进一步激励企业的努力。有效的

---

① LERNER J, TIROLE J. Efficient patent pools[J]. The American economic review, 2004, 94: 691-711.

② FARRELL J, SHAPIRO C. How strong are weak patents?[J]. The American economic review, 2008, 98(4): 1347-1369.

③ JEON H, NISHIHARA M. Optimal patent policy in the presence of vertical separation[J]. European journal of operational research, 2018, 270(2): 682-697.

④ JEON H. Patent protection and R&D subsidy under asymmetric information[J]. International review of economics & finance, 2019, 62(7): 332-354.

⑤ SIEGEL R. All-pay contests[J]. Econometrica, 2009, 77(1): 71-92.

研发补贴政策不仅取决于企业的初始规模条件,还取决于技术创新环境的各种特点。确定明确清晰的机制或者实施的充分条件,即最佳技术创新政策优先补贴弱者(underdog),还是补贴强者(favorite)的选择。特别是当研发补贴数额补充了企业自身的科研支出时,那么企业技术创新发展过程涉及的最大困难就是获得有效及时的研发补贴。[①]

二、研发竞赛机制与技术创新

研发竞赛(research tournament,或者 R&D contest)机制指通过技术研发竞赛等方式鼓励创新主体进行技术创新的激励制度。政府科技政策在激励研发投资和新产品开发以及技术创新方面的作用机制是创新经济学文献关注的核心问题之一。传统的理论文献研究往往通过比较创新主体和政府机构在理解新技术和新产品质量方面的优势差异,并分析政府在不具有信息优势的情况下出台和实施的各种政策及其绩效问题。[②] 通过研发竞赛新视角关注政府及其相关机构通过调整政策影响研发投入机制对促进技术创新具有重要意义。具体而言就是,技术创新政策的制定者不能承诺将创新资源转移给创新主体,而是将其预算转移到替代福利产生项目方面的选择。因此,研究研发竞赛机制在激励技术创新过程中的作用机制非常重要。

(一)研发竞赛的内涵、机制及影响因素

随着全球科技、经济和社会的快速发展,尤其是科学技术在国家综合能力中地位的大幅提升,研发竞赛机制对于激励技术创新活动,解决科技、经济和社会难题方面越来越发挥重要的作用。例如,美国国防部曾通过技术竞赛方式赞助一些对社会具有重要影响的设计和技术奖励项目,以激励私营企业对国防技术创新的投资。例如,美国国防部曾发布100万美元激励基金,激励了一种更轻、更可穿戴的军用电力系统产品;通用电气曾宣布一

---

① QIANG F, LU J. The optimal multi-stage contest[J]. Economic theory, 2012, 51(2): 351-382.

② SCOTCHMER S. On the optimality of patent renewal system[J]. The RAND journal of economics, 1999, 30(2): 181-196; SHAVELL S, VAN YPERSELE T. Rewards versus intellectual property rights[J]. Journal of law and economics, 2001, 44(8): 525-547.

项 2 亿美元的"开放技术创新挑战"活动,邀请发明人、企业家和创业企业竞争开发下一代电网技术;宝洁公司经常通过发布一些竞赛项目,向企业外部和内部的研究实体征集新的化学合成材料,[1]激励技术创新,解决科技、经济和社会提出的各种挑战。

研发竞赛通常由政府、企业、非营利组织,甚至个人发起,以动员集中精力完成各种有价值的技术创新任务。在典型研发竞赛中,竞赛奖金出资人或者组织者承诺为获得预定项目成功的参赛者提供固定的金钱或者奖品奖励。几个世纪以来,研发引导奖励机制激发了各种科学和技术的突破,包括海洋技术、机车发动机设计、航空实验,甚至食品保护解决方案,很大程度上激励了技术创新。美国国防部或者世界卫生组织等机构作为研发竞赛的奖金出资人曾希望通过研发竞赛提升技术创新水平,提高获奖产品的质量。研发竞赛奖金预算通常用于激励技术创新的引导奖励。激励技术创新的奖励机制与激励技术创新的研发补贴政策实际上具有不同功能,二者在激励技术创新方面的作用具有很大程度的互补性。如果技术创新难度较大,创新过程更具复杂性和挑战性,需要增加研发补贴,适度减少奖金或者奖品金额。确定奖励目标或者研发补贴额度需要确定技术创新是否符合相关条件。[2]

各种研发竞赛在激励技术创新方面的成功,进一步激发了政策制定者以及创新主体对这一技术竞争机制的关注和兴趣。1999 年,美国国家工程院向国会建议,在联邦政府赞助的技术创新竞赛中进行更为广泛的实验研究。美国国家科学基金会积极响应这一建议,不断增加相关研发项目预算中赞助引导奖励机制所需费用的比例。2008 年,美国共和党总统候选人约翰·麦凯恩提出了一个 3 亿美元奖金的巨额奖励计划,以开发一种将"超越"当前插电式混合动力技术的汽车电池,用以激励相关技术创新。这种广泛的、激励技术创新的、由官方或者其他主体组织的奖励活动自然会引起创新主体及发明人对完善研发竞赛机制的设计和提高实施效率及其影响因素的研究兴趣。不过,美国国家科学基金会曾承认,在管理研发竞赛奖励方面

---

[1] QIANG F, LU J. The optimal multi-stage contest[J]. Economic theory,2012,51(2):351-382.

[2] QIANG F, LU J. The optimal multi-stage contest[J]. Economic theory,2012,51(2):351-382.

缺乏经验和理论支持,导致研发竞赛激励技术创新的效果不如预期。美国国会曾向各种联邦政府机构施加立法压力,如要求美国国防部和美国国家科学基金会进一步探索研发竞赛机制的设计和完善,以便使得研发竞赛机制在激励技术创新中发挥更为重要的作用。① 可见,通过研发竞争激励技术创新的机制在取得较好政策效果的同时,也存在一些不足。

除了颁发引导(inducement)奖励基金之外,以激励技术创新为目的的研发竞赛项目的奖金出资人还经常在经济上帮助竞争者提高他们的技术创新能力。例如,美国国防部经常向入围研发竞赛项目的企业提供"隐性补贴"以帮助他们赢得设计竞赛,从而达到进一步激励技术创新的目的。在联合攻击战斗机(JSF)项目研发竞赛中,美国洛克希德·马丁公司(Lockheed Martin)和波音公司(Boeing)分别获得了7.5亿美元的资助用于研发其技术原型。Lichtenberg(1988)研究表明,国家财政出资的研发补贴可以大幅提高私营企业军事研发的生产力,并提升其技术创新能力。② 例如重要制药公司不仅通过研发补贴项目奖励成功取得技术创新的生物医学初创公司或者内部研究团队,还提供"快速启动"资金,以推动其研究项目进展,提升其技术创新能力。

(二)研发竞赛的理论、机制及影响因素

1.研发竞赛激励技术创新的理论

优化技术研发竞赛激励技术创新机制通常采用以下方式:对两家具有竞争性质的企业的其中一家实施研发补贴政策,对另一家企业适用引导奖励机制。基于研发竞赛所需的预算金额限制,充分实现研发补贴政策和奖励机制最大限度地促进技术创新的目标。激励技术创新的奖励机制与促进技术创新的研发补贴政策属于互补性的机制或者政策。当技术创新过程涉及更高水平和难度时,会提供更多研发补贴额度;最佳竞争可能会优先补贴实力较弱的公司以平衡竞争,或者通过进一步帮助实力更强的企业创建最强技术创新主体。激励技术创新的最优决策不仅取决于企业初始投资基金

---

① QIANG F, LU J. The optimal multi-stage contest[J]. Economic theory, 2012, 51(2): 351-382.

② LICHTENBERG F R. The private R&D investment response to federal design and technical competitions[J]. The American economic review, 1988, 78: 550-559.

的分配,还取决于目标项目的各种特征。

研发竞赛机制的可操作性和效率将局限于一种运行模式接近的两家具有竞争性质公司的研发锦标赛模型,但是二者促进技术创新的主要结果将继续存在于更广泛的环境下,例如两家以上的具有竞争业务的创新主体。当有超过两组异质型的企业竞争,并且一组企业处境过于不利时,它们可能会在平衡中保持不活跃。这种可能性将使分析大大复杂化,因为资助者的预算分配问题变得不连续。研发补贴分配规则可以作为一种与激励兼容的机制,允许资助者选择参与度较高的、活跃性较强的企业,以优化后续竞争的结构。资助者可以通过补贴相关企业研发活动来排除其他研发活跃的企业,或者通过优先补贴激励其他不活跃的企业。[1]

经济学相关文献几乎没有提供正式的理论模型解释或者分析激励技术创新奖励机制与研发补贴政策在激励技术创新功能方面相互替代或者相互补充,并提升研发效率,[2]促进技术创新。这种理论方面的模糊性促使 Lichtenberg(1988)和其他学者产生如下疑问,即如果更多金额的奖金可以有效替代研发补贴,政府为什么除了建立激励技术创新的奖励机制之外,还要为私营企业的国防军事等重要项目提供研发补贴。[3] 具体来说,这是资源有限的资助者如何选择使用奖励资助和/或研发补贴方式促进技术创新,应对科技、经济和社会面临的重要挑战。总之,虽然研发竞赛激励技术创新的机制有利于突破技术限制,但是实现技术创新的相关理论有待进一步完善。

研发竞赛机制在不同方面的表现存在差异。激励技术创新奖励机制的奖金出资人对技术创新具有非常特别的兴趣,是因为其可以解决迫切的科技、经济或者社会问题。通过奖励机制发布技术创新引导奖励项目,吸引各种有实力的技术研发企业积极参与项目,开发有竞争力的技术创新产品,客观上激励了技术创新,增加了社会福利,促进了社会发展。如果两家企业就其"技术创新产品"(原型、工业设计、技术解决方案等)的质量展开竞争,研

---

[1] QIANG F, LU J. The optimal multi-stage contest[J]. Economic theory, 2012, 51(2): 351-382.

[2] MOLDOVANU B, SELA A. The optimal allocation of prizes in contests[J]. The American economic review, 2001, 91(3): 542-558.

[3] LICHTENBERG F R. The private R&D investment response to federal design and technical competitions[J]. The American economic review, 1988, 78: 550-559.

发竞赛活动的获奖者会是提供最好参赛产品或者最优产品设计的参赛者。[①] 当然,奖励基金出资人会试图使获奖产品的预期质量最大化,激励技术创新的作用发挥得更充分。在研发竞赛奖金固定预算的情况下,最好选择一个由现金或采购合同组成的投资组合,以及对企业进行研发补贴,提高竞赛获胜创新主体的技术创新能力。Qiang(2012)认为,创新主体产品质量主要是由体现其研发和劳动投入的研究成果以及反映其技术创新能力的实物和人力资本,如实验室设备、科学家和专有技术知识等要素决定。[②] 虽然获得数额可观的奖励基金可以在一定程度上鼓励研发竞赛获胜者进一步加大技术和劳动力投入,促进其技术创新,但是研发补贴政策对技术创新的影响并不显著。

2.研发竞赛激励技术创新的机制

基于熊彼特增长理论模型的理论框架分析创新主体不同资产持有水平的异质性发现,财富分配不均是收入不平等的重要原因。根据熊彼特的增长理论可以发现,虽然提升专利保护强度和提高研发补贴额度与促进技术创新方面的宏观经济效应相同或者相似,但是与其对创新主体收入不平等的微观经济影响完全不同。因此,在评估激励技术创新政策工具的整体效果时,需要考虑总体影响之外其他重要因素的影响机制。

研发竞赛机制的主要目标是激励技术创新,其中激励机制中能够发挥重要作用的要素是研发补贴及其额度。加强专利保护或者增加研发补贴促进技术创新和经济增长率上升时,模型中的不平等因素导致实际利率上升,进而导致资产收入的增加。因此,提升专利保护强度和增加研发补贴额度都通过这种互动渠道对收入不平等产生了积极的影响。此外,这两种政策工具都具有影响收入不平等的资产价值效应。通过技术创新可以增加垄断利润,加强专利保护强度也可以增加资产价值,并对收入不平等产生额外的

---

① TAYLOR C R. Digging for golden carrots: an analysis of research tournaments [J]. The American economic review, 1995, 85: 872-890; FULLERTON R L, MCAFEE P R. Auctioning entry into tournaments[J]. Journal of political economy, 1999, 107(3): 573-605; CHE Y K, GALE I. Optimal design of research contests[J]. The American economic review, 2003, 93(3): 643-651.

② QIANG F, LU J. The optimal multi-stage contest[J]. Economic theory, 2012, 51(2): 351-382.

积极影响。相比之下,提高研发补贴额度可以通过技术创新的创造性损失降低资产价值而抑制创新主体的收入不平等现象,从而导致资产收入的减少。由于利率和资产价值的影响方向不同,提高研发补贴额度对收入不平等有总体上模糊的影响。具体来说,如果产品技术质量小于(大于)一个阈值,那么提高研发补贴将导致较低(较高)程度的收入不平等程度。现实的产品技术质量小于特定阈值,意味着研发补贴额度对收入不平等有负面影响。相比之下,加强专利保护强度会对收入不平等现象产生积极的影响。因此,促进技术创新的积极政策似乎更倾向于加剧收入不平等现象。然而,如果专利保护制度或者政策是适度的,那么研发补贴政策激励技术创新的效果也可能是有效的。

研发竞赛机制中隐含了一个假设,即研发补贴可能只对新的发明创造产生影响,而专利保护范围同时影响新的发明创造和已经实现或者完成的发明创造及其授权专利。这些新的发明和授权专利都属于创新主体可以拥有的无形资产。这一假设具有较强的现实性,因为研发补贴政策规定只补偿企业进行新的技术创新,并提升其创新能力,而扩大专利保护的客体范围则提升了对未来和当前专利保护的数量。这并不是由于对熊彼特模型的普遍误解,即创新来自进入者,而不是现任者。Cozzi、Galli(2014)研究指出,在熊彼特创新理论模型中,对创造性破坏的正确解释是,现有创新主体对研发目标的选择不确定。① 换句话说,熊彼特创新理论模型中的创造性破坏可以与经验观察相一致,即现有创新主体经常在自己所属行业进行技术创新,而不是轻易改变技术领域进行创新。

专利保护制度和基于研发竞赛的研发补贴政策对产品消费不平等具有一定的影响。加强专利保护强度会增加产品消费不平等,而提高研发补贴额度仍会对产品消费不平等产生总体上模糊的影响。对相关模型进行校准后,研究专利保护制度和基于研发竞赛的研发补贴政策对经济增长和消费不平等的定量影响。政策实施实验是分别提高研发补贴率和专利保护水平,使得国民生产总值在每种情况下的研发投资份额有所增加,从而导致均衡水平的提升。专利保护强度的提高导致收入不平等现象的适度增加,产

---

① COZZI G, GALLI S. Sequential R&D and blocking patents in the dynamics of growth[J]. Journal of economic growth, 2014, 19(2): 183-219.

品消费不平等现象的增加可以忽略不计,而研发补贴额度的增加导致收入不平等和消费不平等相对较大幅度的减少。

3.研发竞赛机制激励技术创新效果的影响因素

研发竞赛激励技术创新机制的效果受到多种因素的影响。首先,发明人特征对研发竞赛激励技术创新具有一定的影响。现有文献中相关研究基于发明人的异质性特征,探讨了技术创新与发明人报酬或者工资不平等关系对技术创新的影响。例如,Acemoglu(1998,2002)构建了一个基于研发投入增加影响技术创新的模型,该模型包括两个研发部门和两种类型的发明人作为对比分析技术创新方向如何影响技术溢价的机制;①Grossman、Helpman(2016)通过对比发明人创新能力均匀分布和随机分布,研究了研发投入增长模型中的异质性发明人和工资不平等情况。② 另外有一些研究文献对相似问题进行了研究,如 Spinesi(2011),Cozzi、Galli(2014)分别分析了专利保护制度对技术溢出以及技术创新的影响;③Chu 等(2018)基于企业财富的异质性而不是基于发明人的异质性,在考虑发明人收入不平等而不是工资不平等条件下研究了研发补贴政策对技术创新的影响。④

其次,如果专利保护制度发生变化,技术创新和创新主体不平等之间的关系可能是积极的;如果研发补贴政策发生变化,那么技术创新和创新主体不平等之间的关系可能是消极的。激励技术创新制度或者政策工具不仅对创新主体或者发明人收入不平等具有不同方向的影响,对消费不

---

① ACEMOGLU D. Why do new technologies complement skills? Directed technical change and wage inequality[J]. The quarterly journal of economics,1998,113(4):1055-1089; ACEMOGLU D. Directed technical change[J]. The review of economic studies,2002, 69(4):781-809.

② GROSSMAN G, HELPMAN E. Growth, trade, and inequality[R]. NBER Working Paper No. 20502,2016.

③ SPINESI L. Probabilistic heterogeneous patent protection and innovation incentives [J]. The B.E. journal in economic analysis & policy,2011:11-45; COZZI G, GALLI S. Sequential R&D and blocking patents in the dynamics of growth[J]. Journal of economic growth,2014,19(2):183-219.

④ CHU A C, COZZI G. Effects of patents versus R&D subsidies on income inequality [J]. Review of economic dynamics,2018,29:68-84.

平等现象的影响也是不同方向的。Chu(2010)、Kiedaisch(2015)分别研究了专利保护制度对收入不平等产生的影响,但是并没有考虑研发补贴政策对收入不平等产生的影响。[①] 因此,综合其对专利保护制度和研发补贴政策工具的比较,可以发现专利保护制度和研发补贴政策工具在激励技术创新方面似乎具有相似的总体效应,但是各自对技术创新产生促进作用的机制具有显著差异。此外,针对以实验为主的技术创新,考虑实验室设备的创新过程,技术研发使用最终产品作为研发输入。在实验室设备规范使用的情况下,加强专利保护除了对收入不平等产生正利率影响外,还会产生资产价值正效应。如果考虑研发投入以劳动作为因素输入的知识驱动规范,那么专利保护制度和研发补贴政策的正利率效应仍然存在。然而,在这种情况下,因为基于专利保护产生的垄断利润效应将被创造性破坏效应完全抵消,专利保护的资产价值正效应将依然存在。研发补贴的负资产价值效应对任何一种研发规范都是稳健的。因此,对专利保护制度和研发补贴政策对创新主体不平等的不同影响进行检验发现也是稳健的。

最后,研发竞赛机制从不同角度促进技术创新。学者对此问题从不同角度进行了深入研究。例如,Peretto(1998)研究了人口数量的增长与技术变化及其对技术创新的影响;[②]Lin(2002,2015)研究了发达国家最优的研发补贴效率对发展中国家知识产权保护制度的影响,以及专利保护的最优长度对技术创新的阻碍作用;[③]Furukawa(2007)研究了知识产

---

① CHU A C. Effects of patent policy on income and consumption inequality in an R&D growth model[J]. Southern economic journal, 2010, 77(2): 336-350; KIEDAISCH C. Intellectual property rights in a quality-ladder model with persistent leadership[J]. European economic review, 2015, 80: 194-213.

② PERETTO P. Technological change and population growth[J]. Journal of economic growth, 1998, 3(4): 283-311.

③ LIN H C. Shall the Northern optimal R&D subsidy rate inversely respond to Southern intellectual property protection? [J]. Southern economic journal, 2002, 69(2): 381-397; LIN H C. Creative destruction and optimal patent life in a variety-expanding growth model [J]. Southern economic journal, 2015, 81(3): 803-828.

权保护强度与经济内生性增长的关系;[1]Futagami、Iwaisako(2007)研究了内生性增长模型中的专利政策动态变化对技术创新的影响;[2] Horii、Iwaisako(2007)研究了不彻底的知识产权保护对经济增长的影响;[3] Iwaisako、Futagami(2013)基于专利保护制度、资本积累和经济增长关系角度分析了其对技术创新产生的影响。[4] Zeng、Zhang(2007)研究了劳动力弹性对研发投入增长模型中补贴对技术创新的影响;[5] Zeng等(2014)研究了研发投入增长模型中的专利与价格规定关系对技术创新的影响;[6] Impullitti(2010)研究了美国研发补贴政策与外部竞争对技术创新产生的影响;[7] Acemoglu、Akcigit(2012)基于知识产权政策视角分析了技术竞争对技术创新产生的促进作用问题;[8] Minniti、Venturini(2017)基于熊彼特创新模型分析了研发投入政策与技术创新的关系;[9] Kiedaisch(2015)研究了具有持续领导的质量阶梯模型中的知识产权对技术创新所产生的影响。[10] 这些研究成果只是侧重于具有代表性的分析框架,并没有真正

---

[1] FURUKAWA Y. The protection of intellectual property rights and endogenous growth: is stronger always better? [J]. Journal of economic dynamics and control, 2007, 31(11): 3644-3670.

[2] FUTAGAMI K, IWAISAKO T. Dynamic analysis of patent policy in an endogenous growth model[J]. Journal of economic theory, 2007, 132(1): 306-334.

[3] HORII R, IWAISAKO T. Economic growth with imperfect protection of intellectual property rights[J]. Journal of economics, 2007, 90(1): 45-85.

[4] IWAISAKO T, FUTAGAMI K. Patent protection, capital accumulation, and economic growth[J]. Economic theory, 2013, 52(2): 631-668.

[5] ZENG J, ZHANG J. Subsidies in an R&D growth model with elastic labor[J]. Journal of economic dynamics and control, 2007, 31(3): 861-886.

[6] ZENG J, ZHANG J, FUNG M. Patents and price regulation in an R&D growth model[J]. Macroeconomic dynamics, 2014, 18(1): 1-22.

[7] IMPULLITTI G. International competition and U.S. R&D subsidies: a quantitative welfare analysis[J]. International economic review, 2010, 51(4): 1127-1158.

[8] ACEMOGLU D, AKCIGIT U. Intellectual property rights policy, competition and innovation[J]. Journal of the european economic association, 2012(10): 1-42.

[9] MINNITI A, VENTURINI F. The long-run growth effects of R&D policy[J]. Research policy, 2017, 46(1): 316-326.

[10] KIEDAISCH C. Intellectual property rights in a quality-ladder model with persistent leadership[J]. European economic review, 2015, 80: 194-213.

考虑专利保护制度和基于研发竞赛机制的研发补贴政策对技术创新各自产生的实际影响。专利保护制度和研发补贴政策对发明人或者工人收入不平等的影响,以及发明人生存环境的异质性对技术创新产生的影响值得进一步研究。

另外,专利保护制度、研发补贴和研发竞赛等机制或者政策对技术创新、经济增长以及收入不平等具有不同程度的影响。政策工具可能对技术创新和经济增长产生类似的总体影响,但对不平等产生的分别影响非常不同。具体来说,提升专利保护强度可能会导致创新主体的收入不平等和消费不平等增加,而提高研发补贴额度可能会导致创新主体的收入不平等和消费不平等相对较大幅度的减少。这些结果表明,如果政府科技政策的主要目标是促进经济增长和减少不平等,那么政府应该提高研发补贴额度,而不是加强专利保护强度。相关研究文献关注资产收入不平等,而不是工资收入不平等,可能是因为技术溢出形式的工资不平等在文献中受到了广泛的关注,但是只有相对较少的研究成果在熊彼特增长模型中考虑了资产收入的不平等问题。

第四节 不同类型技术创新激励机制的关系

技术创新在科技进步、经济增长和社会进步过程中发挥了关键性作用。相对于经济发展的最优水平,技术创新投资不足值得关注。如何避免技术创新投资不足,提供更多的技术创新激励成为创新理论经济学家关注的主要核心问题之一。法学和经济学文献中的一些理论研究成果分析了激励技术创新的机制或者政策。学者认为,技术创新奖励机制、专利保护制度和研发补贴政策作为激励技术创新的重要机制,在特定条件下三种政策工具中任何一种都可能是最优的,关键取决于研究模仿、垄断市场失灵损失、决策者和创新主体之间的不对称信息之间的权衡情况。[①] Scotchmer(1999)和 Cornelli、Schankerman(1999)分别利用机制设计方法

---

① WRIGHT B. The economics of invention incentives: patents, prizes and research ccntracts[J]. The American economic review,1983,73:691-707.

检验决策者和技术创新主体之间存在信息不对称情况下的最优政策,表明创新主体选择激励技术创新的政策依据通常是其是否具有优越性。① 这些研究涉及的最优奖励机制可能包括多个创新主体之间的奖金分配问题,但是通常不是从组织者到创新者之间的奖励金额支付。Weyl、Tirole (2012)研究了在多维异质性和不可操纵的市场结果存在的情况下的最优奖励结构,其分析发现激励技术创新的最优政策工具需要依托于市场,但是不需要完全垄断的利润。② 由此可见,不同类型激励技术创新机制有各自适用的条件,同时不同类型技术创新激励机制之间又存在互补性,如果有效配合,可能会对促进技术创新发展具有更为重要的价值。综合运用多种技术创新激励机制对有效促进技术创新,实现高水平科技自立自强具有重要意义。

一、技术创新奖励机制与专利保护制度

不少学者已经对权衡专利保护制度与奖励机制之间的利弊问题进行了较为深入的研究,试图通过外部信息发现是否可能允许奖励机制主导专利保护制度。例如,Kremer(1998)通过分析专利拍卖过程释放的专利价值信息反映有关技术创新水平及其实现程度;③Chari 等(2012)通过比较奖励机制和专利保护制度的优缺点发现,当决策者能够观察到市场信号,且市场需求可以被创新者掌握时,专利保护制度比奖励机制更加被需要;④Galasso 等(2016)研究发现,利用市场结果信息作为支付奖金金额指南的专利交易可以有效地确定消费者的边际和总体支付意愿,并产生相

---

① SCOTCHMER S. On the optimality of patent renewal system[J]. The RAND journal of economics,1999,30(2):181-196;CORNELLI F, SCHANKERMAN M. Patent renewals and R&D incentives[J]. The RAND journal of economics,1999,30(2):197-213.

② WEYL G, TIROLE J. Market power screens willingness to pay[J]. The quarterly journal of economics,2012,127(4):1971-2003.

③ KREMER M. Patent buyouts: a mechanism for encouraging innovation[J]. Quarterly journal of economics,1998,113(4):1137-1167.

④ CHARI V, GOLOSOV M, TSYVINSKI A. Prizes and patents: using market signals to provide incentives for innovations[J]. Journal of economics theory,2012,147(2):781-801.

对有效的技术创新激励机制;①Galasso等(2018)基于涉及多维技术的创新主体中只有部分创新任务可以测度的模型研究表明,专利保护制度和现金奖励技术创新机制具有互补性,而这两种政策工具的结合可能会产生比需要技术进入公共领域的专利竞赛或奖品更多的社会福利。② 由此可见,可以通过综合使用专利保护制度和技术创新奖励机制纠正专利竞赛,鼓励发明创造速度而非创新质量的趋势。

(一)重大技术创新奖励机制与专利保护制度

1.重大技术创新奖励机制与专利保护制度的关系

专利保护制度是基于发明创造获得专利独占权,激励技术创新的重要机制。当然,实施专利保护制度的代价是垄断导致的效率低下和社会福利损失。单纯的奖金奖励方法也被认为难以有效激励技术创新,所以多数的重大技术创新奖励项目并不排除获奖者同时获得专利授权的垄断权利。但是,这种做法与主流经济学家的"奖励和专利是取得收益和鼓励创新的替代方法"的创新理论截然相反。

首先,与专利技术文献公开技术方案的要求不同,获得重大技术创新奖的技术所涉及的技术特征及技术方案不易被发现。专利制度比技术创新奖励机制更为优越的理由是,技术创新奖励方式中产生的信息和技术合同纠纷可能会阻止其成为有效的激励动力。专利权和现金奖励互为补充,与要求将技术置于公共领域的专利竞赛或者通过奖励取得技术相比,重大技术创新奖通常更为可取。③

其次,重大技术创新奖励机制中知识产权分配与创新奖励的微观经济学文献观点明显相反。④ 创新经济学理论认为,奖金奖励技术创新和

---

① GALASSO A, MITCHELL M, VIRAG G. Market outcomes and dynamic patent buyouts[J]. International journal of industrial organization, 2016, 48: 207-243.

② GALASSO A, MITCHELL M, VIRAG G. A theory of grand innovation prizes [J]. Research policy, 2018, 47(2): 343-362.

③ GALASSO A, MITCHELL M, VIRAG G. A theory of grand innovation prizes [J]. Research policy, 2018, 47(2): 343-362.

④ WRIGHT B. The economics of invention incentives: patents, prizes and research contracts[J]. The American economic review, 1983, 73: 691-707.

专利垄断权授权激励技术创新是可以相互替代的,而不是互补的。奖励机制的突出特征是降低由专利产生垄断的无谓损失。私营部门在选择何种保护措施时出现不同的情况:专利垄断权和奖金奖励被重大技术创新奖或者其组织者作为补充,重大技术创新奖规则允许参与者同时持有技术的知识产权。①

再次,与公共部门政策的运用相比,重大技术创新奖在私营部门运用的信息动机也是合理的。为什么由重大技术创新奖励机制分配专利权而不是简单的专利授权办法更有用?值得进一步分析。例如,虽然有时候专利收益较低,但是由技术创新产生的消费者剩余或者外部性较高,那么额外研发补贴就是有意义的。技术创新奖励机制的文献中,如 Kremer(1998)、Galasso等(2016)都强调在特定条件下用技术创新奖励机制代替专利制度提供的垄断机制更为可取。② 如果专利权的维持成本较低且专利收益较高,则政策制定者应该同时利用技术创新奖励机制和专利制度两种方式激励技术创新。私人使用公共知识的信息动机可能是公共决策者使用它们的理由。通过重大技术创新奖励机制分配专利权可能还有其他原因。例如,如果专利成本(专利费用)相对较低,但是消费者剩余或者技术创新的外部性较高,那么额外的研发补贴对技术创新整体是有价值的。③

最后,引入公共资金作为技术创新奖励基金并不会改变技术创新奖励机制的实施效果,技术创新价值的不完整信息也不会改变。虽然引入相互竞争的创新主体不会改变简单奖励机制的实施效果,但是专利保护制度在具有竞争地位的创新主体中的表现比在单一创新主体中的表现更差,因为每个创新主体都有动力向专利局申请比现有技术对产品性能有所改进的专利,并保持其在竞争中的市场优势地位。

复合型的重大技术创新奖励制度通过解决包括可被测度和不可被测

---

① SCOTCHMER S. Innovation and Incentives[M]. Cambridge:The MIT Press,2004:25.

② KREMER M. Patent buyouts:a mechanism for encouraging innovation[J]. Quarterly journal of economics,1998,113(4):1137-1167.

③ GALASSO A,MITCHELL M,VIRAG G. Market outcomes and dynamic patent buyouts[J]. International journal of industrial organization,2016,48:207-243.

度的技术创新回报而强化其技术创新活动。专利保护制度对激励技术创新活动可能产生投资不足,是因为虽然创新主体达到技术创新目标绩效,但是对其给予的报酬不足。不可被测度的技术创新活动适用技术创新奖励制度产生的投资不足,是因为技术创新主体只得到其技术创新产生福利的少部分。重大技术创新奖励制度结合了技术创新奖励机制和专利制度同时适用的优点。结合专利保护制度典型的部分剩余可挪用性与技术创新活动在某些方面的不可测度性,该制度充分利用了这两种机制之间产生的激励技术创新的互补性。与专利保护制度和技术创新奖励机制分别单独实施相比,基于这种互补性作用的重大技术创新奖励制度正常情况下会产生更多的社会福利。

2.专利保护制度、普通技术创新奖励机制和重大技术创新奖励机制之间的关系

专利保护制度、普通技术创新奖励机制和重大技术创新奖励机制三种机制比较表明,重大技术创新奖励机制通常比专利保护制度或者普通技术创新奖励机制对技术创新的激励效果更加显著,因为技术特征的部分收缩性可能会产生专利技术垄断权利和现金奖励机制之间的互补性。技术创新主体在达到攻关目标时获得的实际奖励额度在一定程度上降低了专利保护制度对可测度技术创新成果活动的投资不足。创新主体获得实际收益的大小取决于其在整个技术创新过程中的攻关程度,而这种攻关程度可能会导致技术创新奖励机制对产生不可测量技术创新活动的投资不足或减少。[1]

专利保护制度和普通技术创新奖励机制的缺陷使得技术创新组织者开始关注设计新的技术创新奖励机制以激励技术创新,突破重大技术挑战,解决相关社会问题。激励技术创新的奖励机制大致可分为两种类型:一是重大技术创新奖励机制。该奖励机制为创新主体实现预定的重大技术创新绩效目标提供最佳解决方案,并需要做出重大承诺和突破性的解决方案,提供巨额奖金。二是普通技术创新奖励机制。该奖励机制仅针对创新主体存在较小规模竞争,明确但是存在很大困难,只需要有限的时

---

[1] GALASSO A, MITCHELL M, VIRAG G. A theory of grand innovation prizes [J]. Research policy, 2018, 47(2): 343-362.

间承诺解决的问题,或者仅涉及匹配或者调整现有的解决方案即可以解决的技术创新问题。①

学者认为,尽管重大技术创新奖励机制有具体的政策指令以及创新主体创新行为激励机制作为保障,但是很少看到对重大技术创新奖励机制的运行效果较为系统的研究成果。② 与研究专利保护制度激励技术创新的理论文献或者政府技术采购合同相比,很少有相关理论文献对重大技术创新奖励机制的性质、定位、功能以及实际运行效果进行系统的研究。③ 尤其是缺少对重大技术创新奖励制度实施效果或者运行绩效的实证研究。Kay(2011)针对诺斯罗普·格鲁曼月球着陆器空间技术的重大技术创新奖励,提供了较为详细的实证研究结果。④ Wright(1983)将技术创新奖励机制、专利保护制度和研发补贴政策作为激励技术创新的机制进行比较,并指出三种技术创新激励政策工具中的任何一种都有可能达到最优激励水平,主要取决于模仿技术创新、垄断定价损失及研究机构与技术创新之间的信息不对称水平。⑤ 由此可见,重大技术创新奖励机制、普通技术创新奖励机制与专利保护制度具有各自适用的范围和条件,同时三者之间在激励技术创新机制方面也存在复杂的关系。

(二)技术创新奖励机制与专利保护制度的关系

1.技术创新奖励机制与专利保护制度的文献综述

现有的技术创新奖励机制与专利保护制度研究的相关文献主要集中

---

① KAY L. The effect of inducement prizes on innovation:evidence from the Ansari X prize and the Northrop Grumman Lunar Lander Challenge[J]. R&D management,2011,41(4):360-377.

② WILLIAMS H. Innovation inducement prizes:connecting research to policy[J]. Journal of policy analysis and management,2012,31(3):752-776.

③ SHAVELL S,VAN YPERSELE T. Rewards versus intellectual property rights[J]. Journal of law and economics,2001,44(8):525-547.

④ KAY L. The effect of inducement prizes on innovation:evidence from the Ansari X prize and the Northrop Grumman Lunar Lander Challenge[J]. R&D management,2011,41(4):360-377.

⑤ WRIGHT B. The economics of invention incentives:patents,prizes and research contracts[J]. The American economic review,1983,73:691-707.

第一章 科技自立自强下的技术创新激励机制

在专利最优保护制度及其与激励技术创新奖励机制的关系方面。首先，不少研究成果试图通过优化专利保护长度和宽度提升激励技术创新效率。例如，Gilbert、Shapiro(1990)探讨了最优专利制度的保护长度和宽度问题；①Judd(1985)基于专利保护制度绩效视角分析了专利保护期限和专利保护范围问题；②Klemperer(1990)基于专利保护的客体范围（宽度）研究了其对技术创新的激励作用；③Matutes等(1996)研究了专利保护制度的最优设计与促进技术传播之间的关系。④ 但是专利保护制度是基于市场垄断权利的制度，所以注定只能达到次优效果，无论如何优化专利保护法定保护时期和客体的保护范围。很难协调专利以及其他知识产权在发达国家和发展中国家的平衡。⑤ Hopenhayn等(2006)在技术创新累积模型基础上研究了最优专利制度的设计，并认为如果技术创新涉及多个创新主体对技术创新的贡献，那么最优的技术创新奖励激励制度可能包括创新主体之间的相互支付及其利益平衡。⑥ 例如，Scotchmer(1999)基于专利维持的最优机制视角研究了其对技术创新的影响；⑦Cornelli、Schankerman(1999)基于专利维持机制与研发投入激励研究了专利保护制度对技术创新的促进作用。⑧

其次是关于激励技术创新奖励机制与专利保护制度的关系研究。例

---

① GILBERT R, SHAPIRO C. Optimal patent length and breadth[J]. The RAND journal of economics, 1990,21(1): 106-112.

② JUDD K L. On the performance of patents[J]. Econometrica, 1985,53: 567-585.

③ KLEMPERER P. How broad should the scope of patent protection be[J]. The RAND journal of economics, 1990,21(1): 113-130.

④ MATUTES G, REGIBEAU P, ROCKETT K. Optimal patent design and the diffusion of innovations[J]. The RAND journal of economics, 1996,27(1): 60-83.

⑤ GRINOLS E, LIN H C. Global patent protection: channels of north and south welfare gain[J]. Journal of economic dynamics control, 2006, 30(2): 205-227.

⑥ HOPENHAYN H, LLOBET G, MITCHELL M. Rewarding sequential innovators: prizes, patents, and buyouts[J]. Journal of political economy, 2006, 114(11): 1041-1068.

⑦ SCOTCHMER S. On the optimality of patent renewal system[J]. The RAND journal of economics, 1999,30(2): 181-196.

⑧ CORNELLI F, SCHANKERMAN M. Patent renewals and R&D incentives[J]. The RAND journal of economics, 1999,30(2): 197-213.

如,Wright(1983)构建正式理论模型比较分析专利保护制度与奖励机制在激励技术创新方面的不同。① 该文献开创性地激发了一系列关于平衡专利保护制度与奖励机制的研究成果。② 这些研究成果提供的重要信息是:如果政府对技术创新的社会价值掌握程度较高,那么激励技术创新奖励机制的效率可能就优于专利保护制度。为了解决技术创新的信息不对称问题,Kremer(1998)提出了一种专利拍卖机制,即使用拍卖过程确定专利的私人价值。③ 在这种机制下,政府提出以估算的社会价值等于拍卖决定的私人价值的加价率来购买被拍卖的专利。然后,政府就会将这样的专利置于公共领域。因此,拍卖专利可以让政府利用私人信息来确定创新的现金奖励。然而,如何确定专利的社会价值尚不清楚。一些学者仍然质疑,政府能在多大程度上了解技术创新对社会的重要性。④

2.技术创新奖励机制与专利保护制度的辩证关系

知识产权可以作为一种承诺或者期权手段的观点,已经被学者在比较知识产权保护技术创新和奖金奖励激励技术创新的法律辩论过程中被讨论过。⑤ 传统观点认为,技术创新政策文献将奖金奖励机制和专利保护制度视为激励技术创新和研发投资的替代工具。不过,存在保护技术创新承诺或者期权问题的情况下,奖品奖励机制与专利保护制度之间可能会出现互补性,所以综合使用这两种激励技术创新的政策工具可能会产生更大的福

---

① WRIGHT B. The economics of invention incentives: patents, prizes and research contracts[J]. The American economic review, 1983, 73: 691-707.

② HOPENHAYN H, LLOBET G, MITCHELL M. Rewarding sequential innovators: prizes, patents, and buyouts[J]. Journal of political economy, 2006, 114(11): 1041-1068; SCOTCHMER S. On the optimality of patent renewal system[J]. The RAND journal of economics, 1999, 30(2): 181-196; SHAVELL S, VAN YPERSELE T. Rewards versus intellectual property rights[J]. Journal of law and economics, 2001, 44(8): 525-547.

③ KREMER M. Patent buyouts: a mechanism for encouraging innovation[J]. Quarterly journal of economics, 1998, 113(4): 1137-1167.

④ HOPENHAYN H, LLOBET G, MITCHELL M. Rewarding sequential innovators: prizes, patents, and buyouts[J]. Journal of political economy, 2006, 114(11): 1041-1068; Scotchmer S. On the optimality of patent renewal system[J]. The RAND journal of economics, 1999, 30(2): 181-196.

⑤ ROIN B N. Intellectual property versus prizes: reframing the debate[J]. The university of Chicago law review, 2014, 81: 999-1078.

利。与直觉相反的是,在专利制度产生大量市场失灵的情况下,技术创新奖励机制确保创新主体利益的作用更大。同时,当决策者预算有限时,综合使用技术创新奖励机制与专利保护制度两种政策工具可能不是最优的。在这种情况下,现金资源只能部分避免产品市场的扭曲,从而减少了专利制度的约束效果。所以公共领域技术创新的奖励机制可能比更复杂的政策在激励技术创新方面更可取。[①] 现有文献对技术创新奖励机制与专利保护制度之间关系的研究得出如下两点主要结论。

首先,专利保护制度和技术创新奖励机制在理论上都不能使得技术创新达到最优水平。专利保护制度运行中的产生研发投资不足的可能原因是专利权人只能获得技术创新所产生收益的小部分。技术创新奖励制度可以通过联系奖励机制与使社会福利最大化的绩效目标纠正研发投资不足的问题。然而,因为只有部分技术创新能够被测度并以此达成协议获得奖励,所以技术投资人对不可测度的技术创新的积极性不高,而只对能够被测度的技术创新具有积极性。尽管如此,由于只有技术创新活动的部分技术创新成果可以被测度和承诺,发明者有动机无视不可测度的技术创新,只投资于技术创新可测量的研发创新活动。混合技术创新奖励机制的重点奖励目标是让创新主体在投资不足的方面产生更大的技术创新攻关。由于创新主体获得了可测度的创新目标的奖励,专利保护制度对可测度的创新活动的投资不足会减少。对奖励产生的不可测度创新活动的投资不足减少,可能是因为创新主体只获得部分福利,这主要取决于创新主体在整个技术创新过程中的努力程度。这一结果提供了对在重大技术创新奖中观察到的专利和奖项的联合使用的解释。专利保护制度中典型的部分剩余可占用性,加上技术创新努力的某些方面的不可测度性,产生了这两种制度工具之间的互补性。在一般条件下,这种互补性意味着重大技术创新奖励制度比其他两种制度能产生更多福利。

其次,专利保护制度和激励技术创新奖励机制是两种旨在促进技术创新的替代奖励机制。专利保护制度是政府通过授予创新主体特定时期内的垄断权利使其获得相应的垄断收益,激励技术创新的奖励制度。授予权利

---

① GALASSO A. Rewards versus intellectual property rights when commitment is limited[J]. Journal of economic behavior & organization, 2019, 169: 397-411.

人特定时期的技术独占排他权,允许专利权人基于专利技术在专利生命周期内获得市场垄断收益,同时向社会公众公开其技术方案,是专利保护制度的核心。然而,激励技术创新奖励机制是由国家财政或者税收资助研发投入的公共奖励制度,所以政府奖励创新主体进行研发并促进技术创新的制度应置于公共领域。该奖励机制主要以现金形式颁发奖金,以体现技术创新的社会价值。因此,奖励制度原则上足以奖励技术创新,而不造成垄断扭曲,尽管一些税收制度导致的扭曲可能是不可避免的。相比之下,专利保护制度必须始终寻求特定时期垄断造成的市场失灵和长期的动态技术创新之间的平衡。专利保护制度往往提供较为充分的技术创新激励机制,因为受专利保护的技术创新的私人收益往往低于社会福利。现有研究表明,如果政府能够为满足社会价值而征收相关税收性质的费用,那么激励技术创新的奖励机制可以达到帕累托最优效率,超越专利保护制度的效果,达到社会福利的次优状态。技术创新经济学的一些文献将技术创新奖励制度作为专利保护制度的替代品,并强调技术创新奖励机制的显著特点是消除专利保护制度造成的市场垄断而产生的大量社会福利损失。这种情况在私营部门的选择中似乎有所不同,技术创新奖励机制被重大技术创新奖组织者作为专利保护制度的补充,因此,重大技术创新奖的奖励机制更倾向于允许技术创新主体在适用奖励机制的同时保留其基于技术创新而拥有的知识产权。

  有关专利保护制度与激励技术创新奖励机制的文献通过比较二者之间的利弊,并试图基于技术创新外部信息是否可能被考察确定对专利保护制度与激励技术创新奖励机制的选择,确定以何种机制作为激励技术创新的主导。主要研究成果包括:Kremer(1998)基于技术创新拍卖信息构建了分析激励技术创新奖励机制的模式;[1]Chari 等(2012)认为,当决策者可以考察产品市场随时间变化释放的信息,或者说市场信息不对称水平较低时,通过比较专利保护制度与激励技术创新奖励机制可以发现,如果技术创新主体能够有效掌握产品市场信息,专利保护制度激励技术创新就是必要的;[2]

---

[1] KREMER M. Patent buyouts: a mechanism for encouraging innovation[J]. Quarterly journal of economics, 1998, 113(4): 1137-1167.

[2] CHARI V, GOLOSOV M, TSYVINSKI A. Prizes and patents: using market signals to provide incentives for innovations[J]. Journal of economics theory, 2012, 147(2): 781-801.

Galasso 等(2016)研究显示,利用产品市场优势信息指导专利转让或者专利许可所支付的金钱额度,可以考察消费者边际和总体支付的意愿,并选择正确的激励技术创新机制,创新经济学通常将激励技术创新奖励机制和专利保护制度视为奖励创新主体和鼓励研发投资的重要替代方式;①Murray 等(2012)通过构建模型针对此替代方式假设了一些可以被描述的功能目标,但是没有完整描述可行的解决方案。②

Shavell、Van Ypersele(2001)通过比较静态技术创新激励机制中的奖励激励创新机制和专利保护制度认为,两种机制都不是最优的选择,技术创新主体可以在奖励机制中奖金额度和专利保护制度中专利收益大小之间做出选择,说明专利保护制度通常不是最优的。③ Weyl、Tirole(2012)通过多维度异质性检验和研究不可操纵市场下的最优奖励激励技术创新机制后认为,在静态框架下,最优的激励技术创新政策通常需要一定强度的市场权力或者市场优势,但是并不是完全基于垄断权获得垄断利润。④ 这些研究成果的重点都是政策制定者或者技术创新主体比较一种激励技术创新的奖励机制与另一种激励技术创新的奖励机制的优缺点,但是重点应该关注两种技术创新奖励机制可能的互补性或者替代性,最终做出基于利益最大化的选择。

另外,通过比较主要激励技术创新机制或者政策发现以下三个特征:一是可以赋予技术创新主体销售技术创新产品的独家专利权;二是奖励项目组织者向技术创新主体支付奖金的奖励制度应该置于公共领域,接受社会监督;三是技术创新主体可以在专利和奖励之间进行选择。因为专利保护制度较强的垄断权造成了市场的扭曲,而垄断权在产品市场上造成了重大的损失,同时垄断利润低于社会盈余将会导致技术创新主体出现研发投资

---

① GALASSO A, MITCHELL M, VIRAG G. Market outcomes and dynamic Patent buyouts[J]. International journal of industrial organization, 2016, 48: 207-243.

② MURRAY F, STERN S, CAMPBELL G, et al. Grand innovation prizes: a theoretical, normative, and empirical evaluation[J]. Research policy, 2012, 41(10): 1779-1792.

③ SHAVELL S, VAN YPERSELE T. Rewards versus intellectual property rights[J]. Journal of law and economics, 2001, 44(8): 525-547.

④ WEYL G, TIROLE J. Market power screens willingness to pay[J]. The quarterly journal of economics, 2012, 127(4): 1971-2003.

不足的情况。奖励制度有可能消除这两种扭曲,因为决策者可以将权利费用转移给大于垄断利润的创新者,而垄断权利的缺失可以消除致命损失。[①] 但是在这种动态模型中,向技术创新主体支付奖励现金是不可信的,因为一旦技术创新进入公共领域,决策者就有强烈的动机将资源转移到替代投资方面,为社会带来更多的福利。

二、研发补贴政策与专利保护制度

在研发补贴政策实施的过程中,当政府不能承诺将研发补贴资金转移给技术创新主体时,创新主体不能选择将资源转向替代投资,这是技术创新政策工具的特征。在政府投资机会随机演化的动态环境中,最优技术创新机制可以通过补贴金额调节改变投资项目获得通过的条件。拥有专利权的权利人,在专利技术转让价格等于边际成本时就可以通过现金转让专利技术。当政府预算有限,垄断权利对市场运行扭曲不太严重时,如何实现研发补贴资金和专利权之间的动态互补性非常重要。专利权转让只是现金转移和专利权之间的其他形式的互补性的实现途径之一。[②] 有学者通过构建动态模型,假设社会规划者和创新主体拥有关于一项技术价值的完整信息,根据不同的激励技术创新机制或者政策分析其影响开发技术的可能性以及技术销售价格的机制,发现其有助于促进技术创新以应对科技和经济发展面临的挑战。政府机构实施的研发补贴政策的替代机会可能会随着时间的推移而随机出现。例如,政府公共财政资金最初没有其他特别用途,但是随着时间的推移,政策制定者可能会通过相关政策把公共财政资金从创新主体转移到其他主体,另作其他用途。这种情况可能会冲击政府最初承诺的研发补贴问题,类似于政策制定者的动态不一致。[③] 由此可以发现,研发补贴

---

① SHAVELL S, VAN YPERSELE T. Rewards versus intellectual property rights [J]. Journal of law and economics, 2001, 44(8): 525-547.

② GALASSO A. Rewards versus intellectual property rights when commitment is limited[J]. Journal of economic behavior & organization, 2019, 169: 397-411.

③ AVADOR M, WERNING I, ANGELETOS G M. Commitment vs. flexibility [J]. Econometrica, 2006, 74(2): 365-396; HALAC M, YARED P. Fiscal rules and discretion under persistent shocks[J]. Econometrica, 2014, 82: 1557-1614; BISIN A, LIZZERI A, YARIV L. Government policy with time inconsistent voters[J]. The American economic review, 2015, 105(6): 1711-1737.

政策与专利保护制度在激励技术创新方面具有复杂的关系。

(一)研发补贴政策与专利保护制度的文献综述

虽然研发补贴政策和专利保护制度都是激励技术创新的工具,但是二者的作用机理有所不同。学者对研发补贴政策和专利保护制度关系问题的研究主要集中在以下几个方面。首先是关于专利最优保护制度对技术创新影响的研究。例如,Hopenhayn、Mitchell(2001)研究了基于选择最优的专利保护宽度和长度激励技术创新的机制;①Hopenhayn 等(2006)基于累积创新模型检验涉及多个技术创新主体贡献的最优专利制度设计对技术创新的激励作用;②Llanes、Trento(2011,2012)基于每种技术创新性都建立在其之前的多项基础技术创新之上的假设,研究了最优专利制度对技术创新的激励机制。③ 其次是研究专利保护制度和研发补贴政策对技术创新和经济增长的影响。许多实证研究都调查了专利保护制度与研发补贴政策两种激励技术创新政策工具的实施效果。如 Minnit、Venturini(2017)研究发现,研发投入税收抵免制度对技术创新和生产率增长具有积极影响;④Brown 等(2017)研究发现,知识产权(专利)保护制度对研发效果和技术创新具有积极影响。⑤ 当然,也有不少学者研究了专利保护制度对技术创新的积极促进作用。例如 Chu(2009)研究了专利封锁效应对技术研发的效果;⑥Chu

---

① HOPENHAYN H, MITCHELL M. Innovation variety and patent breadth[J]. The RAND journal of economics, 2001, 32: 152-166.

② HOPENHAYN H, LLOBET G, MITCHELL M. Rewarding sequential innovators: prizes, patents, and buyouts[J]. Journal of political economy, 2006, 114(11): 1041-1068.

③ LLANES G, TRENTO S. Anticommons and optimal patent policy in a model of sequential innovation[J]. The B. E. journal of economic analysis & policy, 2011, 11(1): 1269-1286; LLANES G, TRENTO S. Patent policy, patent pools, and the accumulation of claims in sequential innovation[J]. Economics theory, 2012, 50(3): 703-725.

④ MINNITI A, VENTURINI F. The long-run growth effects of R&D policy[J]. Research policy, 2017, 46(1): 316-326.

⑤ BROWN J, MARTINSSON G, PETERSEN B. What promotes R&D? Comparative evidence from around the world[J]. Research policy, 2017, 46(2): 447-462.

⑥ CHU A C. Effects of blocking patents on R&D: a quantitative DGE analysis[J]. Journal of economic growth, 2009, 14(1): 55-78.

等(2012)研究了知识垄断对技术创新的积极影响;①Cozzi、Galli(2014)和Yang(2018)分别基于熊彼特创新理论模型中的专利保护制度研究了其对技术创新的影响。②

(二)研发补贴政策与专利保护制度激励技术创新的机制差异

研发补贴政策与技术许可制度具有复杂的关系。技术实施许可是指为了利用非公有技术通过向权利人支付许可费被许可在特定时间和特定区域使用该技术的机制。它弥补了创新者和制造商之间在技术创新方面的差距,进而通过技术许可激励技术创新。可见,技术许可在获得研发回报方面与研发补贴政策方面具有一定联系。但是专利技术许可合同仅仅保证了被许可人的使用权利的完整和安全,而不是保证其基于该技术获得盈利的能力。③ 在大多数情况下,专利技术的许可方和被许可方之间存在关于技术质量的不对称信息,这种信息不对称不仅会扭曲专利技术许可合同的条款,还会扭曲创新主体进行研发投资的时机。大量的研究文献都致力于研究技术市场交易信息,并将专利技术许可合同条款视为私人信息不向外界公开。Gallini、Wright(1990)假设专利技术许可人拥有关于新技术的经济价值的私人信息,并以许可费的协议形式(如排他性或者非排他性)发出信号。④ Beggs(1992)认为专利技术被许可人比许可人更了解专利价值,并表明专利技术许可费高于固定费用。⑤ 此外,Martimort等(2010)研究发现,创新主体关于技术质量和开发者努力水平存在双边不对称信息,创新主体通过收

---

① CHU A C, COZZI G, GALLI S. Does intellectual monopoly stimulate or stifle innovation?[J]. European economic review, 2012, 56(4): 727-746.

② COZZI G, GALLI S. Sequential R&D and blocking patents in the dynamics of growth[J]. Journal of economic growth, 2014, 19(2): 183-219; YANG Y. On the optimality of IPR protection with blocking patents[J]. Review of economic dynamics, 2018, 27: 205-230.

③ SHEPARD A. Licensing to enhance demand for new technologies[J]. The RAND journal of economics, 1987, 18: 360-368.

④ GALLINI N, WRIGHT B. Technology transfer under asymmetric information[J]. The RAND journal of economics, 1990, 21: 147-160.

⑤ BEGGS A. The licensing of patents under asymmetric information[J]. International journal of industrial organization, 1992(10): 171-191.

取更多的技术许可费方式表明其价值,即使这样做也会降低开发者对技术许可的激励作用。① 当然,技术许可制度是通过特定技术许可使用而获得研发回报,而研发补贴通常是指政府基于特定政策目的补贴研发经费的机制,但是二者在激励技术创新方面具有一定的联系。

(三)研发补贴政策与专利保护制度激励技术创新的影响因素

研发补贴政策与专利保护制度都是促进技术创新和经济增长的重要政策工具。从长远来看,国家经济增长必须来自科技进步和技术创新,②科技进步又取决于技术创新水平和研发投入政策效果,因此,重视专利保护制度的同时,优化研发补贴政策对技术创新具有重要意义。专利保护制度达到最优绩效的前提是政策制定者与权利人及其利害关系人对专利具有透明且完整的信息。如果专利技术许可中许可方就专利拥有其他人未知的私人信息,那么专利保护制度就不可能达到最优状态。全球大多数国家的专利保护制度中,信息不对称下的社会福利高于对称信息下的社会福利,但是后者在每个制度存在最优政策的情况下主导了前者。因此,研究研发补贴政策与专利保护制度激励技术创新的影响因素非常重要。

首先,创新主体收入不平等对专利保护制度和研发补贴政策激励技术创新程度具有一定的影响。Chu等(2018)基于熊彼特增长模型,利用具有异质性组别的创新主体研究发现,尽管提升专利保护强度和提高研发补贴额度对激励技术创新和经济增长具有相同的宏观经济影响,但是其对收入不平等的创新主体的微观经济影响具有显著差异。提升专利保护强度会增加创新主体的收入不平等,而如果奖励额度足够小(足够大),那么提高研发补贴就会减少(增加)收入不平等。提升专利保护强度会导致创新主体收入不平等的适度增加,消费不平等的增加可以忽略不计,而提高研发补贴则会

---

① MARTIMORT D, POUDOU J, SAND-ZANTMAN W. Contracting for an innovation under bilateral asymmetric information[J]. The journal of industrial economics, 2010, 58: 324-348.

② SOLOW R. A contribution to the theory of economic growth[J]. The quarterly journal of economics, 1956, 70(1): 65-94.

导致创新主体收入不平等和消费不平等的相对较大的减少。① 探讨专利保护制度和研发补贴政策对技术创新及创新主体收入不平等的影响发现，技术创新及其主体收入不平等之间的关系，无论两者都是内生变量，是正的还是负的，都取决于潜在的外源性驱动力，或者说专利保护制度的适度性与研发补贴政策的有效性。

其次，信息披露制度对研发补贴政策与专利保护制度促进技术创新具有一定影响。Romer(1990)发展创新驱动增长模式以来，许多研究使用创新驱动增长模式的变体探索专利保护制度和研发补贴政策对技术创新和经济增长的宏观经济影响。② 然而，这两项政策工具对收入分配的微观经济影响却很少得到关注。相关文献关于信息披露对技术创新的影响主要集中在专利技术发明人的信息披露方面。例如，Bhattacharya、Ritter(1983)认为创新主体披露其关于技术发明人的私人信息是为了外部融资；③ Anton、Yao(2003,2004)研究表明，尽管技术主导者容易被竞争对手模仿，但是技术主导者还是有动机先披露自己的私人信息；④ Gick(2008)关注小企业关于许可技术的信号场景，其中两个发明者在上游市场竞争，而下游企业可以选择不与他们合作，并表明发明人可以选择通过专利申请进行信息披露，即使存在披露成本。⑤ 大多数专利保护制度下，不对称信息下的社会福利高于对称信息下的社会福利。这一违反直觉的结果来自下游企业从早期创新中获得的优势可以主导上游企业因为投资时机的扭曲而造成的损失。信息不对称可以提高特定专利政策的社会财富总量。这一结果与 Anton、Yao

---

① CHU A C, COZZI G. Effects of patents versus R&D subsidies on income inequality[J]. Review of economic dynamics，2018，29：68-84.

② ROMER P. Endogenous technological change[J]. Journal of political economy，1990，98：S71-S102.

③ BHATTACHARYA S, RITTER J. Innovation and communication：signalling with partial disclosure[J]. The review of economic studies，1983，50(4)：331-346.

④ ANTON J, YAO D. Patents, invalidity, and the strategic transmission of enabling information[J]. Journal of economics and management strategy，2003，12(2)：151-178；ANTON J, YAO D. Little patents and big secrets：managing intellectual property[J]. The RAND journal of economics，2004，35(1)：1-22.

⑤ GICK W. Little firms and big patents：a model of small-firm patent signaling [J]. Journal of economics and management strategy，2008，17(4)：913-935.

(2003)的研究成果形成对比,后者通过信息披露机制研究技术创新过程,表明信息不对称会导致过度披露,总是损害社会福利。[①] 然而,在每种激励技术创新制度的最优专利政策背景下,对称信息下的社会福利主导着非对称信息下的社会福利。可见,信息披露机制对研发补贴政策和专利保护制度对技术创新具有一定激励作用非常重要。

最后,信息不对称对研发补贴政策与专利保护制度促进技术创新具有一定影响。专利保护制度的适合强度条件之一是信息对称条件,专利在专利权人、政府机构和相关利害关系人之间有可能达到最优状态。在专利信息针对相关主体不对称条件下的专利保护制度无法达到保护最优的状态。由于下游企业可以免费利用上游公司主导的技术创新,政府应该通过提供合适的专利权保护制度,将全部剩余分配给技术创新主体。当下游企业不知道该技术的质量时,这种论点不成立。为了将自己与占主导地位的企业分离并获得可观的许可费,占主导地位的创新者必须比在对称信息下尽早进行研发投资。早期的技术创新成为主导许可方的信号,被许可方总是从中受益。研发投资时间的扭曲影响了研发补贴政策的效果。在信息不对称的情况下,需要选择不同强度的专利保护制度。[②] 由此可见,降低信息不对称水平可以在一定程度上提升研发补贴政策与专利保护制度对技术创新的促进作用。

总而言之,基于政府组织实施的研发补贴政策特征可以发现,专利保护制度和研发补贴政策结合是相对较好的激励技术创新政策组合,可以在多个行业或者产业中同时取得相对较优的技术创新绩效。不同行业,乃至同一行业的不同时期需要不同水平的专利保护强度,但是为每个行业或者产业制定适用本行业或者本产业的专利政策是不可行的。不过,可以向不同行业或者产业的创新主体提供不同水平的研发补贴政策,才最有利于该行业或者产业的技术创新。研究表明,专利保护强度应设定为各行业或者产业中的最低水平,同时在更具行业或者产业特征的情况下给该行业或者产业中的创新主体实施符合其技术创新特征的研发补贴政策。Jeon(2019)证

[①] ANTON J, YAO D. Patents, invalidity, and the strategic transmission of enabling information[J]. Journal of economics and management strategy, 2003, 12(2): 151-178.

[②] JEON H. Patent protection and R&D subsidy under asymmetric information[J]. International review of economics & finance, 2019, 62(7): 332-354.

明了适度的专利保护强度是对称信息下的专利技术最优保护策略,而在非对称信息下的专利最优保护策略并非如此。在大多数专利保护水平下,不对称信息下的社会福利可以高于对称信息下的社会福利。然而,考虑到每种制度的最优专利政策不同,通常是后者主导了前者。将研发补贴政策作为研发政策的主要组成部分时,结合专利保护制度的综合效果发现,研发补贴政策在对称信息下不是最优的,而在信息不对称的情况下可能是最优的。研发补贴政策可以在对称信息下激励技术创新效率更高的创新主体进行研发投资,但是只能以技术创新效率低下的创新主体的投资延迟和社会福利的损失为代价来实现。然而,在信息不对称的情况下,研发补贴政策既不刺激技术创新,也不会对技术创新产生抑制作用,除非提供的研发补贴供大于求。发放研发补贴时,信息不对称会导致技术效率较低的创新主体投资不足,而技术创新效率较高的创新主体投资过度。[1]

三、技术创新奖励机制与研发补贴政策

关于激励技术创新奖励机制的文献中,Polanvyi(1944)基于专利保护制度的限制视角积极主张激励技术创新的奖励制度构想。其研究结果对激励技术创新政策的完善具有重要价值,可以为政府机构和资助者就如何设计有效的技术创新奖励机制提供指导。[2] 具体而言,技术创新政策工具的有效性关键取决于执行该政策的机构对创新主体达到技术创新目标后的承诺。公共部门在预算紧张或者地缘政治不稳定时期,很可能会出现对其最初承诺的担忧。私营部门对技术创新的承诺问题可能会出现在新的资助者或者没有既定声誉的组织创新奖项的私营企业方面。[3] 因此,研究激励技术创新奖励机制和研发补贴政策激励技术创新的作用机制以及二者相互关系对应对科技、经济和社会发展挑战具有重要价值。

---

[1] JEON H. Patent protection and R&D subsidy under asymmetric information [J]. International review of economics & finance,2019,62(7):332-354.
[2] POLANVYI M. Patent reform[J]. Review economic study,1944,11:61-76.
[3] GALASSO A. Rewards versus intellectual property rights when commitment is limited[J]. Journal of economic behavior & organization,2019,169:397-411.

(一)技术创新奖励机制与研发补贴政策激励技术创新的机理差异

虽然激励技术创新奖励机制和研发补贴政策都是激励技术创新的有效工具,但是二者激励技术创新的作用机理和适用条件均存在差异。实践中作为技术创新奖励机制的各种研发竞赛活动,如美国国防部发布的"电池技术设计竞赛"和"通用电气开放技术"的技术创新挑战项目,通常会承诺给研发竞赛获胜者统一的奖品或者奖金奖励,且无论获胜者的身份如何。但是实践中奖励基金的出资者提供身份相关奖励的能力往往会受到限制。理论上附加限制的问题其实就是在机制设计中辅助加入了新要求的限制。为技术创新竞赛提供奖励资金的主体被允许向企业承诺异质的偶然性奖励。最佳要求是统一奖励标准:事后奖励只取决于赢家的表现,而不取决于它的身份,尽管事前补贴可能会区分企业的身份。

研发补贴政策对激励技术创新具有独特的作用机制。一方面,因为研发补贴的性质属于一种直接的资金输出效果。研发补贴政策客观上提高了接受研发补贴企业的研发投入额度,为促进其技术创新能力提供了可能,但是产品生产能力及其效率较高的企业能够从给定技术水平的努力中生产更多的产品,并通过其他途径提升生产效率。另一方面,研发补贴政策对技术创新的激励效果具有间接性,因为它改变了企业对研发投入努力方向的激励作用,但是整体的激励技术创新效果是不显著的。因此,当创新主体接受研发补贴时,上述两种影响之间存在复杂的关系。如果两家企业属于不同行业或者产业,且具有明显的异质性时,不同方向的影响力之间的平衡主要取决于接受研发补贴企业的特征。围绕研发补贴最终功能的复杂性可以促使学者进一步探索研发补贴资金出资者如何选择向需要度较高的"正确的"研发补贴接受者提供足够的补贴。[1]

(二)技术创新奖励机制与研发补贴政策的关系

激励技术创新的奖励机制与研发补贴政策之间存在复杂而微妙相互作用。首先,以奖品或者奖金为手段的激励技术创新奖励机制与以提供研发

---

[1] QIANG F, LU J. The optimal multi-stage contest[J]. Economic theory, 2012, 51(2): 351-382.

补贴为激励技术创新手段的补贴政策之间应该是彼此补充,而不是彼此替代的关系。提高研发补贴数额可以促进研发补贴政策对技术创新的积极影响,但是减少研发补贴数额可能会削弱激励技术创新的奖励机制的作用效果。其次,激励技术创新的奖励机制中的奖金和激励技术创新的研发补贴政策中的补贴之间的权衡取决于在技术创新竞赛中涉及研究项目的技术特征。具体而言,当技术开发过程涉及更高层次的"难度"或者难度不确定性时,最佳的技术竞赛机制会提供更多的研发补贴和奖金数量,对技术创新的促进作用更有效。这个研究结果对激励技术创新方案的设计具有实际意义。

第二章

科技自立自强下的知识产权制度与技术创新

习近平总书记在主持中央政治局第二十五次集体学习时强调的"保护知识产权就是保护创新",充分反映了知识产权对促进创新的重要性。党的二十大报告中指出的"加强知识产权法治保障,形成支持全面创新的基础制度",强调了知识产权法治对促进创新制度建设的重要性。其中前者阐述了"技术创新"与"知识产权"的本质联系,后者突出了知识产权法治保障对技术创新的重要性和必要性。探索知识产权制度激励技术创新的机理,是全面深入贯彻习近平总书记相关讲话和党的二十大精神的重大需求,对中国实现高水平科技自立自强具有重要意义。

技术创新是经济社会发展的重要动力之一;知识产权是技术创新权利形式的集中表现,适度保护知识产权具有激励技术创新和推动经济社会发展的作用。起于技术构思、终于成果落地的技术创新实质属于经济范畴,是技术创新促进经济发展的表现。技术创新通常包括原始创新、集成创新和引进先进技术基础上的消化吸收再创新等类型;其典型模式包括技术推动型、需求拉动型、技术与市场耦合型、一体化整合型、行政推力型、系统集成与网络化等。[①] 本章主要研究知识产权保护制度与技术创新,知识产权与技术创新类型,知识产权与企业技术创新,知识产权与产业和区域技术创新,知识产权保护、技术创新及外商直接投资等问题,为提升知识产权促进技术创新作用,加快实现高水平科技自立自强奠定基础。

---

① 盛辉.技术创新范式演进及其创新阶段的知识产权研究[J].技术经济与管理研究,2016(7):29-33.

第一节 知识产权保护制度与技术创新

任何创新范式和创新阶段都可能产生或者取得相应的知识产权。技术创新形成或者取得知识产权需要满足一定条件,如高价值或/和高质量的知识产权需要法定客体通过有效的技术创新过程和法定程序才可以获得;技术创新不仅可以产生或者取得专利权,而且可以取得商标权、著作权和商业秘密权等其他形式的知识产权;技术创新过程中取得高质量知识产权的数量和质量可以作为评价技术创新水平高低的标准等。① 知识产权与技术创新的双向作用机制,使得二者的关系受到大量学者和研究机构关注的同时,与技术创新相关的知识产权问题也受到学界和业界的重视。② 本节分别从知识产权"保护"和"制度"两方面研究其对技术创新的影响。

一、知识产权保护与技术创新

可持续地促进技术创新是推动社会向高水平方向发展的关键。技术创新过程的动态属性决定了其整个过程都需要进行相应的知识产权保护,所以技术创新广度和深度的提升需要不断完善的知识产权保护制度提供支撑,③以确保技术创新不断发展。知识产权保护是国家基于相关法律、法规、规章、政策、制度、规则等促进技术创新的重要措施。虽然对于技术创新与知识产权之间的准确关系未有一致性的结论,④但是有学者认为,适度强化知识产权立法、司法和执法对通过实施国家知识产权战略,促进技术创新具有重要作用。⑤ 因此,研究知识产权保护与技术创新之间的关系及其影

---

① 王九云.技术创新过程中的知识产权保护的十大趋势[J].中国科技论坛,2004(2):45-48.

② 汪海粟,韩刚.知识产权保护与技术创新关联研究述评[J].经济社会体制比较,2007(4):151-155.

③ 梅术文.知识产权保护与自主创新关系的检视与思考[J].电子知识产权,2006(6):11-13,24.

④ 殷斯霞,肖伟,赖明勇.知识产权保护与技术创新关系研究:中国汽车产业的实证检验[J].兰州学刊,2010(12):64-68.

⑤ 马一德.创新驱动发展与知识产权战略实施[J].中国法学,2013(4):27-38.

响机理对实现高水平科技自立自强具有重要价值。

(一)知识产权保护与技术创新的关系

知识产权保护对技术创新的影响问题是备受学者,尤其是发展中国家学者关注的重要问题之一。有学者研究发现,知识产权保护与技术创新的关系存在显著的"倒U型"关系;[1]发展中国家的知识产权保护水平与技术创新能力之间呈现"倒U型"关系。[2] 换句话说,知识产权保护强度与技术创新水平或者创新能力的关系不是递增或者递减的单调关系,而是复杂且动态变化的,并随着时间的推移会有不同的表现。知识产权过强保护与过弱保护对技术创新的作用均是负面的。也就是说,知识产权只有保护适当的情况下,其对技术创新才能发挥积极的促进作用。否则,可能会阻碍或者抑制技术创新的作用。胡善成等(2019)研究发现,中国知识产权保护水平基本处在"倒U型"的拐点左侧,过强的知识产权保护将对研发投入(R&D)产生弱化作用,并通过影响技术创新产出增长而改变技术创新效率;研发投入存在知识产权保护的双重门槛效应,当知识产权保护超过门槛值之后,其贡献度可能就会减小。[3] 由此可见,知识产权的保护强度受到创新主体的技术创新水平及其创新能力制约。

知识产权保护强度影响不同发展阶段国家或者地区及其不同技术领域的技术创新的程度存在差异。对发展中国家而言,与发达国家的技术差距大(小)时,强知识产权保护有(不)利于内部技术差异较大的本国产业的技术创新能力提升。[4] 知识产权保护对不同水平的技术创新的促进作用存在明显差异。这种现象在中国东部地区尤为明显,中西部地区更偏向于促进低质量技术创新。而且在不同规模的技术交易市场中,知识产权保护对不

---

[1] 胡善成,靳来群.知识产权保护对创新产出的影响与检验[J].统计与决策,2019(23):172-176.

[2] 余长林,王瑞芳.发展中国家的知识产权保护与技术创新:只是线性关系吗?[J].当代经济科学,2009,31(3):92-100.

[3] 胡善成,靳来群.知识产权保护对创新产出的影响与检验[J].统计与决策,2019(23):172-176.

[4] 贺贵才,于永达.知识产权保护与技术创新关系的理论分析[J].科研管理,2011,32(11):148-156.

同区域技术创新的影响存在门槛效应。① 由此可见,知识产权保护强度不仅与国家或者地区的经济社会发展水平及其内部技术结构有关,而且与技术创新质量及其所在地区市场规模等有关。

(二)知识产权保护及其强度促进技术创新的机制

知识产权保护激励技术创新机制是非常复杂的。首先,知识产权保护制度因为其可以为创新主体基于其拥有的发明创造设置具有保护期限的独占垄断权,可以获得市场竞争优势。知识产权保护可以让创新主体基于其研发投入产生或者取得的知识产权获得额外的收益,所以其会充分发挥自身优势,最大限度地运用好国家鼓励技术创新的政策。同时基于垄断利益而积极主动投入技术创新,加大研发投入,建立健全技术创新机构,并积极吸收外部力量参与对技术创新活动的支持,对技术创新效率的提升非常重要。另外,知识产权保护可以激励创新主体自觉遵守技术创新规则,并通过技术创新获取新知识、新产品、新技术和新工艺等,应用其提高技术创新质量。② 由此可见,知识产权保护激励技术创新在一定程度上是创新主体追求其创新利益最大化的经济行为。

其次,创新主体的技术创新能力和现有创新水平是知识产权保护为创新主体基于发明创造带来收益的基础。蔡跃洲(2015)认为,知识产权保护制度对技术创新的影响程度由研发投入、技术转移、信息披露、经济水平和创新能力等多种因素共同决定。③ 因此,增强研发投入和提升技术创新能力需要首先完善知识产权保护措施。知识产权保护整体而言可以激励技术创新,但是知识产权保护严格强度对技术创新的影响程度不仅取决于其初始保护水平,而且取决于创新主体的现有创新水平及其后续技术创新能力。随着技术复杂度的提高,促进技术进步主要依赖技术创新。知识产权保护强度增加对市场需求规模较小行业通常是利大于弊。随着需求规模扩大,

---

① 顾晓燕,薛平平,朱玮玮.知识产权保护的技术创新效应:量变抑或质变[J].中国科技论坛,2021(10):31-39.
② 王九云,叶元煦.论保护知识产权对技术创新的驱动功能[J].管理世界,2001(6):204-205.
③ 蔡跃洲.知识产权制度影响技术创新的中介因素分析[J].中国科技论坛,2015(8):22-27.

适度弱化知识产权保护,可能更加有利于促进技术创新。在市场需求结构趋于集中的背景下,知识产权保护主要通过促进技术创新增加社会福利,所以过度提升知识产权保护强度对获取技术外溢没有好处。[1] 学者认为,有效促进技术创新需要适度的知识产权保护制度,健全知识产权保护制度已成为保障知识经济和促进技术创新的基础条件和发展战略。[2] 知识产权保护驱动技术创新需要基于创新主体整体的实际情况,所以根据科技发展水平不断健全和完善知识产权保护制度机制,是有效促进技术创新的重要条件。

最后,知识产权执法力度的适度性对知识产权保护有效促进技术创新非常重要。知识产权执法力度是衡量知识产权保护水平的核心指标之一,执法力度大小对创新主体的技术创新能力高低具有较大影响。通过强化知识产权执法力度可以提升技术创新水平,主要表现为专利产出和研发投资的增加。同时强化知识产权执法力度还可以通过减少研发溢出损失和缓解外部融资约束促进技术创新。[3] 同时,加强知识产权保护执法力度能够更为明显地促进经济发达地区的技术创新,对非专利技术创新的促进作用要显著大于专利技术创新;知识产权保护执法强度越大,技术创新对产业升级的提升作用就越大。[4] 当然,知识产权执法力度要与知识产权保护强度相适应,否则可能会对技术创新产生抑制作用。

(三)知识产权保护促进国际技术创新的机制

在经济全球化不断深化的背景下,技术创新成果,尤其是高质量知识产权成为国家竞争力的战略性资源。知识产权保护激励技术创新可以通过影响国际贸易技术溢出、外商直接投资(FDI)技术溢出、技术许可与人力资源转移技术溢出等实现。同时,知识产权保护促进技术创新的作用与技术模

---

[1] 文豪,张敬霞,陈中峰.中国的知识产权保护与技术创新:基于行业特征的实证分析[J].宏观经济研究,2014(11):69-77.
[2] 徐棣枫.创新、知识产权与知识经济[J].南京大学法律评论,2000(1):70-74.
[3] 吴超鹏,唐菂.知识产权保护执法力度、技术创新与企业绩效:来自中国上市公司的证据[J].经济研究,2016(11):125-139.
[4] 易倩,伟.知识产权保护执法力度、技术创新与产业升级[J].经济经纬,2019,36(3):95-101.

仿能力和创新力强弱、市场发育程度、外国直接投资和跨国公司扩张等因素有关。① 现有研究显示,知识产权保护对技术创新的影响程度随着技术创新能力的增加而增加。知识产权保护对中国中、东、西部地区技术创新能力的影响存在差异,其中原因之一就是知识产权保护水平限制了技术引进对不同地区技术创新能力的贡献。② 因此,知识产权保护强度应该以不同国家或者地区科技、经济和社会及法制发展水平为基础,并根据实际情况的变化调整知识产权保护强度。

基于知识产权保护与技术创新的关系及其相互影响机制,未来技术创新过程中的知识产权保护可能会出现如下重要发展趋势:一是知识产权保护种类增加及保护期延长;二是自觉保护的创新主体增加;三是国际知识产权公约中不允许保留现象还会出现;四是知识产权保护政策增加及国际保护强度增加;五是与知识产权相联系事项增加;六是知识产权纠纷数量增加及保护力度强化;七是将知识产权保护纳入国家战略的国家数量增加等。③知识产权保护可以通过创建技术创新良性循环的制度保证和法律环境、激励创新主体进行发明创造、促进技术创新成果市场化、加快技术创新活动的国际交流合作等方式营造良好的创新条件。因此,知识产权保护对技术创新的促进作用会随着国家或者区域技术发展水平、技术创新主体能力、国际知识产权治理环境的优化而得到改善。

二、知识产权制度与技术创新

知识产权制度基于知识产品产权界定及其因保护获得收益,激发创新主体进行创新的动力,④进而激励技术创新,促进科技发展和经济增长。⑤

---

① 顾晓燕,刘丽.知识产权贸易对中国高新技术产业技术创新的影响[J].经济问题探索,2014(12):50-54.

② 单婷婷,黄腾,张慧君.基于面板数据的知识产权保护对技术创新影响统计分析[J].湖南社会科学,2014(1):111-114.

③ 王九云.技术创新过程中可以形成知识产权的机理与启示[J].管理世界,2004(3):142-143.

④ 曹前有.技术创新动力视野中的知识产权制度[J].自然辩证法研究,2006(11):49-53.

⑤ 蒋玉宏,单晓光.知识产权制度对城市竞争力的影响:基于创新激励的机理分析[J].知识产权,2007,17(3):26-30.

知识产权制度的底层逻辑是平衡"技术创新激励"与"技术方案公开",偏向任何一方都将不利于技术创新和知识传播。随着科技不断进步,知识产权的非理性扩张和强化使得以产权方式满足"动机激励"成为制度目标。[1] 不过,知识产权制度完善过程需要经历从"技术创新激励"到"技术方案公开"的"……平衡—不平衡—平衡……"循环过程。值得一提的是,近年来知识产权制度及其保护下的技术创新成果越来越成为国家或者区域战略竞争的决定性资源要素。

(一)知识产权制度与技术创新的互动作用

知识产权制度与技术创新之间不仅存在相互促进作用,而且存在相互制约的关系。第一,知识产权制度是技术创新发展的产物。作为人类社会发展不竭动力的技术创新推动了知识产权制度的发展,而知识产权制度同时又促进了技术创新的可持续发展。范在峰(2003)认为,技术创新对知识产权的产生、客体、地域、保护方式等具有推动或者调节作用。[2] 陈美章(1999)认为,知识产权制度是促进技术创新的有效激励机制、法律保护机制、催化和加速机制。[3] 知识和数字经济时代,没有现代知识产权保护制度,技术创新就很难取得可持续的发展。第二,技术创新与知识产权的有效连接可以获得以技术创新为基点的经济持续优化。[4] 知识产权制度通过科技创新激励和调节利益机制,[5]全方位、多层次地对技术创新活动进行调节。知识产权制度对技术创新活动的推动作用主要通过垄断利润激励,促进成果商业化,加速新知识扩散和推动协同创新实现。第三,知识产权和技术创新联动具有内在的逻辑关系。如知识产权法定保护期限直接影响创新主体获得技术创新收益的时间,进而影响其基于知识产权获得技术创新收

---

[1] 贾开,徐婷婷,江鹏.知识产权与创新:制度失衡与"互联网+"战略下的再平衡[J].中国行政管理,2016(11):88-93.
[2] 范在峰.论技术创新对知识产权的影响[J].知识产权,2003(1):32-34.
[3] 陈美章.技术创新与知识产权[J].知识产权,1999(6):3-6.
[4] 魏兴民,张荣刚.国际知识产权保护与中国自主创新内在逻辑分析[J].社会科学家,2007(2):64-67,74.
[5] 袁翔珠.知识产权制度在科技创新中的作用机制[J].研究与发展管理,2003,15(1):80-83.

益和社会收益的总量。① 总之,在技术创新发展过程中选择适合国情的知识产权制度,充分发挥知识产权制度的激励技术创新作用,可以为创新驱动发展战略的实施和创新型国家建设提供有效支撑,加速高水平科技自立自强的实现。

(二)知识产权制度激励技术创新的国家战略

知识产权制度是国家知识产权强国战略的基础,也是通过技术创新激励作用实现国家创新驱动发展战略和创新型国家战略的主要制度。首先,知识产权制度是保障国家发展战略的法律制度或者政策基础。技术创新和制度创新都是创新的基本形式。知识产权制度属于制度创新,是激励技术创新以及保护其成果的基本法律制度。其次,知识产权制度是保护创新主体进行有效技术创新的机制。知识产权制度不仅是促进企业技术创新的法律机制,而且是激励技术创新政策体系的核心内容,对技术创新具有重要的激励作用。② 再次,国家在科技和经济发展的不同阶段应该实施不同的知识产权制度。以知识产权制度激励创新为动力的创新型国家建设包括初级阶段、过渡阶段和高级阶段。因为不同阶段的最优知识产权保护强度有所差异,所以应依据特定阶段技术创新能力的差异,制定差别化的知识产权制度激励技术创新。例如初级阶段的技术创新能力相对较弱,如果实施相对较强的知识产权保护制度,可能对技术创新产生一定的阻碍作用。③ 最后,知识产权制度是构成国家创新系统的关键要素。国家创新体系包括知识创新、技术创新、知识传播和知识应用等系统。邱均平等(2001)认为,知识产权存在于知识创新、技术创新、知识传播和知识应用等过程。④ 林炳辉(2001)认为,知识产权制度在建设国家创新体系中具有重要的地位和作用,

---

① 周寄中,张黎,汤超颖.知识产权与技术创新:联动与效应分析[J].研究与发展管理,2006,18(5):106-112.

② 冯晓青.论知识产权制度对技术创新的促进作用[J].河北学刊,2013,33(2):149-153.

③ 陈凤仙,王琛伟.从模仿到创新:中国创新型国家建设中的最优知识产权保护[J].财贸经济,2015(1):143-156.

④ 邱均平,王伟军,付立宏.论国家创新体系建设中的知识产权保护[J].武汉大学学报(哲学社会科学版),2001(2):237-245.

尤其是可以有效促进技术创新。① 以知识产权制度为基础的创新驱动发展战略和知识产权强国战略已成为国家发展战略,因此,完善知识产权保护制度对中国实现高水平科技自立自强具有重要价值。

(三)知识产权制度对国际技术创新的影响

知识产权的区域属性决定了其在不同国家或者地区的排他权具有独立性,但是知识产权的无形属性加之国际条约的相关规定又为其对国际技术创新的促进作用提供了可能,所以知识产权制度的制定和实施需要考虑其在国际技术研发、国际技术贸易,乃至国际技术安全等方面的问题。知识产权制度及政策在不同国家的不同时期对技术创新的促进作用并不完全相同。② 因为知识产权在知识和数字经济时代的竞争方面具有决定性的作用,所以知识和数字经济时代基于技术创新而产生或者取得的知识产权分布结构和禀赋差异在科学技术竞争层面从某种程度上决定了国际经济竞争和发展的格局。③ 近年来,世界知识产权保护的强化趋势可能大概率提升知识产权的权利垄断性和权力滥用的可能性。尹作亮等(2007)将国际技术创新机制区分为技术创新竞争、技术创新合作、技术创新扩散以及技术标准化机制等,并分析了知识产权在各种机制中的作用。④ 王辉龙等(2017)认为,发达国家通常基于自身利益考虑以知识产权战略影响技术创新机制妨碍发展中国家的技术创新,客观上阻碍了全球整体的技术创新发展。⑤ 发达国家适用的最优知识产权保护力度显著高于发展中国家,所以发达国家会通过技术管制、贸易约束,乃至政治影响等手段影响发展中国家的知识产

---

① 林炳辉.知识产权制度在国家创新体系中的地位与作用[J].知识产权,2001(3):5-10.
② 吴坚.科技创新与知识产权[J].知识产权,2007(6):19-22.
③ 魏兴民,张荣刚.国际知识产权保护与中国自主创新内在逻辑分析[J].社会科学家,2007(2):64-67,74.
④ 尹作亮,袁涌波.知识产权与技术创新的作用机制研究[J].科技进步与对策,2007,24(5):16-18.
⑤ 王辉龙,厉伟.知识产权保护与赶超国家自主创新:理论机理、双向效应与应对策略[J].江海学刊,2017(6):96-101,239-240.

权制度。高或低的知识产权保护强度下技术创新能力均有可能达到最优,[1]所以发展中国家应该根据自己国家科技、经济和社会的发展实际确定本国知识产权的保护强度。国际知识产权相关条约的制定和修改,以及国际知识产权治理问题应该考虑不同国家或者地区的实际情况,考虑国际社会科技和经济的差异性和共同面临的问题,维护国际知识产权秩序,促进全球技术创新进一步深入。

(四)知识产权制度对技术创新可持续发展的保障作用

技术创新本质上属于一种特殊的具有明显外部性的技术经济活动,所以对其进行相应的法律规制对保证技术创新良性发展非常重要。首先,发挥知识产权制度的激励作用是保障创新主体回收研发成本、获得研发收益和获得市场竞争优势,进而有效促进技术创新的基础。创新主体是一种特殊"理性经济人",追求物质利益是其进行技术创新的动力。创新主体通过高效检索、分析和运用专利等知识产权信息,不仅对充分保护自身的知识产权具有重要价值,而且为获得竞争对手的相关技术信息提供了方便,所以对其激励技术创新具有重要价值。其次,知识产权制度对提升创新主体的技术创新能力和核心竞争力提供法律保障。技术创新各个阶段和环节都可能产生和取得不同类型的知识产权,所以技术创新可以被看作是知识产权产生的源泉。技术创新能力是创新主体得以生存的根本,知识产权是创新主体,尤其是企业掌握核心竞争力的关键因素。[2] 刘金蓉(1999)认为,知识产权制度对提高科技成果转化效率,完善技术成果转化的体制和机构,进一步提升技术创新效率非常重要。[3] 技术创新和知识产权共同构成企业的核心竞争力,形成市场优势,获得更多的垄断收益。值得一提的是,技术创新能力及其提升应该与知识产权保护水平及其强化相一致,但是强化知识产权保护并不必然导致技术创新能力的提升,相反,可能会因技术创新能力与知识产权保护水平的不适应而抑制创新。例如由专利保护产生的法定垄断因

---

[1] 宋河发,穆荣平.知识产权保护强度与我国自主创新能力建设研究[J].科学学与科学技术管理,2006,27(3):97-103.

[2] 吴敏.技术创新与知识产权保护战略研究[J].中国科技论坛,2006(5):87-91.

[3] 刘金蓉.关于加强技术创新与知识产权保护的探讨[J].经济体制改革,1999(6):96-98.

原创发明技术的公开扩散、侵权诉讼的高昂成本等阻碍后续技术创新的实现。专利权利垄断效应从前期投入、学习效应、协同效应、技术关联、消费者行为强化等方面阻碍后续技术创新,知识产权保护规则的不当利用又加剧了技术创新的困境。[①] 因此,准确理解知识产权制度促进技术创新的机制及其条件,客观评价知识产权制度促进技术创新的作用大小,并根据创新主体实际情况调整知识产权保护强度,是充分发挥知识产权制度有效促进技术创新作用的前提条件。当然,在技术创新过程中,创新主体的自身利益与社会技术进步之间存在不可避免的矛盾。技术创新与知识产权通过市场媒介联系得越来越密切,借助知识产权制度可以缓解技术创新存在的矛盾。[②] 因此,立法机构及政策制定者应该基于知识产权制度的功能和机理,适时调整知识产权法律制度、政策规则,确保其对技术创新的促进作用处于有利于科技经济可持续发展的状态。

第二节　知识产权与技术创新类型

党的二十大报告强调"加强知识产权法治保障,形成支持全面创新的基础制度"。不仅强调了知识产权法治保障对技术创新的重要性,而且突出了技术创新的必要性和全面性。技术创新过程不仅包括构想与评估、研究与开发、试验与试产、生产与销售、信息传播创新和知识资本管理等主要阶段,而且可以根据不同创新模式划分为协同技术创新、合作技术创新、开放式技术创新、集成技术创新和双元技术创新等类型。本节重点论述知识产权保护制度对不同类型技术创新的影响。

一、知识产权与协同技术创新

协同技术创新是创新主体通过技术创新和相关知识产权合作等方式整合知识资源、优化创新条件和提升研发环境等,获取更多高价值知识产权和

[①] 高金旺.知识产权保护与技术创新困境研究[J].经济经纬,2007(4):32-34.
[②] 袁晓东,戚昌文.技术创新需要知识产权制度[J].研究与发展管理,2002,14(2):56-61.

技术创新绩效,有效促进技术创新,获取更多市场资源和竞争优势、最大化技术创新收益的重要途径。

(一)协同技术创新与知识产权合作中创新主体的关系

协同技术创新的成功标志是获取更多的协同技术创新成果及知识产权合作效果。科学处理创新主体之间关于协同技术创新与知识产权合作的关系对其健康和可持续发展非常重要。[①] 协同技术创新中创新主体知识产权合作受到诸多相互作用的因素的影响。[②] 创新主体之间进行知识产权协同保护和协同技术创新存在复杂关系。第一,参与创新主体的有限理性对协同技术创新绩效具有重要影响。技术协同创新过程中创新主体之间作为治理核心和法律核心的契约以及相关知识产权保护过程中的局限性,直接影响协同技术创新的效果。第二,知识产权动态保护策略下协同技术创新模式具有明显的差异性。完善不完全契约自我履约机制和第三方履约机制是解决知识产权保护和协同创新之间悖论的有效途径。第三,不完全契约自我履约机制对协同技术创新可持续发展非常重要。协同技术创新中的显性契约全要素对激发技术创新活力具有重要价值;同时重视隐性契约,有助于促进协同技术创新的可持续发展。第四,协同技术创新中不完全契约第三方履约机制应遵守相关法律法规。《专利法》等法律制度及政策相关条款是化解协同技术创新主体之间的知识产权保护与共享冲突,赋予协同技术创新主体明确的法律地位和再协商权等的依据。[③] 协同技术创新不仅是对"技术创新的协同",本质上是创新主体"组织的协同"。协同技术创新主体开展知识产权合作的核心是提高技术创新合作效率,充分发挥知识产权在技术创新中的促进作用。

---

① 罗群燕,李朝明.协同创新与知识产权合作的关系研究[J].现代情报,2015,35(9):44-48,55.

② 郭韧,程小刚,李朝明.企业协同创新知识产权合作的动力学研究[J].科研管理,2018,39(11):107-115.

③ 陈灿平,李妍.从不完全契约路径融通知识产权保护与协同创新[J].苏州大学学报(哲学社会科学版),2020,41(6):66-73,199.

(二)协同技术创新中的知识产权归属及分配机制

协同技术创新是创新体系的重要组成部分,协同技术创新组织由不同(类型)主体组成,其对基于协同技术创新产生或者取得的知识产权的利益需求存在差异,所以充分实现创新主体的知识产权共享,合理分配各方利益是协同创新健康发展的关键。

首先是基于协同技术创新成果产生或者获取知识产权特殊性产生的权利冲突及其解决问题。协同技术创新过程伴随知识产权的产生、获取、保护运用及管理等。基于协同技术创新产生或者取得知识产权的独占性、排他性、无形性和地域性等与协同技术创新要求的知识共享、协同合作等特征必然存在冲突。这些知识产权的财产属性、商品属性和可交易属性等经济属性可以作为化解协同技术创新与其知识产权冲突的途径。① 基于协同技术创新与其产生或者取得的知识产权的法律关系,创新主体可以根据知识产权(专利)法律相关条款对基于协同技术创新产生或者取得的知识产权进行权利归属规范,并对相关收益进行合理分配。②

其次是基于协同技术创新主体特殊性及其利益诉求不一致产生的权利冲突及其解决问题。因为协同技术创新要求产学研联盟主体进行深度合作和创新资源共享,带来技术创新优势的同时,会增加协同技术创新产生或者取得知识产权的权属纠纷和开发风险,其中知识产权权利归属和利益分配冲突是协同技术创新各方主体最为关注的焦点,因此,构建科学合理的知识产权权利归属和利益分享机制是协同技术创新产学研合作联盟长期稳定可持续发展的基础。③ 王进富等(2013)认为,基于协同技术创新的知识产权归属是根据创新主体在协同技术创新中真正发挥的作用或者提供创新环境或经济支持的实际情况,按照知识产权等法律相关条款及其相关约定做出

---

① 张丽娜,谭章禄.协同创新与知识产权的冲突分析[J].科技管理研究,2013,33(6):163-166.
② 耿磊.协同创新成果知识产权法律界定与创新激励[J].科学管理研究,2014,32(6):5-8.
③ 齐爱民,马春晖.协同创新下我国知识产权利益分享的法律构建[J].江西社会科学,2017,37(9):171-178.

的权利分配。① 齐爱民等(2017)认为,建立以独有知识产权为中心,权利合理运用和分享的法律制度,以平衡协同技术创新主体对相关知识产权成果归属、占有、保护、运用和管理的权利,确保技术创新主体的利益平衡和合作共赢。②

最后是基于协同技术创新过程的复杂性和动态性特征产生的权利冲突及其解决问题。马秋芬(2017)认为,明确协同技术创新过程中产生或者取得的知识产权归属、成果分享原则和利益分配模式对平衡相关主体利益,进一步协同技术创新具有重要意义。③ 协同技术创新具有创新主体多元、创新能力更强、创新过程复杂、创新结果归属难度大等特点。协同技术创新过程产生或者取得的知识产权权利归属是创新主体之间成果分享和利益分配的前提基础。权利归属是否合理事关协同技术创新的健康和可持续发展。除知识产权等相关法律及政策明确规定外,多数协同技术创新主体倾向于协同创新主体之间通过协议约定知识产权的归属及共享。考虑到协同技术创新主体类型及其需求差异、相关知识产权类型等的复杂性和多样性,协同技术创新组织可以通过内部章程形式固化知识产权归属原则,也可以建议立法及行政机关完善相关法律政策,确保协同技术创新的健康和可持续发展。④

目前,协同技术创新中知识产权还存在权利归属原则不完善、运用和转移规定不合理、利益关系不清晰和利益分配不公平等问题,因此,完善协同技术创新中知识产权利益分配机制的前提是进一步完善相关知识产权归属原则,优化知识产权许可、转让、质押和出资等条件,同时明确不同(类)协同创新主体在知识产权分配中应承担的义务和享有的权利,最大限度地调

---

① 王进富,兰岚.产学研协同创新路径研究:基于知识产权归属视角[J].科技管理研究,2013,33(21):123-128.
② 齐爱民,马春晖.协同创新下我国知识产权利益分享的法律构建[J].江西社会科学,2017,37(9):171-178.
③ 马秋芬.协同创新中知识产权相关法律问题及利益分配研究[J].科学管理研究,2017,35(3):18-21.
④ 李伟,董玉鹏.协同创新过程中知识产权归属原则:从契约走向章程[J].科学学研究,2014,32(7):1090-1095.

动协同技术创新的积极性。① 同时应健全知识产权保护机制,细化知识产权分享机制。创新主体应为协同创新建立内在动力机制,政府应在协同创新中起到引导和提供政策支撑的作用。②

(三)协同技术创新中知识产权共享的风险与防控

协同技术创新是产学研活动贯穿于生产、大学和科研等不同类型机构且相对开放的技术创新类型。该创新过程中产生或者取得的知识产权依然是各类技术创新主体重点关注的因素。在多数情况下,协同技术创新产生或者取得的知识产权等创新成果及其收益由所有或者多数技术创新主体共享或者按照一定机制进行分配。但是这种知识产权共享或者分配机制可能会因为利益分配不公而产生一定风险。该风险主要存在于知识产权形成过程和知识产权取得后共享过程中。③ 事实证明,协同技术创新实际过程中产生的这种风险不少。针对产学研技术创新过程中产生或者取得的知识产权,有效防范和化解相应风险,有效平衡各创新主体收益,是产学研协作技术创新可持续发展的保障。

首先,协同技术创新中产生或者取得知识产权的复杂关系是产生风险的重要原因。协同技术创新与知识产权具有密切的关系,协同技术创新过程往往是知识产权产生或者获取以及知识产权转让、许可、实施且不断保护的过程。但是知识产权的无形性、独占性和排他性和地域性等属性与协同技术创新的知识共享等容易产生冲突。需要协同技术创新主体依据并充分运用知识产权法和科技进步法等相关法律,以及其为了顺利进行协同技术创新签订的合同、章程和规范等处理相关问题。尤其需要构建知识产权价值评估体系和管理平台等,并建立专门处理相关知识产权问题或者冲突的

---

① 任端阳,宋伟,高筱培.协同创新中知识产权利益分配机制[J].中国高校科技,2016(Z1):44-48,55.

② 张武军,翟艳红.协同创新中的知识产权保护问题研究[J].科技进步与对策,2012,29(22):132-133.

③ 宋春艳.产学研协同创新中知识产权共享的风险与防控[J].科学管理研究,2016,34(1):18-21.

专门机构解决相关问题。① 总之,基于协同技术创新主体贡献度大小以及现有法律法规、制度政策处理好协同技术创新过程中产生或者取得知识产权的创新主体之间的关系,是降低相关风险的重要措施之一。

其次,产学研协同技术创新主体往往因为其类型、性质和规模等导致利益诉求方面存在差异,进而影响其在知识产权权利归属、占有、运用、保护和管理等方面出现分歧。在各类型创新主体协商基础上,尊重公平合理等原则,构建产学研协同技术创新的知识产权利益分享机制对协同技术创新可持续发展非常重要。② 鉴此,在根据现有知识产权相关法律法规及制度政策,尤其是《专利法》《科学技术进步法》等相关条款规定,考虑不同类型创新主体相关利益诉求,合理规范、公平安排和充分考虑特殊情况的前提下,平衡协同技术创新主体的知识产权利益关系,是有效防控协同技术创新中知识产权共享风险,积极促进产学研协同技术创新健康和可持续发展的核心。因此,处理产学研协同技术创新产生或者取得的知识产权权利归属、占有、运用、保护和管理等过程中如果出现纠纷等,可以诉诸知识产权法和科技进步法等司法手段,但是在更多情况下建议适用调解或者仲裁手段,以便更好地处理协同创新主体更加长远的合作关系。

最后,合理解决协同技术创新主体之间的利益分配,同时降低风险,至少需要做好以下两个方面的工作。一是合理分配产学研协同技术创新中产生或者取得的知识产权收益,并有效管控风险,可以显著提升产品质量。产学研协同技术创新模式中不仅技术转让、合作开发和人才输送能够有效提升创新主体的产品质量,积极的知识产权保护在技术许可和技术转让以及技术合作开发中也对提升产品质量具有显著的促进作用。同时距离市场的不同地理位置对提升产品质量的调节作用具有显著的差异性且呈现出"U型"特征。③ 二是协同技术创新中产生或者取得的知识产权的运用应该结合相关创新主体的知识产权战略。协同技术创新只有与企业的技术标准战

---

① 颜敏.产业集群中协同创新和知识产权的创新主体之间的关系研究[J].现代情报,2014,34(9):71-74.

② 谢惠加.产学研协同创新联盟的知识产权利益分享机制研究[J].学术研究,2014(7):58-62.

③ 徐盈之,王晶晶.知识产权保护、产学研协同创新与产品质量升级[J].大连理工大学学报(社会科学版),2017(3):24-30.

略和知识产权战略充分融合,才能有效促进相关技术创新和破除阻碍技术创新的不利因素,更好推动技术创新。另外,技术创新和知识产权等战略融合和协调发展,有助于提升技术创新主体的核心技术竞争力,同时遵循市场导向、标准先行和利益平衡原则,①是协同技术创新健康和可持续发展的关键。

二、知识产权与合作技术创新

合作技术创新是指多个(类型)创新主体基于合作协议共同进行技术创新,并共同分享创新成果,承担创新相关风险的科技活动。合作技术创新主体在经济性质方面属于新制度经济学意义上的一种复杂性技术创新的中间网络组织,也是一种有利于创新主体之间知识共享的组织,所以它是一种复杂性技术创新的知识共享网络组织。②

(一)合作技术创新的创新优势及知识产权共享

合作技术创新过程因为涉及创新成果,尤其是知识产权权利共享和收益分配等问题,所以需要特别关注,否则会对合作技术创新的可持续发展产生重大影响。合作技术创新中因为各类主体通力合作具有较强的技术创新优势,其要求的知识产权共享与知识产权私权性质产生冲突,直接影响知识产权的保护、运用和管理等环节的效率。合作技术创新的优势表现在技术创新的效率优势和实现优势。与单纯技术创新主体相比,实际运作中的知识产权共享冲突表现为合作技术创新主体在知识产权创造或者取得、运用、保护和管理等环节中存在的冲突,也是合作技术创新中知识产权共享的主要风险。例如,因为创新主体成员的特定行为构成的知识产权"劫盗"风险,可能会导致其他创新主体的"搭便车"行为以及知识产权的外部性而产生的知识产权"流失"可能。③ 因此,需要健全和完善合作技术创新中的知识产

---

① 王黎萤,陈劲,杨幽红.技术标准战略、知识产权战略与技术创新协同发展关系研究[J].中国软科学,2004(12):24-27.

② 任志安.合作型自主创新:创新优势与知识产权共享冲突[J].学术月刊,2007,39(6):94-100.

③ 任志安.合作型自主创新:创新优势与知识产权共享冲突[J].学术月刊,2007,39(6):94-100.

权共享和收益分配机制,提高合作技术创新的效率。

(二)合作技术创新中的知识产权问题及其风险

合作技术创新中存在一系列知识产权问题,如果处理不好,会直接影响其创新效果。首先,合作技术创新的性质与知识产权属性之间的矛盾是技术创新主体进行合作技术创新活动时必须面对知识产权共享难题的主要原因。郭永辉等(2010)认为,根据合作技术创新协议或者规定和权利产生或取得及归属方式可以将合作技术创新过程中产生的知识产权区分为独占型知识产权和共享型知识产权。① 当然,正确运用和保护不同类型知识产权以及处理相关问题应当采用不同的方法。董静等(2008)认为,在处理合作技术创新中的知识产权纠纷过程中,证明合作契约完备度、合作组织灵活度、合作交流程度、合作时间长度、中介参与度以及合作经历对有效降低合作技术创新中的知识产权纠纷发挥积极作用。② 其次,合作技术创新中隐性知识转移引发相应知识产权风险对其可持续发展造成隐患。苏世彬等(2009)认为,合作技术创新中隐性知识转移不可避免,由此导致的知识产权风险也日益突出。③ 王怀祖等(2015)认为,合作技术创新的知识产权风险分为产权归属风险、侵权诉讼风险、成果流失风险与成果实施风险等。④ 其发生的可能性大小会受到各种因素的影响。⑤ 因为合作技术创新需要共享彼此的信息、知识和资源,所以必然会以相关创新主体的信息、知识与能力的流失与扩散为代价,而信息和知识的无形特征会为知识产权风险的形成提供方便,当然相对薄弱的知识产权保护意识和保护强度较弱的制度环节

---

① 郭永辉,郭会梅.合作创新中的知识产权问题研究[J].中国科技论坛,2010(9):40-44.

② 董静,苟燕楠,吴晓薇.我国产学研合作创新中的知识产权障碍:基于企业视角的实证研究[J].科学学与科学技术管理,2008,29(7):20-25.

③ 苏世彬,黄瑞华.合作创新中隐性知识转移引发的知识产权风险及其防范对策研究[J].科技进步与对策,2009,26(17):118-121.

④ 王怀祖,黄光辉.产学研合作创新的知识产权风险研究[J].科技管理研究,2015,35(3):130-135,158.

⑤ 任素宏,黄瑞华.合作创新中知识产权风险影响因素体系的构建及应用[J].科研管理,2008,29(2):75-80.

也会助推知识产权风险的形成。① 因此,健全合作技术创新知识产权共享和收益分配机制是提高合作技术创新效率,降低权利归属纠纷和安全风险的关键措施。

(三)合作技术创新中的知识产权风险影响及其防范机制

创新主体能力及其协作水平对合作技术创新是否取得有效的成果非常重要。合作技术创新中,选择合适的技术创新合作主体是实现高质量和高水平合作技术创新的关键。合作技术创新中因为知识产权信息的不对称问题可能会产生逆向选择等问题,所以基于不对称信息的动态博弈模型,分析促使(抵制)高水平(低水平)创新主体参与合作技术创新的均衡条件,可能为采取相关措施减少出现逆向选择问题提供依据。② 知识产权纠纷风险对合作技术创新主体之间的知识传播和转移具有重要影响。合作技术创新中因为知识产权共享产生的纠纷风险主要包括基于合作技术创新主体关系产生的知识产权归属纠纷风险和基于知识产权运用产生的利益获取纠纷风险。③ 因此,建立合作技术创新过程中知识产权纠纷风险防范机制,对合作技术创新的有序实施非常重要。为此,如下两点建议可供参考:一是在合作技术创新过程中可能产生或者获取知识产权的重要环节进行科学且有效的管理,构建并不断完善相关知识产权创造或者取得、运用、保护及管理制度,强化技术研发相关信息档案管理,加强信息保密管理,建立技术人员流转严格管理机制。二是为了有效管控合作技术创新中的知识产权风险,所有合作技术创新主体需要根据各自在合作技术创新过程的地位和作用,充分发挥积极作用,构建知识产权风险防范机制,④同时做好合作技术创新的利益协调,最大限度地调动各方积极性,提高合作技术创新的效率。

---

① 汪忠,黄瑞华.合作创新的知识产权风险与防范研究[J].科学学研究,2005,23(3):419-424.

② 黄瑞华,祁红梅,彭晓春.基于合作创新的知识产权共享伙伴选择分析[J].科学学与科学技术管理,2004,25(11):24-28.

③ 丁秀好,黄瑞华.知识产权风险对合作创新企业间知识转移的影响研究[J].科研管理,2008,29(3):16-21.

④ 冯晓青.基于技术创新与知识产权战略实施的知识产权服务体系构建研究[J].科技进步与对策,2013,30(2):112-114.

三、知识产权与开放式技术创新

在开放式技术创新范式背景下,具有独占性和排他性的知识产权与具有合作共享特征的开放技术创新之间呈现鲜明的冲突。现有的知识产权特征比较难以适应开放技术创新中产生或者取得的知识产权对技术创新成果的作用机制。因此,研究开放式技术创新过程中的知识产权问题非常重要。

(一)开放式技术创新中的知识产权

知识产权保护制度与开放式技术创新之间既有相互促进的作用,又有相互排斥的影响。如何积极推动知识产权保护制度与开放式技术创新之间的促进作用和有效降低其冲突风险,成为不少学者的关注焦点。

首先,开放式技术创新过程中参与主体基于知识产权的管理机制与创新收益机制存在冲突。为了有效解决这些冲突,需要构建并完善开放式技术创新过程中的知识产权创造或者取得、归属、运用、保护和管理制度。为了高质量融合开放式技术创新与知识产权战略,建立并实施适合开放式技术创新的知识产权战略和策略非常必要。由此能为开放式技术创新各个阶段进行最优知识产权决策提供策略选择依据,为实现知识产权促进开放式技术创新的价值最大化提供借鉴。[①] 开放式技术创新与知识产权保护的高质量融合是提高开放式技术创新绩效的基础。

其次,开放式技术创新需要良好的研发环境、丰富的知识资源、完善的制度环境和可以开放的知识特性,尤其是完善的知识产权归属、运用、保护和管理制度。唐方成等(2007)认为,创新主体可以在开放式创新环境下有效地运用知识产权的保护机制和管理策略。[②] 开放式技术创新的创新主体并非以拥有知识产权为目的,而是以通过知识产权的创造、运用、保护和管理等过程产生收益的激励机制,创造更多社会价值和科技进步为真正目的。开放式技术创新中产生或者取得的知识产权可以通过对进行实施、转让、许可、出资、质押等方式获得更多的价值而激励进一步的技术创新,因此,相关

[①] 蔡双立,徐珊珊,许思宁.开放式创新与知识产权保护:悖论情景下的战略决策逻辑与模式匹配[J].现代财经(天津财经大学学报),2020,40(3):5-20.

[②] 唐方成,仝允桓.经济全球化背景下的开放式创新与企业的知识产权保护[J].中国软科学,2007(6):58-62.

技术创新主体可以基于知识产权的有效运用从开放式技术创新中获利。[①]甘静娴等(2018)认为,开放式技术创新可从完善知识产权制度,制定技术创新战略,融入新经济和新业态的发展中获取更多收益。[②]

最后,信息技术的快速发展使得中小型企业技术创新环境逐渐变得不易掌控,所以在开放式技术创新背景下,中小型企业如何增加研发投入,有效进行技术创新对其可持续发展变得非常重要。陈加奎等(2018)研究发现,信息技术的灵活性和整合性与中小型企业的开放式技术创新绩效呈显著正相关,知识产权保护水平对信息技术的灵活性和整合性以及中小型企业开放式技术创新绩效具有正向调节作用。[③]

(二)开放式技术创新产生或者取得的知识产权对技术创新的影响

现有研究显示,知识产权的"组合规模"与获取外部技术的程度呈现显著正相关性,但与外部技术的商业化水平相关性不显著;知识产权的"组合质量"与获取外部技术的程度和外部技术的商业化水平都呈显著正相关关系;获取外部技术的程度与外部技术的商业化水平与创新主体技术创新成果都呈显著正相关关系。开放式技术创新对知识产权资产"组合规模"与创新主体技术创新成果发挥了完全的中介作用,对知识产权"组合质量"与创新主体技术创新成果发挥了部分的中介作用。[④]

基于开放式创新的明显优势,选择开放式技术创新的创新主体越来越多,但是开放式技术创新中知识共享机制与知识产权特征的矛盾,使得产权边界变得模糊、知识共享存在风险,从而在一定程度上影响了技术创新资源的最优配置。有学者基于"政策—法律—管理—服务"线索,提出了适用于开放式技术创新的知识产权制度体系,试图规范和明确知识产权边界,有效

[①] 王雎.开放式创新下的占有制度:基于知识产权的探讨[J].科研管理,2010,31(1):153-159.
[②] 甘静娴,马蕾.开放式创新视域下国际知识产权研究热点、前沿与趋势分析[J].情报科学,2018,36(2):146-152.
[③] 陈加奎,徐宁.共享经济下知识产权如何驱动中小企业创新[J].科研管理,2018,39(S1):206-215.
[④] 徐珊珊,蔡双立.开放式创新范式下知识产权对企业创新绩效的影响机制[J].东岳论丛,2021,42(6):83-94.

推动知识产权保护和运用,构建高效的知识共享管理和服务平台,优化创新资源运用机制,促进知识产权制度和开放式技术创新协调发展。① 另外,开放式技术创新可以有效提升技术创新效率,但同时会遇到一系列的知识产权问题。区块链技术可以在一定程度上降低或者消除这些问题的难度,为积极促进开放式技术创新提供方便。②

四、知识产权与集成技术创新

集成技术创新中知识产权的复杂性对有效促进技术创新具有很强的挑战性。集成技术创新具有多维性创新特征。微观、中观和宏观维度的创新是集成技术创新的维度视角。集成技术创新能力是国家综合技术创新能力的重要体现。有效管理集成技术创新各个维度中产生或者取得的知识产权问题是一个难题,因为知识产权独占排他性等特征、创新主体多元性以及多维集成技术创新的复杂性及其作用的动态性和共同演化关系的难以确定性,③共同决定了集成技术创新中的知识产权创造、运用、保护和管理的复杂性和综合性,增加了处理集成技术创新过程中知识产权问题的难度。

防范集成技术创新中知识产权的侵权风险非常重要。因为集成技术创新中产生或者取得的知识产权具有集成技术的知识共享性和知识产权自身的独占排他性,所以在知识产权权利归属、转让许可、质押出资等过程中很容易遇到权属纠纷和侵权诉讼等方面的风险。因此,如何有效防范集成技术创新中产生或者取得的知识产权相关风险,成为集成技术创新主体关注的重点。例如,有学者认为,技术追赶地位和集成技术创新特点是产生相关知识产权风险的诱因,创新主体知识产权意识和管理层理则是产生相关知识产权的直接原因,同时竞争对手运用相关知识产权牵制或者追求更多的

---

① 石丹.开放式创新下的知识产权法律挑战及其应对[J].科技与法律,2019(3):42-48.

② 陈永伟.用区块链破解开放式创新中的知识产权难题[J].知识产权,2018(3):72-79.

③ 张继宏,罗玉中.集成创新中的知识产权要点分析[J].中国科技论坛,2009(8):38-42.

经济效益的动机加剧了相关知识产权的侵权风险。① 当然,集成技术创新中知识产权的风险不应成为阻碍进行集成技术创新的理由,因为集成技术创新提升技术创新绩效的效果是显著的。

五、知识产权与双元技术创新

双元创新理论将创新活动区分为开发式创新(exploitative innovation)与探索式创新(exploratory innovation)。开发式创新注重利用现有知识和技能对原有产品或者服务进行完善,其宗旨是满足已有顾客需要,创新风险相对较低。探索式创新是指运用新知识、新技能形成新产品或者新服务、开辟新市场以及形成新的营销方式从而形成大幅度、根本性和激进型的技术创新活动,创新风险较高。双元技术创新活动对提升创新主体的知识产权能力具有重要影响。探索式技术创新和开发式技术创新都可以提升创新主体的知识产权保护能力,而且二者提升幅度呈现正相关关系,但是探索式技术创新对创新主体的知识产权管理能力呈现负相关关系,开发式技术创新对创新主体的知识产权管理能力呈现正相关关系。知识场的活跃度和开放度在探索式和开发式技术创新中产生或者取得的知识产权能力都能发挥"中介作用",但是其作用机制存在差异。促进型的调节焦点对探索式技术创新与知识产权创造和运用能力之间的关系具有正向调节作用,对探索式技术创新与知识产权保护和管理能力之间的联系具有负向调节作用;防御型调节焦点在开发式创新与知识产权创造、保护和管理能力间具有正向调节作用,在开发式创新与知识产权运用能力间具有负向调节作用。② 由此可见,在知识场等特定条件的作用下,提升创新主体在双元技术创新过程中进行知识产权创造、运用、保护和管理的能力面临更多挑战。

---

① 丁秀好,宋永涛.企业集成创新中知识产权侵权风险成因与防范研究[J].情报杂志,2012,31(7):91-96.
② 甘静娴,戚湧.双元创新、知识场活性与知识产权能力的路径分析[J].科学学研究,2018(11):2078-2091.

第三节　知识产权与企业技术创新

知识产权保护制度可以有效促进企业的技术创新活动。企业技术创新在某种意义上就是，作为最重要技术创新主体的企业基于技术创新取得知识产权的过程。[①] 合理的知识产权保护制度有助于企业技术创新信息披露意愿的提升和信息披露成本的降低。[②] 在特定的区间内，知识产权保护强度越大，企业技术创新信息披露越充分，科技转化或者转移效果越显著，其从技术创新活动中获得的收益越多。如何有效运用知识产权制度提升企业技术创新能力，是中国实现高水平科技自立自强过程中值得研究的重要问题。

一、知识产权保护与企业技术创新

知识产权保护强度的提升对激励企业技术创新，引进国外技术，促进外商直接投资知识溢出等具有显著的促进作用。[③] 企业不仅是技术创新的最重要主体类型，而且其以营利为目的性质为技术创新提供了驱动力，所以平衡企业技术创新的成本与收益对缓解企业技术创新困境具有重要价值。

（一）知识产权保护与企业技术创新的关系

技术创新始于技术设想，终于商业成功，是连接技术和商业的桥梁，也是企业基于创新利润而快速成长的重要途径。技术创新是企业突破技术包围和技术垄断的重要路径之一。但是基于该路径突破的技术难题和技术垄断面临的知识产权侵权风险成为影响企业技术创新的主要障碍。有研究显示，中国实际的知识产权保护水平还没有正向影响企业的研发投入；外部的

---

① 王九云.论企业如何在技术创新中取得更多自主知识产权[J].中国软科学,2000(5):48-52.

② 周泽将,汪顺,张悦.知识产权保护与企业创新信息困境[J].中国工业经济,2022(6):136-154.

③ 刘思明,侯鹏,赵彦云.知识产权保护与中国工业创新能力:来自省级大中型工业企业面板数据的实证研究[J].数量经济技术经济研究,2015,32(3):40-57.

技术模仿也没有对知识产权保护水平产生正面影响,有效提升国内的技术创新能力才能真正推动科技进步和社会发展。① 由此可见,技术创新是企业,尤其是科技型企业可持续发展的基础,也是其依靠技术创新获得市场竞争优势并发展壮大的驱动力。

企业基于技术创新获得的成果,尤其是知识产权是否得到有效保护,知识产权保护执法是否到位,体现了知识产权保护与企业技术创新的博弈过程。学者对企业技术创新的过程、因果关系、相互影响等问题进行了研究。如丁秀好等(2009)基于企业技术创新的过程模型,将该过程划分为知识吸收、知识创造和知识应用三个阶段;②刘和东(2009)研究发现,知识产权保护与企业技术创新在不同的时间段具有的因果关系存在差异,即短期存在明显的因果关系,长期则不存在明显的因果关系;③尹志锋等(2013)认为,知识产权保护对企业技术创新的影响表现为,提升知识产权保护强度能够激励企业研发投入和外资进入的增加,进而提升东道国企业的技术创新绩效。④ 另外,也有学者研究发现,在高新技术行业的企业,知识产权与技术创新和品牌营销之间均存在显著的关联性。⑤ 由此可见,企业技术创新与知识产权保护具有非常密切的复杂关系,需要进一步深入研究。

(二)知识产权保护与企业特征及其技术创新的关系

知识产权保护制度基于企业异质性及企业家精神等特征对技术创新产生的影响存在差异。首先,不同所有权性质和发展阶段的企业知识产权诉讼能力对其技术创新的促进作用存在差异。知识产权创造、运用、保护和管理能力是企业进行技术创新的基础,也是企业将技术创新成果转化为现实

---

① 李蕊,沈坤荣.中国知识产权保护对企业创新的影响及其变动机制研究[J].经济管理,2014(4):51-58.
② 丁秀好,黄瑞华,任素宏.知识流动状态下自主创新的知识产权风险与防范研究[J].科学学与科学技术管理,2009,30(9):72-76.
③ 刘和东.知识产权保护与技术创新关系研究:理论分析与实证检验[J].科技管理研究,2009,29(5):11-13.
④ 尹志锋,叶静怡,黄阳华,等.知识产权保护与企业创新:传导机制及其检验[J].世界经济,2013(12):111-129.
⑤ 赵远亮,周寄中,许治.高技术企业自主创新、知识产权与自主品牌的联动关系及启示[J].科学学与科学技术管理,2008,29(1):58-63.

生产力的重要机制。研究显示,与民营企业相比,国有企业的知识产权侵权诉讼能力相对较弱,导致其技术创新能力存在不足;而外资和港澳台资企业的知识产权侵权诉讼能力相对较优,其技术创新能力相对更高。① 另有研究显示,提升知识产权保护水平可以有效促进成长型企业的研发投入,而且企业规模越大,产业利润越高,这种促进作用就越加明显;同时提升知识产权保护水平也可以增加成长型企业的专利产出数量,但是对实用新型专利的产出具有抑制作用,对外观设计专利的申请量具有显著的负向影响。② 由此可见,企业的所有权性质、规模大小以及企业技术创新成果类型均对知识产权保护促进技术创新的机制产生影响。

其次,知识产权保护促进企业技术创新的作用受其异质性的影响。如史宇鹏等(2013)研究发现,知识产权保护水平影响不同类型企业技术创新的程度呈现明显不同:与国有企业相比,知识产权保护水平对非国有企业技术创新研发投入影响更加显著;知识产权保护水平对产业竞争程度较为激烈的企业技术创新的研发投入影响更加明显;企业的知识产权被侵权程度显著抑制其研发投入;为了有效促进企业技术创新,知识产权保护措施不能仅局限于对事后侵权行为的惩罚或者赔偿,还应重视对潜在侵权行为的事前防范。③ 因此,知识产权保护对企业技术创新的促进作用不应一概而论,而是需要考察企业的个体类型差异性。

另外,企业家精神也会影响知识产权保护对企业技术创新的激励作用。例如,孙赫(2017)以自我雇佣率为企业家精神的替代变量,分析企业家精神对知识产权保护促进企业技术创新的作用,发现:企业家精神只在民营企业中对企业技术创新具有促进作用;知识产权保护强度较高的区域中企业家精神对企业技术创新具有显著的促进作用,但是在知识产权保护强度较弱

---

① 许可,张亚峰,刘海波.所有权性质、知识产权诉讼能力与企业创新[J].管理学报,2019(12):1800-1808.

② 孙赫.知识产权保护对我国成长型创新企业自主创新影响的定量分析:以创业板上市企业为例[J].科技进步与对策,2017,34(21):95-102.

③ 史宇鹏,顾全林.知识产权保护、异质性企业与创新:来自中国制造业的证据[J].金融研究,2013(8):136-149.

的区域中企业家精神对企业技术创新具有抑制作用。①

二、知识产权保护水平或者强度与企业技术创新

提高知识产权保护强度对创新型领军企业的技术创新具有显著的促进作用。提高知识产权保护强度可以通过提升民营企业、专利密集型行业企业以及进口企业的进口规模促进其技术创新;通过调整民营企业和专利密集型行业企业的进口产品种类,以及提升进口企业的进口产品质量促进其技术创新。② 由此可见,研究知识产权保护水平对企业技术创新绩效和质量的影响非常重要。

(一)知识产权保护水平对企业技术创新的影响

知识产权制度是企业基于技术创新激励机制,提升其技术创新动力和能力的关键要素。王德应等(2009)认为,知识产权制度与企业技术创新的构成要素具有协同作用;知识产权制度是构成技术创新动力系统的核心要素,有助于促进技术创新及其要素的协调发展。③ 知识产权保护水平是否达到最优,不仅直接影响企业技术创新效率的高低,而且对企业知识产权价值的实现程度具有重要影响。如赵娜等(2016)研究发现,知识产权保护影响企业技术创新的效应呈现"倒 U 型"的趋势,而且影响的程度与企业所从事的产业特征密切相关;最优的知识产权保护水平与产业创新类型(垄断驱动型与竞争驱动型)关系密切,其中垄断驱动型产业的最优知识产权保护水平高于竞争驱动型产业;行业中企业数量及其技术转化率都会影响企业的研发决策。④ 尹志锋等(2013)基于国家—产业的名义和实际知识产权保护指数测度知识产权保护水平,发现无论是提高名义还是提高实际知识产权

---

① 孙赫.知识产权保护对我国成长型创新企业自主创新影响的定量分析:以创业板上市企业为例[J].科技进步与对策,2017,34(21):95-102.
② 魏浩,巫俊.知识产权保护、进口贸易与创新型领军企业创新[J].金融研究,2018(9):95-110.
③ 王德应,刘渐和,王成军.基于知识产权制度的企业技术创新动力系统研究[J].科技进步与对策,2009,26(20):110-114.
④ 赵娜,王博.知识产权保护对企业技术创新:促进还是抑制?:2008—2014 年我国高技术产业的经验证据[J].中央财经大学学报,2016(5):113-122.

保护水平,都可以通过增加企业研发投入正向影响企业的技术创新绩效。①

正确理解知识产权保护水平与企业科技创新之间的关系,科学构建企业技术创新过程中的知识产权保护机制,对企业防范知识产权权属纠纷和侵权风险,保障企业技术创新利益,推动其可持续发展非常重要。② 值得重视的是,知识产权保护水平会直接影响企业的技术创新进展。构建并完善知识产权战略,是企业技术创新取得优秀成果的重要保障之一。技术创新过程的每个环节中都有可能产生或者取得知识产权,因此,建立并完善知识产权制度,规范管理企业技术创新每个阶段和环节产生或者取得知识产权,③对技术创新中产生的知识产权的归属、运用、保护和管理进行合理规范,有助于激励企业技术创新,提升企业市场竞争优势。

(二)知识产权保护强度与企业技术创新质量

知识产权保护强度显著影响企业技术创新质量。企业所处的行业或者技术领域及技术创新类型在很大程度上决定了知识产权战略的作用机制,所以企业知识产权保护强度对企业技术创新质量的影响值得关注。如舒欣等(2020)研究发现,如果企业采取技术秘密等非正式的保护机制,可能会减少其技术创新质量,而如果采取申请专利等知识产权的法定保护机制并不会必然对其技术创新质量产生明显影响。④ 陈战光等(2020)研究发现,研发投入对企业的技术创新质量具有较大幅度的提升作用;知识产权的保护强度与企业的技术创新质量之间存在"倒U型"关系;知识产权战略对研发投入与企业的技术创新质量的调节作用存在最优区间。⑤ 另外,张宝友等(2022)研究发现,知识产权保护强度在质量基础设施与企业技术创新关系中发挥"U"型调节作用,且受各区域知识产权保护偏离度的影响,区域非均

---

① 尹志锋,叶静怡,黄阳华,等.知识产权保护与企业创新:传导机制及其检验[J].世界经济,2013(12):111-129.
② 邓竹林.论企业科技创新与知识产权保护[J].贵州财经学院学报,2009(5):71-75.
③ 盛辉.论企业技术创新过程中的知识产权保护[J].科技管理研究,2007(1):145-147.
④ 舒欣,安同良.知识产权保护行为、创新产出与企业绩效:基于江苏省制造业企业微观创新调查[J].宏观质量研究,2020,32(5):76-88.
⑤ 陈战光,李广威,梁田,等.研发投入、知识产权保护与企业创新质量[J].科技进步与对策,2020,37(10):108-117.

衡程度呈扩大趋势。① 由此可见,优化知识产权保护强度可以有效提高企业技术创新质量。

(三)知识产权司法保护与企业技术创新

知识产权司法保护是知识产权保护中的关键组成部分,其制度建设、机构组织和审理机制等要素对企业技术创新均具有重要影响。首先,知识产权司法保护水平的强化对企业的技术创新具有促进作用,是因为知识产权的司法保护赋予知识产权权利人打击侵权的"牙齿",进而保护其研发投入的回收以及获得相应的收益,有效保障企业技术创新的动力。学者认为,权利人通过知识产权诉讼能够有效保护其知识产权的有效运用,为其带来相当的收益,鼓励企业通过司法诉讼保障自己的技术创新成果。知识产权司法保护不仅有利于高新技术企业或者技术密集型企业的技术创新,而且对于中小微企业、专利依赖型产业和初创企业的技术创新促进作用更加明显。② 另外,何欢浪等(2022)研究发现,官方媒体宣传知识产权保护通过企业专利数量增长和专利质量提升显示了对企业技术创新的正向激励作用。③

其次,知识产权专门法院通过高水平的专业法官队伍和专业的司法环境以及高效的审判机制,提升公平审判效率,缩短审判周期,为企业技术创新创造了更加有利的条件。如庄佳强等(2020)认为,中国知识产权的保护水平仍然在"最优知识产权论"的有效创新激励阶段,设立知识产权专门法院强化知识产权司法保护对企业的技术创新能力提升具有显著的促进作用。④ 另有研究显示,设立知识产权专门法院使得企业获得专利、实用新型专利和外观设计专利的数量显著增加,也使得企业的技术创新能力较大幅

---

① 张宝友,吕旭芬,杨玉香,等.质量基础设施、知识产权保护与企业技术创新[J].产经评论,2022,13(4):68-82.

② 尹志锋,杨椿,闫琪琼,等.知识产权司法保护能否促进企业自主创新?[J].科学学研究,2023,41(1):156-167.

③ 何欢浪,任岩,章韬.媒体宣传、知识产权保护与企业创新[J].世界经济,2022,45(1):57-81.

④ 庄佳强,王浩,张文涛.强化知识产权司法保护有助于企业创新吗:来自知识产权法院设立的证据[J].当代财经,2020(9):16-27.

度提升;设立知识产权专门法院在企业规模和企业技术创新能力方面促进企业技术创新的作用明显增强。[1] 由此可以发现,知识产权专门法院的设立对优化知识产权审判资源、提高知识产权审判效率、提升企业技术创新水平都具有较大的影响。

最后,优化知识产权审判机制,建立"三审合一"审判技术对企业技术创新具有重要价值。有研究显示,知识产权审判机构推行的"三审合一"制度显著促进了企业的技术创新水平,其对企业的技术创新促进作用不存在时滞,且可以持续较长时间,其对企业的技术创新影响存在异质性;与大型企业相比,促进规模较小企业、民营企业和高新技术企业的技术创新作用更加显著。[2]

三、基于技术溢出等的知识产权保护与企业技术创新

基于技术创新过程产生的技术溢出、核心竞争力提升以及知识产权数量增加和质量提升都会对企业的技术创新带来不同程度的促进或者激励作用。因此,从技术溢出和核心竞争力两个视角研究知识产权保护对企业技术创新的影响非常重要。

(一)基于技术溢出的知识产权保护与企业技术创新关系

技术溢出是技术创新过程的必然产物,强化知识产权保护有利于促进企业的技术创新。首先,提升知识产权保护水平不仅对梳理知识溢出渠道,提高企业知识溢出效应有利,而且有利于基于知识溢出增加而有效促进企业技术创新。换句话说,知识溢出水平对基于知识产权保护强度激励企业的技术创新绩效具有较为明显的中介效应。知识溢出水平和知识产权保护强度对企业技术创新绩效的影响程度会因为企业现有技术创新水平差异而存在区别。距离技术前沿越近,企业技术创新受知识溢出水平的影响越小,受知识产权保护强度的影响越大;反之亦然。因此,企业技术创新应该根据其现有技术创新水平的实际,以合适的知识产权战略为基础,建立顺畅的知

---

[1] 杨菲,史贝贝.法制建设,知识产权保护与企业创新:基于知识产权法院的效果评估[J].东南学术,2020(6):140-149.
[2] 王海成,吕铁.知识产权司法保护与企业创新:基于广东省知识产权案件"三审合一"的准自然试验[J].管理世界,2016(10):118-133.

识溢出通道,切实解决因为知识溢出而出现的"搭便车"现象;进一步完善知识产权战略,构建知识产权创造、运用、保护和管理机制,形成知识溢出与技术创新的良性互动。①

其次,知识产权保护可以通过技术溢出影响企业技术创新的绩效。提升知识产权保护水平不仅直接影响企业的技术创新绩效高低,而且会通过技术溢出等方式对企业技术创新绩效产生间接影响;知识产权司法和执法强度会基于各自的保障机制影响企业的技术创新绩效。② 当集聚的技术溢出可能存在模仿和抄袭行为时,强化知识产权保护水平可能会减弱集聚的技术溢出。强化知识产权保护对多样化集聚的结果可能会促进企业技术创新,对专业化集聚的结果可能会抑制企业技术创新;强化知识产权保护对多样化集聚具有负向调节作用,对专业化集聚的调节作用不明显。③ 知识产权保护对基于技术创新集聚产生的技术溢出具有调节作用。技术创新是知识溢出促进经济增长的重要中间环节,不同水平的知识产权保护强度下,企业知识存量和知识溢出对其经济增长和技术创新的促进作用存在差异。④ 另外,知识产权保护在贸易技术溢出中具有显著的双门槛效应,当知识产权保护强度跨越特定门槛时,贸易的技术溢出效应跳跃式影响企业技术创新绩效。⑤ 由此可见,要充分发挥知识产权保护制度对企业技术创新的促进作用,需要有效利用技术溢出效应的中介作用。

(二)基于核心竞争力的知识产权保护与企业技术创新能力关系

技术创新是创新主体,尤其是高新技术型企业生存和发展的基础。通过提升企业核心竞争力可以有效驱动企业技术创新。知识产权竞争已成为

---

① 卢现祥,笪琼瑶.知识溢出、知识产权保护与企业创新[J].江汉论坛,2020(11):21-32.

② 方中秀.知识产权保护、企业创新动力与创新绩效[J].统计与决策,2022(24):154-159.

③ 方中秀.知识产权保护、企业创新动力与创新绩效[J].统计与决策,2022(24):154-159.

④ 陈丽娴.知识溢出、创新与区域经济增长:基于知识产权保护视角的门槛回归分析[J].当代经济管理,2017(8):63-69.

⑤ 郑玉.知识产权保护、贸易技术溢出与企业创新绩效:基于面板门限模型的分析[J].商业研究,2017,59(4):25-30.

促进企业技术创新和获得竞争性资源的重要途径,所以提升企业技术创新能力也成为其在激烈的市场竞争中获得市场优势的关键措施。任凤莲(2003)研究发现,知识产权、技术创新及企业核心竞争力之间存在显著的相关性;[①]李培林(2009)研究发现,知识产权保护是保障技术创新成果得以转化,并为创新主体带来利益的关键措施,知识产权保护强度的适度性对保护企业技术公平竞争和利润合理分配具有非常重要的影响;[②]盛宇华等(2017)研究发现,知识产权保护与企业技术创新能力之间在企业成长期和成熟期都呈现"倒 U 型"的关系,但是在两个阶段的最优强度存在差异,所以在制定和实施知识产权制度时,应当根据行业生命周期差异,确定其知识产权保护强度的差异性。[③]

另外,政府营造友好的知识产权环境,避免由于信息不对称与知识产权执法监督不力等因素造成知识产权侵权事件,有助于保护知识产权权利人的技术创新成果,提升企业技术创新的能力,[④]增强企业的核心竞争力。知识产权制度的地域性特征和有条件国民待遇原则,使得国外知识产权保护制度对中国出口企业技术创新活动可能产生正反两方面影响:一是当出口企业技术创新能力较强时,国外知识产权保护制度可能激励其技术创新,对占有出口市场的企业具有促进作用;二是当出口企业技术创新能力较低时,由贸易制度获得的市场份额可能会因国外严格的知识产权制度而丢失,抑制出口企业技术创新活动。[⑤] 因此,企业为了走出国门,成功进入海外市场,需要基于企业核心竞争力视角,充分运用知识产权制度激励技术创新的机制,合理、科学处理知识产权保护与技术创新的关系。

---

① 任凤莲.知识产权、技术创新与企业竞争力[J].山西大学学报(哲学社会科学版),2003,26(3):93-96.
② 李培林.技术创新与企业知识产权战略的联动[J].科技管理研究,2009,29(7):384-387.
③ 盛宇华,张秋萍,陈加伟.知识产权保护与企业创新能力的关系:基于行业生命周期的视角[J].科技管理研究,2017,37(21):132-140.
④ 张勇.企业自主创新与知识产权保护的博弈[J].科技与经济,2010,23(5):40-43.
⑤ 庄子银,李宏武.贸易、知识产权与出口企业创新:基于美国 337 调查的实证分析[J].世界经济研究,2018(4):75-87.

四、知识产权战略与企业技术创新

国家知识产权战略是国家发展战略的重要组成部分,是建设创新型国家和提升技术创新能力的要求。知识产权战略通过知识产权变革、知识产权制度优化,合理调整现有知识产权制度,推动法律法规完善,体制、机制合理协调,政策、措施衔接配套,充分发挥市场配置资源的基础作用。① 企业知识产权战略在其发展过程的不同阶段,以及取得技术市场优势的过程中都是提升其技术创新能力的关键。

(一)技术创新中的企业知识产权战略

技术创新应该以企业为关键主体。合理实施知识产权战略,有利于企业通过技术创新创造更多收益。首先,知识产权战略是构成企业技术创新的必要条件,选择合适的知识产权战略成为提升企业技术创新绩效的基础。② 因为技术创新的激励机制和知识产权制度的保障功能是企业追求利益最大化的重要手段,所以企业在进行技术创新过程中要充分运用知识产权战略和策略的激励机制,通过制定和实施适合企业自身的知识产权战略和策略,激励其进行高效的技术创新,获得更多的企业收益,③进而提升核心竞争力,发展壮大企业。其次,无论技术创新能力的强或弱,企业都应该在其技术创新过程中根据其实际技术创新能力的强弱水平制定并有效实施知识产权战略,增强企业的技术创新能力。④ 最后,以企业为主体的技术创新与知识产权战略有效结合是企业提升技术创新绩效的基础。技术创新过程中以知识产权特征为基础,以专利战略、商标战略和版权战略等为内容,正确实施知识产权创造、运用、保护和管理战略,防控知识产权侵权风险和

---

① 贺化.实施知识产权战略为创新型国家建设提供有力支撑[J].中国流通经济,2008(7):8-9.
② 周英男,杜鸿雁.企业技术创新过程中的知识产权战略选择模型[J].科学学研究,2007,25(2):455-459.
③ 冯晓青.论知识产权制度对技术创新的促动作用[J].河北学刊,2013,33(2):149-153.
④ 甘志霞,吕海军.企业知识产权战略与创新能力动态匹配[J].科技进步与对策,2008,25(8):67-71.

资产流失风险等战略,①对提升企业的技术创新能力非常重要。总之,知识产权保护强度在一定程度上影响企业的研发投入、无形资产收益和技术创新绩效,而企业知识产权战略与技术创新基础条件的适宜程度及其实施水平对企业技术创新绩效,提升其技术创新能力和核心竞争力,以及市场优势地位具有重要影响。

(二)知识产权战略与企业技术创新的互动关系

企业技术创新与知识产权战略构成互动关系。首先,企业实施知识产权战略可以有效推动技术创新,增加其市场竞争优势。技术创新是实施知识产权战略的结果和目标,构建以知识产权为核心的促进技术创新的法律体系及其运行机制,有助于推动技术创新与知识产权战略有效融合。② 冯晓青(2014)认为,实施知识产权战略与技术创新存在互相促进的关系。③ 企业为了获得更多的收益,应该基于政策和制度促进知识产权战略与企业技术创新的融合。在企业知识产权战略中明确研发投入和技术创新的具体目标,并将其作为贯穿技术创新过程的核心内容。同时在技术创新过程的所有阶段始终坚持既定知识产权战略的理念和策略,将知识产权战略与技术创新战略有机结合。

其次,技术创新是企业知识产权战略实施的原动力,知识产权战略是企业技术创新的保障措施。如果企业技术创新力度不够,那么知识产权战略的实施一定不到位。当然,企业实施知识产权战略会在很大程度上促进企业技术创新,因此,企业,尤其是技术密集型企业或者高新技术企业必须在技术创新中充分实施相应的知识产权战略。④ 促进技术创新的知识产权战略包括知识产权的创造或者取得战略、知识产权运用战略、知识产权保护战略和知识产权管理战略。这些战略的协同效应是企业提高市场竞争力和获

---

① 孙玉红.技术创新中的企业知识产权战略论[J].河北法学,2008,26(6):88-94.
② 冯晓青.技术创新与知识产权战略及其法律保障体系研究[J].知识产权,2012(2):3-11.
③ 冯晓青.技术创新、知识产权战略模式的互动关系探析[J].知识产权,2014(4):3-14.
④ 华鹰,华劼.企业技术创新与知识产权战略互动关系研究[J].中国科技论坛,2011(2):54-58.

得战略性资源的重要保障。①

最后,知识产权战略和策略可以有效地促进和激励企业技术创新。企业制定和实施什么样的知识产权战略才能最大限度地促进其技术创新呢?总结为一句话,那就是企业的知识产权战略,一定要与其技术创新能力相适应。只有适合企业自身技术创新的内外部条件和创新环境的知识产权战略,才能最有效地促进其技术创新。企业制定和实施的知识产权战略应该以技术创新基础为条件,并为技术创新提供战略指导。特定技术创新模式下,最优的知识产权战略也是特定的。②

另外,知识产权制度保护企业技术创新,知识产权战略激励企业技术创新。知识产权战略可以通过知识产权保护制度回收研发成本,提高知识产权侵权成本,达到保障研发和保护创新的目的。鲍宗客等(2020)认为,中国国家知识产权战略没有明显改善创新质量,企业专利数量和新产品产值率均没有明显提高。③ 冯晓青(2013)研究了技术创新与知识产权战略的知识产权服务体系建设。④ 王钰等(2021)认为,虽然强化知识产权保护对初创企业的技术创新可能产生抑制作用,但是通过独立董事的社会网络关系可能会显著降低这种抑制作用。⑤ 其理由是知识产权保护水平的变化可能产生的抑制效应大于其产生的激励效应。因此,重视知识产权战略对企业,尤其是技术密集型企业、战略性新兴产业及初创企业的发展壮大具有重要价值。

---

① 冯晓青.试论企业技术创新中专利战略的应用[J].科学管理研究,2001,19(4):12-15.
② 冯晓青.技术创新、知识产权战略模式的互动关系探析[J].知识产权,2014(4):3-14.
③ 鲍宗客,施玉洁,钟章奇.国家知识产权战略与创新激励:"保护创新"还是"伤害创新"?[J].科学学研究,2020(5):843-851.
④ 冯晓青.基于技术创新与知识产权战略实施的知识产权服务体系构建研究[J].科技进步与对策,2013,30(2):112-114.
⑤ 王钰,胡海青,张琅.知识产权保护、社会网络及新创企业创新绩效[J].管理评论,2021,33(3):129-137.

五、基于行业竞争的知识产权保护与企业技术创新

(一)基于行业竞争的知识产权风险与企业技术创新

有效进行技术创新是企业在竞争中获得生存乃至获得优势的重要措施。企业技术创新过程的不同阶段均可能存在不同类型的知识产权风险。企业技术创新通常伴随知识产权的创造、运用、保护和管理等,其中每个环节都有可能存在相应类型或者性质的知识产权风险。① 企业技术创新过程中伴随的这些知识产权风险,需要及时进行预警,以便保护企业技术创新的有效推进,②否则会严重影响技术创新绩效,甚至导致技术创新失败。周志刚等(2019)研究发现,企业技术创新过程中的知识产权风险能够正向显著调节其知识产权的交互能力与实际吸收能力之间的关系。③ 因此,及时预防和识别知识产权风险,并对知识产权风险的发生做好预案,对企业进行有效的技术创新非常重要。

(二)基于行业竞争的知识产权保护制度与企业技术创新

行业竞争是企业技术创新的加速器。激烈的行业竞争会淘汰技术创新能力较低的企业,也会促进技术创新能力较强的企业快速壮大。首先,行业竞争的激烈程度和知识产权保护程度可以共同对企业技术创新进行影响。如韩雪飞等(2018)研究发现,制造业企业竞争的激烈程度在很大程度上决定了其"工艺创新"水平;知识产权保护强度在很大程度上决定了制造业企业"产品创新"水平;提升知识产权保护强度在一定程度上抑制企业竞争对企业技术创新选择的不利影响。④ 其次,知识产权保护强度和技术创新能

---

① 周文光,黄瑞华.企业自主创新中知识创造不同阶段的知识产权风险分析[J].科学学研究,2009,27(6):955-960.

② 周文光,黄瑞华.企业自主创新中知识产权风险预警过程研究[J].科学学与科学技术管理,2010,31(4):72-76.

③ 周志刚,丁秋楷,阮丽娟.创新网络中企业自主知识产权交互对创新绩效的影响[J].科技进步与对策,2019,36(21):98-105.

④ 韩雪飞,赵黎明.企业竞争、知识产权保护与创新选择:基于我国制造业企业的实证研究[J].经济问题探索,2018(5):38-44.

力对企业,尤其是中小型企业在行业竞争的地位产生较大影响。如胡敏等(2007)研究发现,知识产权保护与技术创新的作用机制对企业集群竞争力具有一定的影响。[①] 董涛(2009)认为,知识产权保护制度对中小型企业进行技术创新以及产业集群发展具有重要的激励作用,但是中小型企业在基于知识产权保护制度促进技术创新方面存在脱节现象。[②] 最后,行业竞争可能会导致技术依赖度不同的企业分别选择技术创新或者寻租。有研究显示,企业在竞争压力增加的情况下,可能会选择增加研发投入和寻租支出;知识产权保护制度可能会促进企业增加研发投入,提升自身技术创新能力,但是当企业对技术引进和模仿技术创新依赖程度较高时可能会促使寻租支出增加;而且技术创新和寻租与短期财务绩效呈现"倒 U 型"关系。[③] 由此可见,知识产权保护、企业技术创新和行业竞争三者之间存在复杂的互动关系。

第四节　知识产权与产业和区域技术创新

中国实现高水平科技自立自强必须以产业和区域技术创新的协调发展为基础,而产业和区域技术创新的协调发展离不开知识产权制度的法律保障。专利法律制度的统一性与产业技术领域和发展紧迫性的差异性、区域科技经济发展的不平衡性为优化产业政策和区域发展战略提供了依据,也为产业知识产权政策和区域知识产权政策促进技术创新提供了可能性。为此,本节主要从两个方面展开:一是研究知识产权保护对高新技术产业、制造业、战略性新兴产业、技术密集型产业等技术创新的影响;二是研究知识产权制度对中国省级区域、东中西部、京津冀等区域技术创新的影响。

[①] 胡敏,徐明华,朱康对.企业集群的竞争力提升与技术创新、知识产权保护:基于对温州打火机企业集群发展的研究[J].软科学,2007(1):109-112.

[②] 董涛.知识产权与中小企业创新问题研究[J].科技管理研究,2009,29(8):525-528.

[③] 徐晨,孙元欣.竞争压力下企业选择创新还是寻租?:基于知识产权保护视角的解释[J].经济评论,2019(6):33-49.

一、知识产权与产业技术创新

知识产权保护和技术创新对产业结构升级具有重要的影响。如顾晓燕等(2020)研究发现,提升知识产权保护强度和推动技术创新都有助于升级产业结构;技术创新在知识产权保护制度影响产业结构升级过程中具有中介效应,即知识产权保护制度不仅对产业结构升级有直接影响,还会通过技术创新对其产生间接影响,存在区域异质性。[1] 因此,研究知识产权保护对产业技术创新的影响非常重要。

(一)知识产权保护与产业技术创新的关系

知识产权保护与产业技术创新具有非常密切的关系。有研究显示,知识产权保护能够在很大程度上促进产业技术创新,并与产业技术创新能力呈现"倒 U 型"关系,即强化知识产权保护水平可以促进研发投入,提升技术创新能力,但是过度的知识产权保护可能会抑制产业的技术创新能力提升。[2] 也有研究显示,知识产权保护与产业技术创新没有必然的联系,是否存在联系取决于产业发展和技术创新水平;技术创新和产业发展处于高(低)水平时,其技术创新绩效与知识产权保护水平呈现正(负)相关关系;产业研发投入、技术引进和国际贸易水平对不同产业类型的技术创新具有不同程度的影响。[3]

尤其值得关注的是,不同产业或者行业中知识产权保护制度对技术创新的促进作用及其机制存在差异性。知识产权保护制度以相同的权利限制适用于不同类型产业或者行业技术的创造和创新,没有考虑不同产业或者行业技术创新行为的差异性。不同类型产业或者行业的技术市场需求及其规模、需求弹性以及技术市场的结构等特征,对知识产权保护制度对技术创

---

[1] 顾晓燕,朱玮玮,符斌.空间视角下知识产权保护、技术创新与产业结构升级[J].经济问题,2020(11):73-80.

[2] 邹彩芬,杨孙蕾,刘双,等.知识产权保护与技术创新关系研究:基于纺织业的实证分析[J].科技进步与对策,2014,31(8):31-36.

[3] 董钰,孙赫.知识产权保护对产业创新影响的定量分析:以高技术产业为例[J].世界经济研究,2012(4):11-15.

新绩效的影响存在差异。① 产业或者行业的技术或者市场特征具有的异质性对知识产权保护制度促进技术创新的作用具有不同效果。与普通产业或者行业相比,高新技术或者技术密集型产业或者行业中知识产权保护强度的改变对技术创新绩效的影响更加明显。如果产业或者行业技术领域相同或者相近,知识产权保护强度的变化对技术创新绩效的影响更加接近。② 由此可见,知识产权保护与产业技术创新存在复杂的动态关系,不能简单化二者的关系。

(二)知识产权保护与高新产业技术创新

高新技术产业是所有产业中技术含量最高的类型之一,也是与知识产权保护和技术创新关系最为密切的产业,所以研究知识产权保护强度对中国高新技术产业技术创新绩效的影响,对提升产业技术创新具有重要意义。首先,知识产权保护制度对高新技术产业技术创新绩效的影响具有区域异质性,需要具体问题具体分析。现有研究显示,中国知识产权保护制度对高新技术产业的技术创新绩效具有显著的促进作用,其中知识产权保护制度对东部地区属地的高新技术产业的技术创新绩效均具有直接的显著正向促进作用;知识产权保护制度对中部地区属地的高新技术产业的技术创新绩效具有直接的正向促进作用,但是间接的促进作用为负;知识产权保护制度对西部地区属地的高新技术产业的技术创新绩效的直接促进作用不显著,间接促进作用显著为正。③ 其次,知识产权保护对高新技术产业技术创新绩效的影响在企业类型方面具有异质性。党国英等(2015)研究发现,中国高新技术产业的技术创新绩效呈现基本稳定增长的趋势,虽然平均增长幅度不大,但是不同类型行业的技术创新绩效差距正在不断缩小;知识产权保护强度与高新技术产业的技术创新绩效呈现非线性的"倒U型"关系;知识产权保护强度对技术创新绩效的间接影响存在差异,技术水平差距、知识产

---

① 文豪.市场特征、知识产权与技术创新:基于产业差异的分析[J].管理世界,2009(9):172-173.
② 许培源,章燕宝.行业技术特征、知识产权保护与技术创新[J].科学学研究,2014,32(6):950-960.
③ 王桂梅,赵喜仓,程开明.知识产权保护对高技术产业创新效率的影响效应:基于空间计量模型的实证分析[J].科技管理研究,2021,41(7):124-131.

权保护强度与技术创新绩效存在较为复杂的非线性关系。① 由此可见,知识产权保护制度能够促进高新技术产业技术创新,但是对知识产权的过度保护可能会对产业技术创新发展产生抑制作用。② 总之,知识产权保护与高新技术产业技术创新存在复杂的非线性交互耦合关系。

(三)知识产权保护与制造业技术创新

2018年,习近平总书记在考察格力电器公司时指出,制造业是实体经济的一个关键,制造业的核心就是创新。③ 所以研究知识产权保护对制造业技术创新的影响以及实体经济的发展非常重要。首先,产业或者行业知识产权保护及其政策对制造业技术创新具有显著的促进作用,但是这种促进作用在产业或者行业不同层次的技术创新成果方面存在一定的差异。有研究发现,制造业的技术引进与产业研发投入之间不仅存在替代效应,而且具有互补作用。由于产业或者行业的技术吸收能力不同,所以国外行业相关技术的引进与本国制造业的技术创新绩效存在非线性的复杂关系。④ 其次,制造业的产业分工对该产业技术创新能力具有重要影响。如国际垂直专业化分工的参与提升了制造业的技术创新能力,其中一般贸易垂直专业化促进了中国技术创新能力的提升,而加工贸易垂直专业化抑制了技术创新能力的提升;适度的知识产权保护更有利于垂直专业化对技术创新能力的提升作用。⑤ 最后,制造业技术创新绩效(新产品产出率)受知识产权保护强度的影响。有研究显示,知识产权保护强度与新产品产出率和专利授权数量都呈现"倒U型"关系,但是绝大多数都处于"倒U型"拐点左侧;与发明专利相比,知识产权保护制度对实用新型专利和外观设计专利的促进

---

① 党国英,秦开强,蔡华.技术差距、知识产权保护与高技术产业技术创新效率[J].商业研究,2015(8):14-20,51.

② 张洁,杜英,牛瑞雪.知识产权保护与技术创新耦合协调分析:以甘肃省高技术产业为例[J].资源开发与市场,2017,33(2):134-138.

③ 张彬彬.让世界爱上中国造,让知识产权保护中国造[EB/OL].(2018-11-23)[2024-03-28].http://ip.people.com.cn/n1/2018/1123/c179663-30417836.html.

④ 保永文.知识产权保护、技术引进与中国制造业技术创新:基于面板数据的实证检验[J].国际贸易问题,2017(6):38-49.

⑤ 张瑾,陈青,陈俊聪.垂直专业化、知识产权保护与我国制造业技术创新[J].现代财经(天津财经学院学报),2014(11):105-113.

作用相对较小。① 总之,制造业是影响中国经济发展的关键核心产业,提升其产业及相关企业的技术创新能力,需要准确及时地调整和完善中国知识产权保护强度。

(四)基于技术密集型和战略性新兴产业的知识产权保护与技术创新

完善知识产权制度及政策对技术密集型产业的技术创新绩效也具有显著的促进作用。当然,基于知识产权制度及政策,不同的因素对技术密集型产业的技术创新绩效产生不同的影响。其中产业或者企业的生产规模和专利的申请量对技术创新效率具有显著的正向影响,政府公共财政投资资金对技术密集型产业的技术创新效率产生消极影响。② 有效控制不利因素、优化积极因素对促进技术密集型技术创新具有重要价值。

知识产权保护制度对战略性新兴产业及其相关企业的技术创新具有明显的促进作用。知识产权司法保护强度与战略性新兴产业及相关企业的技术创新存在显著的正向促进作用;知识产权保护强度越大,战略性新兴产业及相关企业专利授权数或者研发投入的增加就越明显,激励其技术创新绩效增加的作用就越显著。优化技术创新环境,尤其是完善知识产权制度及政策,提升知识产权执法水平,可以有效促进战略性新兴产业及其企业的技术创新。③ 因此,根据战略性新兴产业特征优化知识产权政策和激励技术创新对高水平自立自强具有重要意义。

二、知识产权与区域技术创新

随着中国区域经济结构的调整和资源依赖型发展战略的转变,通过技术创新获取足够数量和质量的知识产权成为区域经济和科技发展的关键因素。基于知识产权保护制度、政策、机构和文化构建集群技术创新系统,有

---

① 刘思明,侯鹏,赵彦云.知识产权保护与中国工业创新能力:来自省级大中型工业企业面板数据的实证研究[J].数量经济技术经济研究,2015,32(3):40-57.

② 王黎萤,虞微佳,王佳敏,等.影响知识产权密集型产业创新效率的因素差异分析[J].科学学研究,2018(4):662-672.

③ 杨高举,黄先海.知识产权保护促进战略性新兴企业技术创新的实证分析[J].浙江学刊,2018(2):162-168.

效利用知识产权创造、运用、管理和保护为区域技术创新提供支撑,①对区域社会经济协调发展非常重要。知识产权保护制度与区域技术创新具有非线性的复杂关系,随着区域经济的发展,知识产权保护制度促进区域技术创新的作用更加显著。② 因此,要根据区域经济和科技发展水平,调整知识产权相关政策,为提升区域技术创新水平提供支撑。

(一)知识产权保护与区域技术创新能力

区域知识产权战略的制定和实施对其技术创新过程中产生或者取得的知识产权的数量和质量具有重要的影响。首先,知识产权保护制度对区域技术创新能力具有激励和促进作用。如肖延高等(2008)研究发现,完善的知识产权保护制度对区域产业可持续技术创新具有激励和保障作用,产业技术创新及其结构升级可以有效促进区域知识产权发展;完善知识产权创造、保护、运用和服务环境等能够有效促进区域产业技术创新;区域技术创新过程产生的知识产权数量少和质量低的原因可能是技术创新效率不高。③ 任桂芬(2008)认为,现有技术创新体系不完善,技术创新意识淡薄和激励机制不健全以及高层次技术创新人才缺乏,创新经费投入强度不足,创新平台规模和结构不合理等对知识产权数量和质量具有一定的影响。④ 由此可见,知识产权保护制度激励和促进区域技术创新的作用是基于复杂的技术创新体系进行的。

其次,知识产权保护与区域技术创新具有非常复杂的内在关系。知识产权保护强度对区域技术创新能力的关系呈现"倒U型"趋势,达到拐点之前,知识产权保护强度与区域技术创新能力提升呈现正相关关系,区域技术创新能力随知识产权保护强度提高而不断增强,达到拐点后,区域技术创新

---

① 宋伟,闫超.区域知识产权保护力度与创新能力的耦合度分析[J].华东理工大学学报(社会科学版),2010,25(1):46-52.
② 关成华,袁祥飞,于晓龙.创新驱动、知识产权保护与区域经济发展:基于2007—2015年省级数据的门限面板回归[J].宏观经济研究,2018(10):86-92.
③ 肖延高,李仕明,李平.基于产业自主创新的知识产权制度建设:以深圳实践为例[J].研究与发展管理,2008,20(3):113-117.
④ 任桂芬.区域知识产权自主创新能力与潜力研究:以河北省为例[J].中国行政管理,2008(8):60-62.

能力随知识产权保护强度的提高而逐渐下降。[1] 周霞等（2022）研究发现，知识产权保护强度正向影响区域技术创新能力；区域技术创新在知识产权保护和产业升级的关系中发挥中介作用，提升知识产权保护强度可以有效促进区域技术创新，并对产业升级具有推动作用。[2] 因此，通过调整知识产权保护强度提升区域技术创新能力时，需要因地制宜地制定相对灵活的知识产权政策，而不是机械地照搬和实施其他国家或者区域知识产权制度或者政策。

再次，知识产权保护制度促进区域技术创新的作用具有异质性和协同性。韦东明等（2023）研究发现，知识产权治理水平主要通过技术创新效率的传导对区域技术创新效率产生显著的提升作用；该促进作用可以通过强化政策引领、提高创新质量、优化产业结构和产业集聚效应等影响产业技术创新，并可能基于地理区位、城市规模和特定资源差异对技术创新的促进作用显示差异性。[3] 张凌志（2019）研究发现，知识产权保护制度及政策与生产要素对提高区域技术创新能力具有协同作用，但是促进区域技术创新质量效果不明显。[4] 可见，把握激励区域技术创新的异质性和协同性是完善知识产权制度、提升区域技术创新能力的重要因素。

最后，基于知识产权战略对技术创新能力的作用机制，制定和实施区域知识产权战略对提升区域技术创新能力具有重要的推动作用。[5] 黄亦鹏等（2014）基于知识产权保护制度与技术创新能力、产业竞争力和区域竞争力的密切关系，构建了产业集群发展与区域技术创新的知识产权战略模型，并

---

[1] 李正锋,逯宇铎,于娇.区域创新系统中知识产权保护机制与创新动力模型研究[J].科学管理研究,2015,33(5):63-66.

[2] 周霞,谌一璠,王雯童.知识产权保护水平、区域创新与产业升级[J].统计与决策,2022(16):168-171.

[3] 韦东明,徐扬,岳林峰.知识产权治理促进了区域创新效率提升吗：基于国家知识产权示范城市的准实验[J].世界经济文汇,2023(2):14-30.

[4] 张凌志.知识产权保护、区域创新能力与区域创新质量的关系：基于2007—2017年省级面板数据的实证研究[J].国际经济合作,2019(6):45-54.

[5] 徐小钦,易长清.知识产权战略对区域创新能力的影响研究[J].科技管理研究,2007,27(12):34-36.

分析了其内在关系。① 毕克新等(2012)研究发现,知识产权与区域技术创新的整体水平在发展中存在交互作用,前者对后者具有保护、驱动和制约作用,后者是前者的主要源泉;知识产权与区域技术创新资源投入及工业产出能力之间存在较为密切的内在联系。② 可见,实施知识产权战略对提升区域技术创新水平具有重要价值。

(二)基于研发投入的知识产权保护与区域技术创新能力

研发投入是区域技术创新的前提,知识产权保护是研发投入回收成本的保障。研发投入强度是知识产权保护制度发挥作用的基础,也是提升区域技术创新能力的关键。

首先,研发投入可以通过知识产权保护增加创新主体收益,从而提升区域技术创新能力。知识产权保护强度提升会通过研发投入正向影响区域技术创新的效率与效益,研发投入中人力资源投入对区域技术创新绩效的作用效果强于研发投入本身的投入效果。③ 陈恒等(2017)研究发现,地区研发投入对技术创新能力的影响不限于简单的线性关系或者"U型"及"倒U型"关系,而是存在以知识产权保护强度为"三重门槛"的复杂非线性显著关系。④ 由此可见,研发投入与区域技术创新的关系非常复杂。

其次,研发投入强度对提升区域技术创新能力的作用机制中存在基于知识产权保护制度的双门槛效应。知识产权保护下的研发投入强度与区域技术创新能力之间存在显著的非线性关系。现有研究显示,门槛值及门槛效应的作用机制都呈现区域性不同:中国除了东部地区知识产权保护水平过高可能对研发投入具有抑制作用外,西部、中部和东北地区均呈现在低于第一门槛值时研发投入促进作用微弱,达到第一门槛值后作用明显,达到第

---

① 黄亦鹏,魏国平,尹怡然.区域创新、产业集群发展与知识产权战略研究[J].科技管理研究,2014,34(21):143-146.
② 毕克新,马慧子,艾明晔.区域知识产权与区域技术创新整体水平的关联分析[J].科技管理研究,2012,32(14):211-213,243.
③ 肖振红,李炎.知识产权保护、R&D投入与区域绿色创新绩效[J].系统管理学报,2022,31(2):374-383.
④ 陈恒,侯建.R&D投入、FDI流入与国内创新能力的门槛效应研究:基于地区知识产权保护异质性视角[J].管理评论,2017,29(6):85-95.

二门槛值后促进作用大幅度提高的跳跃式发展,但是仍然存在不少地区没有达到最优的知识产权保护强度,所以根据实际针对性地制定相关政策调控知识产权保护强度对最大化发挥研发投入,提升区域创新的能力具有促进作用。① 由此可见,优化研发投入强度对提升区域技术创新能力非常重要。

最后,研发投入对区域技术创新能力的影响显著存在基于知识产权保护的门限效应。现有研究显示,当知识产权保护强度低于门限值时,研发投入对区域技术创新能力具有显著的促进作用;当知识产权保护强度跨过门限值后,研发投入对技术创新能力的促进效应更加明显。② 代中强(2010)研究发现,提高知识产权保护实际强度可能会显著降低研发投入总量及其在GDP中的占比;增加外商直接投资存量可能会显著提高研发投入;大国市场效应作用下,若加深对外开放程度和增加外商直接投资存量,则研发投入可能被锁定在模仿创新模式。③ 另有研究显示,技术创新会有效促进区域的技术进步,从国内与国外引进的技术基于技术创新产生的技术进步程度具有明显差异;知识产权保护强度与区域技术进步之间存在"倒U型"的关系。④ 可见,研发投入、知识产权保护和区域技术创新的关系也非常复杂。

总之,适度的知识产权保护强度对研发投入促进区域技术创新具有激励作用,加大研发投入规模和根据实际情况优化知识产权保护强度对提高技术创新能力非常重要。⑤ 优化研发投入强度与知识产权保护强度的协调性对区域技术创新具有非常重要的意义。

---

① 周密,申婉君.研发投入对区域创新能力作用机制研究:基于知识产权的实证证据[J].科学学与科学技术管理,2018,39(8):26-39.
② 靳巧花,严太华.自主研发与区域创新能力关系研究:基于知识产权保护的动态门限效应[J].科学学与科学技术管理,2017,38(2):148-157.
③ 代中强.实际知识产权保护、模仿创新与自主创新[J].经济评论,2010(6):85-97.
④ 康继军,孙彩虹.知识产权保护的区域技术创新效应与技术获取渠道异质性研究[J].科技进步与对策,2016,33(1):33-37.
⑤ 韩莹,陈国宏.科技投资、知识产权制度与区域创新能力:基于我国省际面板数据的双重门槛效应分析[J].科技管理研究,2018,38(1):11-17.

(三)知识产权保护促进区域技术创新的影响因素

知识产权保护与区域技术创新之间不仅具有复杂的关系,而且这种关系受多种因素的影响。有学者研究发现,知识产权保护强度与区域技术创新能力是一种复杂的非线性关系和交互耦合关系。[①] 也有学者认为,区域技术创新与知识产权保护制度具有关联性与互动性;因为区域技术创新过程中知识产权的耦合性,所以知识产权竞争、成果、激励、环境、优势等因素对区域技术创新的功能与作用存在差异。[②] 同时,知识产权保护与区域技术创新之间的关系受以下三种主要因素的影响。

一是基于产业集聚视角的知识产权保护对区域技术创新的影响。不同类型产业聚集促进技术创新的作用存在差异,专业化集聚可能促进技术创新溢出,多样化集聚可能抑制技术创新溢出;中国东部和西部地区专业化集聚对技术创新存在促进作用,中部地区产业集聚技术创新发展均衡;产业集聚技术创新溢出未产生时,知识产权低保护强度对产业集聚技术创新具有促进作用;产业集聚技术创新溢出已经产生时,知识产权低保护强度抑制集聚技术创新溢出;与产业的专业化集聚相比,知识产权高保护强度促进产业多样化集聚的技术创新溢出。[③] 可见,产业聚集、知识产权保护与区域技术创新之间的关系密切。

二是基于区域创新环境的知识产权保护强度对区域技术创新的影响。现有研究显示,知识产权保护环境的优劣程度与区域技术创新绩效大小具有显著的正相关关系,金融发展水平在知识产权保护环境对提升区域技术创新能力的"直接作用"和"中介效应"中存在明显的调节效应;改善知识产权保护环境可以强化金融发展对研发投入的激励作用,并抑制金融发展对实体经济的挤出效应;与中部地区和西部地区相比,优化知识产权保护环境

[①] 宋伟,闫超.区域知识产权保护力度与创新能力的耦合度分析[J].华东理工大学学报(社会科学版),2010,25(1):46-52.

[②] 彭华涛.区域科技创新中的知识产权论[J].科学学与科学技术管理,2007,28(12):63-67.

[③] 黎欣.产业集聚、知识产权保护与区域创新发展[J].云南财经大学学报,2021,37(2):1-12.

对提升东部地区技术创新绩效的作用不大。① 技术创新环境、知识产权保护强度与区域技术创新能力具有复杂的非线性关系。其中技术创新环境优化水平与知识产权保护强度高低及其执法水平可以显著影响区域技术创新能力的提升程度,而且这种影响在不同区域具有较强的异质性。② 总之,创新环境、知识产权保护强度对区域技术创新都有重要影响。

三是基于知识产权能力和创新系统模型的知识产权保护制度对区域技术创新的影响。谢其军等(2019)研究发现,知识产权能力对区域技术创新水平具有显著的正向影响,集聚性、结构洞、度数中心性、接近中心性和中间中心性影响区域技术创新过程中均产生部分中介作用;开放度正向调节知识产权能力与区域技术创新水平关系,制度因素负向调节知识产权能力影响技术创新水平。③ 李正锋等(2015)认为,通过利用知识产权保护制度对区域技术创新的促进作用,可以构建技术创新系统的动力模型,提升区域技术创新能力。④ 因此,综合创新主体知识产权能力和创新系统的完备性有助于提升区域技术创新能力。

另外,肖振红等(2022)研究发现,与知识产权保护制度对区域技术创新效益的影响相比,其对区域技术创新效率的影响更加显著;知识产权保护制度对区域技术创新效益的影响属于非线性的复杂关系,且知识产权保护存在"最优保护区间",该区间范围内知识产权保护制度最有利于提升区域技术创新效益;不同区域技术创新绩效具有显著的异质性,现有知识产权保护制度下,多数地区处于技术创新低效率与技术创新低效益的区间。⑤ 由此可见,知识产权保护制度对区域技术创新的影响是多维度的。

---

① 杜伟岸,张宇浩.知识产权环境与区域创新:金融发展的调节作用[J].科技管理研究,2022,42(16):167-175.
② 党文娟,罗庆凤.环境管制、知识产权保护与区域创新能力:基于我国省际面板数据的实证研究[J].重庆大学学报(社会科学版),2021,27(3):203-215.
③ 谢其军,冯楚建,宋伟.合作网络、知识产权能力与区域自主创新程度:一个有调节的中介模型[J].科研管理,2019,40(11):85-94.
④ 李正锋,逯宇铎,于娇.区域创新系统中知识产权保护机制与创新动力模型研究[J].科学管理研究,2015,33(5):63-66.
⑤ 肖振红,李炎.知识产权保护、R&D投入与区域绿色创新绩效[J].系统管理学报,2022,31(2):374-383.

（四）知识产权保护、南（北）方技术创新与技术模仿

提升发展中国家（南方）知识产权保护强度可以激励技术引进，但是同时可能导致权利垄断的强化。现有研究显示，技术引进激励和权利垄断强化对发展中国家劳动生产力的发展分别具有正向效应和反向效应。知识产权保护强度较低时，技术引进激励的正向效应占据主导地位，但是知识产权保护较强时，权利垄断强化的反向效应将占据主导地位，形成知识产权保护强度和劳动生产力之间的"倒 U 型"关系。在一般均衡下，这种非线性效应会反馈到发达国家，从而使发展中国家知识产权保护强度与发达国家技术创新之间出现一种相似的"倒 U 型"关系。[1] 由此可见，知识产权保护强度并不是越强越好，适度的发展中国家知识产权保护强度对发达国家技术创新和全球经济增长有利。如何做到"适度的"知识产权保护强度，有效促进区域技术创新需要进一步研究。

首先，严格的知识产权保护对发展中国家和发达国家的技术创新影响具有差异性。现有研究显示，严格的知识产权保护对发展中国家发展有利，还是对发达国家发展有利，取决于由发达国家技术创新性质所导致的市场结构；对垂直技术创新的寡头市场而言，严格的知识产权保护对发达国家和发展中国家都不利于其经济发展；对水平技术创新的垄断竞争市场而言，适度的知识产权保护同时有利于发达国家和发展中国家经济发展；发展中国家最有利的激励技术创新的知识产权保护强度不需要与发达国家实施相同的知识产权保护最优标准。[2] 另有研究发现，严格的知识产权保护对发展中国家技术创新的激励效应以及发达国家和发展中国家的总体效应依赖于发展中国家的初始技能劳动水平和发达国家技术创新性质导致的市场结构；当发展中国家技能劳动充裕时，适度的知识产权保护会激励发展中国家的技术创新，并长期对发达国家和发展中国家都有利。[3] 由此可见，虽然知识产权制度对发展中国家和发达国家的技术创新均有影响，但是两种影响

---

[1] 杨轶波.增强知识产权保护总能促进创新吗？纳入"干中学"效应的南北框架分析[J].世界经济研究,2018(12):115-131.

[2] 庄子银.知识产权、市场结构、模仿和创新[J].经济研究,2009(11):95-104.

[3] 郭春野,庄子银.知识产权保护与"南方"国家的自主创新激励[J].经济研究,2012(9):32-45.

之间存在着实质性的差异。

其次,技术模仿水平是知识产权保护强度影响发达国家和发展中国家技术创新的关键因素。庄子银等(2013)研究发现,严格的发展中国家知识产权保护对发达国家技术创新、外商直接投资和发展中国家技术创新都产生负面激励,降低发展中国家技术创新企业份额,减少发达国家直接投资,不利于发展中国家经济发展;且发展中国家知识产权保护对技术创新的负效应是稳健的。[①] 无论是否存在外商直接投资,质量领导者是否存在成本优势,发展中国家知识产权保护导致发达国家和发展中国家创新效率都下降,并且导致经济中模仿型企业的比重上升。丁文君等(2014)研究发现,发展中国家的最优知识产权保护强度与发达国家存在差异;当南方厂商模仿北方厂商的技术时,南方执行最严格的知识产权保护制度对南北和双方福利都造成损害;当发展中国家厂商的技术创新效率较高时,严格的知识产权保护能激励发展中国家厂商进行技术创新,改善发展中国家福利。[②] 李春顶等(2008)研究发现,通过扩展南北贸易模型,得到在南北方知识产权保护不足的情形下,降低发展中国家的贸易壁垒可以起到激励技术创新和补充知识产权保护的效果,这就为南北贸易摩擦的发生找到了一个新的动因。[③] 由此可见,知识产权保护强度对发达国家和发展中国家技术创新的影响是受多种条件所限制的。

第五节　知识产权保护、技术创新及外商直接投资

知识产权保护强度对外直接投资产生的技术转移影响发展中国家的技术创新。知识产权保护强度大小对外商直接投资的逆向技术创新溢出具有"U型"非线性关系,即知识产权保护强度较低时可能产生外商直接投资的技术创新溢出负向调节效应,当知识产权保护强度达到特定强度时就有可

[①] 庄子银,丁文君.知识产权保护、模仿与南方自主创新[J].经济评论,2013(3):5-18.

[②] 丁文君,庄子银.南方最优知识产权保护水平与南方企业自主创新[J].技术经济,2014,33(4):33-43.

[③] 李春顶,尹翔硕.知识产权保护、技术创新与南北贸易摩擦成因[J].当代经济科学,2008,30(3):19-23.

能促使外商直接投资产生正向的技术创新溢出。① 因此,基于外商直接投资及其技术溢出、知识产权贸易和技术转移等视角研究知识产权保护对技术创新的影响机制,对中国实现高水平科技自立自强具有重要意义。

一、基于外商直接投资的知识产权保护与技术创新

基于外商直接投资产生的技术转移影响发展中国家的相对知识资本存量程度在很大程度上是由其技术模仿能力决定的。当发展中国家的技术模仿能力达到或者超过特定门槛时,外商直接投资产生的技术转移就有可能增加发展中国家的相对知识资本存量。② 基于外商直接投资的知识产权保护制度对技术创新具有重要影响。

(一)知识产权保护、技术创新及外商直接投资

知识产权保护强度、研发投入、外商直接投资与技术创新能力具有一定的门槛效应。首先,外商直接投资、知识产权保护强度与技术创新能力关系非常复杂。陈国宏等(2008)研究发现,中国外商直接投资、知识产权保护强度与技术创新能力存在长期稳定的关系;提升知识产权保护强度和技术创新能力都可以显著促进外商直接投资;提高技术创新能力能够促进知识产权保护;外商直接投资对提高技术创新能力的作用不显著;改善知识产权保护对提高企业技术创新能力的作用不明显。③ 由此可见,外商直接投资和知识产权保护强度对技术创新的影响机理具有复杂性。

其次,知识产权保护强度影响地区外商直接投资的程度对技术创新能力产生促进或抑制作用。陈恒等(2017)研究发现,区域外商直接投资对技术创新能力的影响受限于其知识产权保护强度;提升知识产权保护强度后外商直接投资反而对技术创新能力的影响程度逐次降低,存在明显的门槛效应;门槛效应区域异质性显著,提升研发投入较多地区的知识产权保护强

---

① 李勃昕,庞博,张犁.中国对外直接投资逆向驱动创新效率提升的检验:基于知识产权保护约束的视角[J].经济与管理研究,2019,40(3):59-71.

② 倪海青,张岩贵.知识产权保护、FDI技术转移与自主创新[J].世界经济研究,2009,26(8):58-64.

③ 陈国宏,郭弢.我国FDI、知识产权保护与自主创新能力关系实证研究[J].中国工业经济,2008(4):25-33.

度,外商直接投资数量较多区域的知识产权保护强度可能会被抑制。① 可见,知识产权保护强度通过影响地区外商直接投资活动对技术创新产生影响。

最后,知识产权保护强度影响外商直接投资的程度对区域技术创新效率产生促进或者抑制作用。李勃昕等(2019)研究发现,中国外商直接投资能够有效提升区域技术创新效率,并存在知识产权保护强度的三重门槛效应和"N型"非线性特征:知识产权保护强度适度时外商直接投资对技术创新效率促进作用最优,但是也可能存在抑制提升技术创新效率的知识产权保护强度瓶颈。② 由此可见,知识产权保护强度、外商直接投资和区域技术创新之间具有复杂的关系。

(二)基于外商直接投资技术溢出的知识产权保护与技术创新

知识产权保护强度、外商直接投资的技术溢出在一定程度上影响技术创新绩效。现阶段中国强化知识产权保护和外商直接投资可以显著推动技术创新。

首先,提升知识产权保护强度可能会抑制外商直接投资的技术溢出。现有研究显示,外商直接投资、知识产权保护强度及其交互作用对三种不同技术创新形式的影响具有差异性;现阶段中国知识产权保护强度对外商直接投资技术溢出具有一定的抑制作用。③ 知识产权保护制度对外商直接投资的技术溢出现象具有明显的门限效应;提升知识产权保护强度时,外商直接投资的技术溢出效应促进创新主体技术创新绩效的作用逐渐增大,且存在区域的异质性。④ 可见,知识产权保护强度、外商直接投资及其技术溢出对技术创新具有较为重要的影响。

---

① 陈恒,侯建.R&D投入、FDI流入与国内创新能力的门槛效应研究:基于地区知识产权保护异质性视角[J].管理评论,2017,29(6):85-95.

② 李勃昕,韩先锋,李宁.知识产权保护是否影响了中国OFDI逆向创新溢出效应?[J].中国软科学,2019(3):51-65.

③ 周荣军.知识产权保护、FDI技术溢出对企业创新绩效影响[J].统计与决策,2020,36(2):181-184.

④ 胡立君,郑玉.知识产权保护、FDI技术溢出与企业创新绩效[J].审计与经济研究,2014,29(5):105-112.

其次,知识产权保护强度与外商直接投资的逆向技术创新溢出具有一定的关系。李勃昕等(2019)研究发现,中国外商直接投资具有明显的逆向技术创新溢出效应,但是该效应具有复杂的非线性特征,且只有外商直接投资水平较高时才可以呈现正向的技术创新溢出;受知识产权保护强度制约的外商直接投资的逆向技术创新溢出效应呈现明显的异质性,不同区域具有差异化和动态化的异质调节效应。①

最后,知识产权保护是影响外商直接投资规模和质量的重要因素之一。知识产权保护促进内资企业的技术创新能力,并通过强化研发投入提高国际技术溢出的吸收效果。加强知识产权保护对增加高技术含量外商直接投资具有正面效应,可以弥补其对技术溢出的抑制效应。② 由此可见,优化知识产权保护水平,可以通过外商直接投资激励国内技术创新。

(三)基于外商直接投资和对外直接投资的知识产权保护与技术创新

知识产权保护强度基于外商直接投资和对外直接投资活动影响技术创新。首先,基于知识产权保护强度视角的双向外商直接投资对技术创新的影响具有门槛效应。代丽华等(2020)研究发现,外商直接投资和对外直接投资影响技术创新具有显著的知识产权保护门槛效应:知识产权保护强度过低或过高时,外商直接投资和对外直接投资促进技术创新的作用均不明显。③

其次,海外子公司的地域多元化程度影响对外直接投资的技术创新质量。海外子公司的地理集中度负向抑制对外直接投资的技术创新绩效;国内地区知识产权保护的调节效应显著存在,知识产权的适度保护能够增强海外地域多元化的技术创新提升效应,降低地理集中度对技术创新的抑制效应;海外子公司地理布局的有效性与企业内部的技术基础和海外市场的

---

① 李勃昕,韩先锋,李宁.知识产权保护是否影响了中国OFDI逆向创新溢出效应?[J].中国软科学,2019(3):51-65.

② 岳书敬.知识产权保护与发展中国家创新能力提升:来自中国的实证分析[J].财经科学,2011(5):63-70.

③ 代丽华,林发勤.双向FDI影响区域创新能力的门槛效应研究:基于知识产权保护的视角[J].中山大学学报(社会科学版),2020,60(4):171-182.

技术丰裕度密切相关。①

最后,知识产权保护可以有效促进双向外商直接投资对技术创新的影响。徐磊等(2021)研究发现,外商直接投资流入的区域创新驱动效应不显著,而对外直接投资的区域创新驱动效应显著,其中知识产权保护在技术创新驱动效应中发挥了重要调节作用;知识产权在双向外商直接投资区域创新驱动中的调节作用具有显著的区域异质性:中国东部和西部地区的知识产权保护对双向外商直接投资区域创新效应起到正向调节作用,中部地区调节作用并不显著。② 可见,知识产权保护、双向外商投资对技术创新的影响具有区域差异性。

(四)基于南北区域国家外商直接投资的知识产权保护强度与技术创新

知识产权保护强度对外直接投资产生的技术转移可能影响发展中国家的技术创新。发展中国家提升知识产权保护强度有可能促使国际生产格局出现变动;当发展中国家的技术模仿能力相对较弱时,提升知识产权保护强度将抑制其技术创新发展;当发展中国家的技术模仿能力达到或者超过特定门槛后,提升知识产权保护强度就有可能促进其技术创新发展。③ 另外,知识产权保护强度约束下的中国外商直接投资驱动区域技术创新效率提升程度具有显著的异质性:中国东中西部区域分别体现了边际递增、"N 型"和"倒 U 型"门槛特征;非"一带一路"地区和"一带一路"地区呈现"倒 U 型"和"N 型"的门槛特征。④ 由此可见,知识产权保护强度、外商投资和区域技术创新的关系较为复杂。

---

① 蒋纳,李晓静.海外子公司地理布局、地区知识产权保护与企业创新[J].世界经济研究,2023(2):50-65,135.

② 徐磊,宋泓锑,徐亮.知识产权保护视角下双向 FDI 的区域创新驱动机制研究[J].云南财经大学学报,2021,37(10):24-36.

③ 倪海青,张岩贵.知识产权保护、FDI 技术转移与自主创新[J].世界经济研究,2009,26(8):58-64.

④ 李勃昕,庞博,张犁.中国对外直接投资逆向驱动创新效率提升的检验:基于知识产权保护约束的视角[J].经济与管理研究,2019,40(3):59-71.

二、基于贸易和技术转移等的知识产权保护与技术创新

知识产权贸易是企业、个人或者其他组织等商业主体转移或者许可知识产权或者以含有知识产权的产品为贸易对象的商业活动。技术转移中也会涉及复杂的知识产权关系,所以无论是知识产权贸易,还是涉及知识产权的技术转移都会对技术创新产生重要影响。

(一)基于知识产权贸易的知识产权保护与技术创新

知识产权贸易是知识经济发展的必然,也是经济全球化的趋势。知识产权贸易水平不仅体现国家知识产权保护强度和技术竞争力,而且反映国家技术创新能力,[1]所以知识产权贸易对技术创新具有促进作用。李蕊等(2013)研究发现,研发投入、国际贸易正向促进技术创新,而外商直接投资对技术创新绩效的直接作用不明显;强化知识产权保护不仅直接提升技术创新能力,而且作为重要的制度变量作用于创新主体的研发投入。[2] 易靖韬等(2019)研究发现,技术创新对提高一般贸易比重有利,知识产权保护越适度,中间投入品贸易自由化程度越高,创新主体技术创新对贸易方式转型的促进作用越明显。[3] 岳书敬(2011)研究发现,知识产权贸易可以正向促进提升高新技术产业技术创新能力、增强创新主体知识产权创造能力、提升知识产权成果转化运用。[4] 顾晓燕等(2016)研究发现,知识产权贸易有助于衔接技术创新链、产业链和市场链,其发展是外贸供给侧结构性改革和创新驱动发展战略实施的需要。[5] 总之,知识产权贸易能够有效促进技术创新。

---

[1] 刘丽,顾晓燕.知识产权贸易与我国自主创新能力的提升:基于中国经济数据的实证分析[J].经济问题,2014(7):27-30.

[2] 李蕊,巩师恩.开放条件下知识产权保护与我国技术创新:基于1997—2010年省级面板数据的实证研究[J].研究与发展管理,2013,25(3):5-13.

[3] 易靖韬,蔡菲莹.企业创新与贸易方式转型:知识产权保护和贸易自由化的调节作用[J].中国软科学,2019(11):119-128.

[4] 岳书敬.知识产权保护与发展中国家创新能力提升:来自中国的实证分析[J].财经科学,2011(5):63-70.

[5] 顾晓燕,刘丽.知识产权贸易促进创新驱动发展的模式选择与实现路径[J].现代经济探讨.2016(7):20-23.

(二)基于国际(进口)贸易的知识产权保护与技术创新

健全的知识产权保护制度是现代国际(进口)贸易的前提和激励技术创新的关键措施。第一,知识产权保护强度和国际(进口)贸易的技术溢出对技术创新具有重要影响。周荣军(2019)研究发现:国际(进口)贸易产生的技术溢出对技术创新具有显著的促进作用,提高知识产权保护强度可以显著强化该促进作用;资本品和中间品进口的技术溢出与技术创新水平正相关,但是消费品进口的技术溢出与技术创新水平负相关;提升知识产权保护强度可以强化资本品进口的技术溢出对技术创新的促进作用,但是抑制中间品的进口溢出对技术创新的正向影响。[1] 可见,知识产权保护、国际(进口)贸易的技术溢出与技术创新之间具有密切的关系。

第二,知识产权保护强度和国际贸易从不同角度对技术创新产生激励作用。周经等(2011)研究发现,知识产权保护制度和国际贸易产生的技术溢出对技术创新具有促进作用,但是其在区域之间具有异质性:知识产权保护水平和国际贸易对中国整体技术创新的促进作用不明显,对中国东部地区技术创新的促进作用显著,中部地区知识产权促进技术创新的作用显著,因经济发展和人力资本的"门限效应",西部地区促进技术创新的溢出效应不显著。[2] 由此可见,在严格实施知识产权保护制度的背景下,国际贸易对技术创新产生一定的正向影响。

第三,知识产权保护制度、技术创新及贸易成本之间具有复杂的关系。黄先海等(2021)研究发现,知识产权保护制度对企业技术创新具有促进作用,贸易成本对企业技术创新具有抑制作用;知识产权保护通过企业利润增加机制影响其技术创新能力,出口贸易成本通过出口收益减少机制影响企业技术创新能力;资本密集型企业和普通型贸易企业的技术创新能力随贸易成本增加而显著下降,增加知识产权保护强度使其技术创新能力随贸易成本上升而下降;贸易成本显著抑制企业发明专利和实用新型专利数量,明显减弱知识产权保护制度对发明专利和实用新型专利数量的正向影响,但

---

[1] 周荣军.知识产权保护、进口贸易技术溢出对创新的影响[J].统计与决策,2019(14):90-94.

[2] 周经,刘厚俊.国际贸易、知识产权与我国技术创新:基于 1998—2009 年省际面板数据的实证研究[J].世界经济研究,2011(11):58-62.

是贸易成本对外观设计专利数量的影响不明显。① 可见,知识产权保护背景下,技术创新与贸易成本之间存在一定的关系。

另外,知识产权保护强度可以通过调整进出口扩展边际和进口商品结构等影响技术创新。陈丽静等(2011)研究发现,提升知识产权保护强度有利于促进企业技术创新,降低其进口扩展边际,增加出口扩展边际;知识产权保护制度通过进口扩展边际产生的技术创新倒逼的作用及出口扩展边际产生的出口学习效应均可正向反馈于企业生产率,但是二者具有异质性。② 因此,在知识产权严格保护的背景下,进出口扩展等活动对技术创新会产生相应的影响。

(三)基于技术转移的知识产权保护与技术创新

知识产权保护、技术创新与技术转移之间的关系非常复杂。顾振华等(2015)研究发现,提升知识产权保护强度时,高质量产品的技术创新成功率可能会在特定时期内有所降低;但是提升知识产权保护强度达到特定水平时,技术领先的创新主体所在发达国家与技术创新成本较低的发展中国家之间的工资差距可能会扩大,实施知识产权强保护制度的发展中国家的社会福利可能会被恶化。③ 顾振华等(2015)研究发现,知识产权保护强度提高时,拥有高质量产品的全球价值链的创新主体更加可能将生产制造产业设立在创新成本较低的发展中国家,提高技术转移效率;全球价值链的创新主体所在的发达国家与成本较低的发展中国家之间的工资差距会缩小。④ 文豪等(2017)研究发现,中国各地区知识产权保护的实际水平较低,未达到国际技术许可对知识产权保护的最低强度;国内技术转移对吸收国外技术转移具有基础性作用,其贡献度比自主研发更高;进口贸易成为中国各地区

---

① 黄先海,卿陶.知识产权保护、贸易成本与出口企业创新[J].国际贸易问题,2021(7):21-36.

② 陈丽静,顾国达.技术创新、知识产权保护对中国进口商品结构的影响:基于1986—2007年时间序列数据的实证分析[J].国际贸易问题,2011(5):14-21.

③ 顾振华,沈瑶.知识产权保护、技术创新与技术转移:基于发展中国家的视角[J].产业经济研究,2015(3):64-73.

④ 顾振华,沈瑶.知识产权保护、技术创新与技术转移:基于全球价值链分工的视角[J].国际贸易问题,2015(3):86-97.

获取国际技术外溢的重要渠道,外商直接投资对中部地区的技术进步具有显著的促进作用。① 由此可见,知识产权保护、技术创新与技术转移之间存在复杂多元的关系。

另外,美国"337调查"对中国出口企业技术创新存在显著的正向影响。有学者基于亚太经合组织(OECD)技术分类标准分析发现,"337调查"对高技术企业的技术创新激励作用要大于中高和中低技术的企业;对1998年之后开业的新企业技术创新存在明显的激励作用,对1998年之前开业的老企业的激励作用没有新企业显著;对在华外资控股企业技术创新存在显著的激励作用,对本地中资企业技术创新的激励作用相对较弱。② 由此可见,美国"337调查"对中国企业技术创新的影响具有差异性。

第六节 知识产权保护、技术创新及其他

知识产权保护强度与科技、经济发展水平相适应是转变经济增长方式的条件,知识产权保护强度过高或过低都对技术创新和经济发展具有阻碍作用。知识产权保护制度及其保护强度对创新主体,尤其是不同类型和性质的企业、不同技术领域的产业以及不同区域的技术创新的促进作用基于相当复杂的条件。本节主要研究模仿技术创新、价值链嵌入、资本回报率、科技奖励、研发补贴、标准化、技术联盟以及商业秘密等因素对知识产权制度促进技术创新作用的影响。

一、基于模仿创新等因素的知识产权保护与技术创新

技术模仿是技术创新的"孪生兄弟",也是知识产权制度规制的重要对象。技术在价值链中的嵌入程度与技术创新紧密联系。资本回报率是技术创新获得融资的重要指标。因此,本部分重点分析技术模仿、价值链嵌入程度和资本回报率对技术创新的影响。

---

① 文豪,陈中峰.知识产权和国内技术转移对区域创新的影响:基于吸收国际技术转移的视角[J].经济经纬,2017,34(4):31-36.
② 庄子银,李宏武.贸易、知识产权与出口企业创新:基于美国337调查的实证分析[J].世界经济研究,2018(4):75-87.

(一)基于模仿创新的知识产权保护与技术创新

知识产权保护成本与技术创新能力及技术模仿能力关系密切。尹翔硕(2008)研究发现,在技术创新能力较弱时,如果对知识产权进行与其技术创新能力不适应的强保护,会导致政府的知识产权保护成本过高,甚至必然出现相应的知识产权侵权现象。[1] 杨武等(2006)认为,无论规模大小企业均应该充分运用知识产权制度保护其技术创新成果,而且技术创新者与技术模仿者在发明创造的成本、风险和收益等方面具有各自的竞争优势。[2] 代中强(2010)研究发现,提升知识产权保护实际强度,切实进行反垄断调查和保护是突破模仿创新模式锁定,实现从模仿创新向自主创新跨越的重要途径。[3] 彭纪生等(2003)基于模仿创新的内涵,分析了模仿创新模式与自主创新模式的关系以及模仿创新模式与知识产权保护强度的关系。[4] 祝树金等(2018)研究发现,提升行业知识产权保护强度可以促进出口二元边际增长,技术创新和技术模仿在其中发挥了重要的中介作用,其中技术创新比技术模仿发挥的中介作用更大;但是对不同要素密集型行业而言,知识产权保护强度的直接作用与间接作用存在差异。[5] 由此可见,在知识产权保护制度下,模仿创新与技术创新之间的关系非常复杂。

(二)基于价值链嵌入的知识产权保护与技术创新

价值链嵌入程度与企业技术创新水平密切相关,所以基于价值链嵌入视角研究知识产权保护与技术创新的关系非常重要。例如,高小龙等(2023)研究发现,如果全球价值链嵌入程度越高,则企业技术创新水平越高,但是逐渐提高知识产权保护强度,全球价值链嵌入程度对企业技术创新

---

[1] 尹翔硕.创新能力、模仿能力与知识产权保护中的执行成本:论 TRIPS 条件下发展中国家知识产权侵权的必然性[J].世界经济研究,2008(3):21-24.

[2] 杨武,王玲.知识产权保护下的技术创新者与模仿者竞争模型研究[J].科研管理,2006,27(4):48-52.

[3] 代中强.实际知识产权保护、模仿创新与自主创新[J].经济评论,2010(6):85-97.

[4] 彭纪生,刘伯军.模仿创新与知识产权保护[J].科学学研究,2003,21(4):423-427.

[5] 祝树金,段凡,李仁宇.本国知识产权保护如何影响出口边际:基于技术创新和技术模仿的中介效应分析[J].湖南大学学报(社会科学版),2018,32(6):45-53.

的促进作用会逐渐降低;提升知识产权保护强度对资本密集型企业、低融资约束企业、东部地区企业的全球价值链嵌入的正向技术创新外部性的削弱作用要分别小于劳动密集型企业、高融资约束企业、中西部地区企业;提升知识产权保护强度对企业全球价值链嵌入对技术创新的正向外部性影响存在"倒U型"关系;低于门槛值时,提升知识产权保护强度对企业全球价值链嵌入对技术创新的外部性存在正向促进作用;反之,则存在削弱作用。[①]由此可见,价值链嵌入程度对技术创新具有较为重要的影响。

(三)基于资本回报率的知识产权保护与技术创新

资本回报率是对前期研发投入效率和技术创新水平的检验,也是后期技术创新可持续发展的前提条件。杨君等(2023)研究发现,知识产权保护强度与资本回报率存在"倒U型"关系,在金融危机后这种关系更加显著,而且区域异质性不明显;知识产权保护强度主要基于技术交易机制对资本回报率产生影响,研发效率低下使得研发投入机制不显著,"创新假象"导致技术质量机制失效;中国已越过知识产权保护最优强度,对资本回报率产生了抑制效应。[②] 由此可见,资本回报率是影响知识产权保护制度激励技术创新的重要因素之一。

二、基于科技奖励、研发补贴的知识产权保护与企业技术创新

技术创新奖励机制和研发补贴政策是激励企业技术创新的重要机制,在对技术创新成果进行有效知识产权保护的前提下,充分运用科技奖励机制和研发补贴政策提升创新主体的技术创新能力非常重要。冯楚建等(2013)研究发现,知识产权保护制度和科技奖励制度在促进创新主体技术创新中发挥互补性的作用,协调推动技术创新。[③] 科技奖励制度属于非市场激励机制,知识产权保护制度属于市场激励机制。唐恒等(2014)研究发

---

① 高小龙,张志新,程凯,等.知识产权保护、全球价值链嵌入与技术创新的互动效应研究[J].宏观经济研究,2023(2):102-117.
② 杨君,肖明月,蒋墨冰.知识产权保护、技术创新与中国的资本回报率[J].科研管理,2023,44(2):137-145.
③ 冯楚建,李娜,唐恒.科技奖励与知识产权协同促进自主创新作用机制研究[J].科技进步与对策,2013,30(19):1-5.

现,科技奖励制度和知识产权保护制度属于科技政策的组成部分,在推动技术创新中发挥互补性和协调性作用。① 邢斐等(2020)研究发现,研发补贴政策可以通过缓解创新动力型市场失灵和融资约束型市场失灵促进企业技术创新;知识产权保护政策可以通过降低技术创新动力型市场失灵促进企业技术创新,但是难以缓解由融资约束引致的企业技术创新活动不足问题。② 张鸿武等(2016)研究发现,中国知识产权立法已达发达国家水平,但是执法水平不足;立法铺垫和执法缓慢强化提升了知识产权保护强度,对技术创新具有显著促进作用,但是研发补贴政策对技术创新的促进效应不明显。③ 彭福扬等(2012)研究发现,技术创新不仅是经济持续增长的核心动力,也是转变经济增长方式的重要途径;知识产权保护制度基于技术创新,间接影响经济增长方式。④ 可见,研发补贴制度作为激励技术创新的重要手段之一,与知识产权制度激励技术创新的机制存在差异。

三、基于标准化技术联盟等的知识产权保护与企业技术创新

建立标准化技术联盟和对商业秘密进行有效保护是企业技术创新的重要措施,基于标准化技术联盟和商业秘密视角做好知识产权保护对提升企业技术创新水平非常重要。李保红等(2007)研究发现,知识产权保护、技术创新与技术标准化具有动态性和复杂性:技术创新具有动态性、过程性及阶段性,标准制度和知识产权制度具有互补性,技术创新、知识产权保护和标准化存在"金三角"关系。⑤ 郭莉(2010)认为,知识产权与科技创新会影响

---

① 唐恒,冯楚建.知识产权视角下科技奖励推动自主创新的影响因素研究[J].中国科技论坛,2014(5):10-15.
② 邢斐,周泰云.研发补贴、知识产权保护与企业创新[J].中国科技论坛,2020(9):114-124.
③ 张鸿武,钟春平.知识产权保护还是 R&D 补贴?:提升中国工业技术创新能力的公共政策选择[J].东南学术,2016(2):55-67.
④ 彭福扬,彭民安,李丽纯.知识产权保护、技术创新与经济增长方式转变:基于我国区域面板数据的实证研究[J].科技进步与对策,2012,29(24):56-61.
⑤ 李保红,刘建设,吕廷杰.技术创新过程中的知识产权和标准化研究[J].中国科技论坛,2007(7):12-14,22.

科技成果的转化率。[①] 蒋玉宏等(2011)研究发现,技术创新联盟成员之间的知识产权利益冲突取决于其对成员的知识产权共享要求以及知识产权外部效应与其垄断属性的矛盾。[②] 技术创新联盟知识产权规则涉及知识产权的归属、获取和转让等。夏玉华(2015)研究发现,商业秘密可以成为有效保护技术创新的机制时,对初始技术创新应该实行宽专利保护制度,刺激创新信息披露;如果此时专利政策仍对创新保护不力,就应进行较为宽松的反垄断制度,并允许初始创新者和后续创新者建立同盟协议。[③] 和金生等(2006)研究发现,技术创新有助于促进反向工程与知识产权保护融合,这种融合又对技术创新具有促进作用。[④] 肖尤丹(2007)认为,知识产权信托制度为知识产权融资和成果转化提供特别路径,知识产权证券化融资手段和知识产权保险制度对技术创新产生较为明显的影响。[⑤] 李后建等(2014)研究发现,金融和知识产权保护协调发展推动技术创新效率提升,而金融市场化妨碍技术创新效率提升;知识产权保护强化金融发展对技术创新效率的提升作用,削弱金融市场化对技术创新效率的抑制作用,但作用程度不大。[⑥] 总之,标准化技术联盟措施和商业秘密制度对技术创新具有重要影响。

[①] 郭莉.科技创新与科技成果转化中的知识产权问题研究[J].科学管理研究,2010(2):119-122.

[②] 蒋玉宏,黄勇,江山.技术创新联盟的知识产权规则研究[J].中国科技论坛,2011(1):58-63.

[③] 夏玉华.累积性创新、知识产权保护策略与最优政策[J].科技进步与对策,2015,32(7):106-111.

[④] 和金生,王雪利.论反向工程、技术创新与知识产权保护的协同发展[J].软科学,2006(3):101-104.

[⑤] 肖尤丹.知识产权产业化金融支持制度研究:技术创新与金融创新的制度性融合[J].知识产权,2007(3):12-19.

[⑥] 李后建,张宗益.金融发展、知识产权保护与技术创新效率:金融市场化的作用[J].科研管理,2014,35(12):160-167.

第三章

科技自立自强下的专利制度与技术创新[*]

专利是重要的知识产权类型之一,技术创新也是创新的重要类型之一,所以"保护专利就是保护技术创新"和"加强专利法治保障,形成支持全面技术创新的基础制度"是对习近平总书记相关讲话和党的二十大相关精神在专利和技术创新领域的具体应用,也是现阶段中国处理专利与技术创新关系的基础。专利制度的产生、完善和发展过程均与技术创新关系密切。因此,研究科技自立自强背景下高效激励技术创新的专利制度及其运用,对全面深入贯彻习近平总书记相关讲话和党的二十大精神及发展新质生产力具有重要意义。

第一节 专利制度及其外部因素对技术创新的影响

在专利制度建立之前,技术创新就开始了。专利制度产生之后,与技术创新相互促进,联系紧密。专利制度从建立之初,就与技术创新、技术转移、市场竞争和权利垄断等联系密切。赵志耘等(2010)基于专利指标分析技术创新与经济周期的关系发现:技术创新是经济复苏的关键,是降低风险、维持经济增长的保障;专利制度与技术创新并不存在明确的线性因果关系;技术创新能力的提高和创新型国家的建立要求必须持续进行技术创新。[1] 不同类型知识产权对技术创新的影响机制存在差异。

---

* 本章第六节内容作者为乔永忠和魏欣;第七节内容作者为乔永忠和王卓琳。
[1] 赵志耘,郑佳.从专利分析走向看技术创新与经济周期的关系[J].中国软科学,2010(9):185-192.

一、专利制度运行对技术创新的影响

专利制度有利有弊,如何做到利大于弊,充分发挥专利保护制度的积极作用,鼓励开展技术创新,克服专利制度局限性,促进科技社会协调发展,对实现中国高水平科技自立自强非常重要。毛克盾(2016)认为,技术发展催生专利制度,并不断推动其完善;专利制度激励、促进技术创新,推动技术创新不断进步。[1]

(一)专利申请时机、审查行为、资助政策等对技术创新的影响

专利制度实现其对技术创新激励作用的关键在于其对产权的界定。[2] 技术创新按照其创新程度高低依次区分为纯粹模仿、创新模仿、模仿创新和原始创新阶段。专利保护制度影响技术创新行为的机制错综复杂,主要表现在以下四个方面。一是专利申请时机对技术创新的影响。如曹勇等(2018)研究发现,形成专利池前,申请专利的时机越晚越有助于企业技术创新绩效的提高;形成专利池后,申请专利的时机越早越有助于企业技术创新绩效的提高。[3] 二是专利审查行为对技术创新的影响。如文家春(2012)研究发现,专利审查质量、审查周期和审查费用对技术创新均有不同程度的影响,其中专利审查犯错率过高、审查周期过长、审查费用标准过低可能会抑制技术创新;专利审查系统内部存在审查质量与审查周期的相互影响;专利审查系统外部存在审查行为与技术创新的彼此循环影响。[4] 因此,专利行政管理部门在缓解审查积压专利申请时,为了在保持专利审查系统内部平衡基础上改善审查行为与技术创新之间循环回路的运行效应,应该及时调整审查费用标准,缩短审查周期,提高审查质量。三是政府财政资金资助专利费用的相关政策对技术创新的影响。如文家春等(2009)基于政府通过财

---

[1] 毛克盾.技术创新与专利制度互动关系的历史考察[J].理论月刊,2016(5):104-109.
[2] 郑友德,高华.论专利制度对创新的激励[J].科研管理,1999,20(3):69-74.
[3] 曹勇,程前,周蕊.专利申请时机对创新绩效的影响[J].科学学研究,2018,36(1):1914-1920.
[4] 文家春.专利审查行为对技术创新的影响机理研究[J].科学学研究,2012,30(6):848-855.

政资金实施专利费用资助政策影响技术创新的机制研究发现,政府资助科研项目产生的专利费用政策没有直接作用于技术创新本身,而专利制度运行绩效对其具有中介效应。① 四是专利侵权诉讼判决结果以及侵权损害赔偿数额或者模式对技术创新的影响。专利侵权诉讼判决结果在一定程度上反映了企业技术创新的合法性,对企业技术创新行为从特殊视角进行规范和引导。企业技术创新行为可能会引发新的社会关系与社会需求,或者改变原有的社会关系,所以专利侵权诉讼等行为应该通过合适的途径和方式克服法律的滞后性,适应社会和经济发展变化。因此,专利保护制度与企业技术创新不是单向的影响与被影响的关系,而是彼此影响与制约的复杂关系。② 专利经济价值较低、创新主体专利保护能力较弱和过多适用法定赔偿模式等因素导致中国专利侵权赔偿数额相对较低,尤其是法定赔偿模式对诉讼赔偿数额具有部分中介作用,所以严重影响了专利制度激励技术创新的作用力度。为了有效激励技术创新,通过加强研发投入、增加专利(经济)价值、提升创新主体的专利保护意识和保护能力以及完善侵权损害赔偿数额的计算方法等途径,提高创新主体的技术创新能力。③ 由此可见,专利相关行为对技术创新的影响具有复杂性。

(二)基于国家创新能力和国际竞争力的专利制度对技术创新的影响

专利制度在国家创新能力和国际竞争力角度对技术创新也产生一定的影响。如孙玉涛等(2009)基于专利指标测度国家创新能力视角,运用熵值法对中国与欧洲创新型国家的技术创新能力进行比较发现:国际专利可以作为测度国家技术创新能力的首选指标,建议中国借鉴欧洲国家的经济和科技发展路径,实现从"LL 模式"到"HL 模式"再到"HH 模式"的调整。④

---

① 文家春,朱雪忠.政府资助专利费用对我国技术创新的影响机理研究[J].科学学研究,2009,27(5):686-691.
② 肖冰,肖尤丹,许可.知识产权司法保护与企业创新的互动机制研究:基于专利侵权诉讼的分析[J].科研管理,2019,40(12):172-181.
③ 李晓桃,袁晓东.揭开专利侵权赔偿低的黑箱:激励创新视角[J].科研管理,2019,40(2):65-75.
④ 孙玉涛,刘凤朝,李滨.基于专利的中欧国家创新能力与发展模式比较[J].科学学研究,2009,27(3):439-444.

官建成等(2008)基于国际专利视角剖析中国国际专利的现状与差距,以国际专利为指标测度不同技术领域中国创新主体的技术创新能力强弱。[①] 唐春(2012)分析了国内外申请专利保护制度的设计要点和方案及其可行性,并认为国内外技术创新影响社会福利的程度存在差异,所以应对国内外技术创新成果采取不同类型的保护方式:对国外技术创新成果进行专利保护采取多边最惠国待遇原则下的一体化审查授权制度,同时用本国专利制度对国内技术创新成果进行本国专利保护。[②] 由此可见,国家创新能力和国际竞争力在专利制度影响技术创新的过程中发挥了一定的作用。

二、专利制度外部要素对技术创新的影响

专利制度影响技术创新,对技术创新主体拥有的专利权提供法律保护,为技术成果转化、专利技术交易、产业孵化等营造良好营商环境,合理配置技术创新过程中的各种技术和人力资源,有效促进知识传播和技术扩散,为吸引外资和引进技术提供政策支撑,可以在一定程度上降低技术创新过程中知识产权面临的风险。[③] 徐迎等(2013)基于技术创新规模、创新质量、创新效率与创新环境构建测度指标体系研究了专利与技术创新的关系。[④] 徐竹青(2004)研究发现,专利活动、技术创新与经济发展三者关系密切,增加技术创新投入、提高专利水平对经济发展具有显著影响。[⑤] 专利制度的外部要素主要在以下三个方面影响技术创新。

(一)基于研发投入的专利制度对技术创新的影响

研发投入资源对专利制度促进技术创新投入产出具有重要作用。高效的技术创新投入政策机制对资源相对短缺的发展中国家具有特别意义。中国技术创新投入产出弹性较高,专利保护制度对研发投入的产出弹性低于

---

① 官建成,王刚波.国际专利视角的创新型国家特征比较[J].中国科技论坛,2008(4):134-139.
② 唐春.基于区分国内外创新的专利制度设计研究[J].科研管理,2012,33(2):70-78.
③ 王锋.论专利制度对技术创新的激励作用[J].科技进步与对策,1999,16(3):62-64.
④ 徐迎,张薇.专利与技术创新的关系研究[J].图书情报工作,2013,57(19):75-80.
⑤ 徐竹青.专利、技术创新与经济增长:理论与实证[J].科技管理研究,2004,24(5):109-111.

其对科学家和工程师的产出弹性,所以应该充分利用专利保护制度,提升创新主体的技术创新能力。另外,研发投入补贴政策对专利制度促进战略性技术创新作用具有重要影响。牛君等(2010)认为,企业技术创新能力和国际市场核心竞争力对提升国家技术创新能力和核心竞争力非常重要,所以可以运用专利指标信息测度企业等的技术创新能力。[①]

(二)基于税收政策的专利制度对技术创新的影响

与专利相关的税收优惠政策是激励技术创新的重要途径之一。专利盒制度对企业技术创新具有重要的激励作用。首先,专利盒制度通过降低企业税收、促进专利运用取得较好的政策效果,成为激励企业技术创新的重要路径之一,但是该制度可能存在滥用降税优惠政策等缺陷。英国专利盒制度有效降低了企业专利交易税收负担,但是受益主体集中在大型跨国企业。[②] 其次,关于专利盒制度对研发税收激励的影响存在不同观点。曹越等(2019)基于欧洲2008—2017年企业面板数据研究专利盒制度对企业技术创新参与意愿及研发水平影响的研究显示,专利盒制度能够显著促进有研发的企业的研发投入,对无研发的企业参与研发的意愿有正向影响,但是不明显;对行业和企业研发水平的影响具有异质性:对制造业和批发零售业企业研发水平具有显著促进作用,对信息通讯行业等企业研发支出没有影响。[③] 由此可见,专利盒制度对技术创新具有一定的促进作用,但是影响机制比较复杂。

(三)基于企业家精神的专利制度对技术创新的影响

企业家精神是指企业家为实现其创业理想和愿景而在创业过程中表现出来的积极精神状态、行为特征和心理素质。创新精神在企业家实现理想和获得荣誉过程中通常发挥非常重要的作用。企业家精神中的创新内核对

---

① 牛君,韩民春.R&D补贴、专利行为与战略性自主创新政策[J].科技进步与对策,2010,27(2):89-92.
② 肖冰,何丽敏,许可."创新之策"或"避税之道":英国"专利盒"政策实践与启示[J].科研管理,2021,42(1):113-123.
③ 曹越,赵书博,王琼琼.专利盒制度对企业创新的激励效应研究[J].财政研究,2019(4):119-131.

技术创新具有重要影响。杨以文等(2017)研究发现,中国企业虽然拥有大量的专利,却不能创造出数量可观的含有技术创新的新产品,其关键在于企业领导者缺失企业家精神;企业家精神缺失与政府专利政策导向使得中国企业形成"专利偏好":重视专利数量但是不重视专利质量;缺少专利相关资源优化整合动力,使其缺少将专利转化为新产品的驱动力。① 因此,重视企业家精神对促进技术创新具有重要影响。

技术创新对象不断扩展延伸了专利保护客体的范围;研发投入及其回收周期的增加延长了专利保护期限。② 万志前等(2008)认为,促进技术创新的生态化应该以专利制度的生态化为前提;专利制度的发展与完善应该遵循环境友好原则,有效促进技术研发、专利申请和审查以及专利技术实施的生态化,并构建生态专利的技术扩散与共享机制。③ 专利制度促进技术创新,但是因为专利制度授予技术创新成果的独占垄断性在某种程度上抑制了技术扩散,所以专利制度抑制技术创新的负效应需要引起决策者的关注。④ 专利制度是促进技术创新与经济发展的关键机制,对技术创新具有明确产权、增加垄断收益、加速技术扩散、降低交易成本等重要作用,同时也有可能因为专利权的过度保护而存在权利扩张、"专利丛林"和权利滥用等负面效应。保护并激励技术创新的需求催生了专利制度的产生和发展,专利制度对技术创新不仅可能发挥促进作用,也有可能会起到阻碍作用。⑤ 因此,在依法保护专利技术时,应对专利权利适用范围进行适当限制,⑥ 如依法适用、合理适用和权利例外等制度,不仅有利于维护公平正义和公共利益,提升创新主体的技术创新能力,而且有利于促进国家科技和经济发展。

---

① 杨以文,周勤,李卫红.专利与创新:偏好、困境与陷阱[J].经济与管理研究,2017,38(10):71-81.
② 陈曦.论技术创新与专利制度的辩证关系[J].知识产权,2019(4):80-88.
③ 万志前,郑友德.论生态技术创新的专利制度安排[J].科技与法律,2008(5):10-14.
④ 饶睿.专利制度对技术创新扩散的负效应研究[J].科技管理研究,2009,29(5):398-400.
⑤ 陈曦.论技术创新与专利制度的辩证关系[J].知识产权,2019(4):80-88.
⑥ 郑友德,高华.论专利制度对创新的激励[J].科研管理,1999,20(3):69-74.

第二节　最优专利制度与技术创新

最优专利制度主要是指在促进技术创新方面能够发挥最优激励作用的专利制度。首先，最优专利制度是一个理想状态，需要随着其适用条件的变化而进行调整。研究显示，随着行业或者产业技术创新效率的提升，最优专利保护期限需要相应延长，但是当行业或者产业技术创新效率达到最大值后开始趋于降低的现象出现时，就应该根据行业或者产业的技术特征，特别是行业或者产业技术创新效率变化情况，分别设定特别机制采用差异化的专利保护期限，以便对技术创新成果进行差异化的最优保护。[①] 专利制度的早期研究中所依据的条件是信息对称，假设有关专利技术的相同信息被创新主体与政府决策者所知悉，政府相关机构就可以通过制定技术创新奖励和拍卖等制度促进技术创新。其次，最优专利制度通过调整专利保护的长度、宽度和强度优化其对技术创新的激励作用。具体而言，专利法定保护时间、专利保护范围和专利保护（立法、司法和执法）强度都对技术创新具有较大影响。深入研究专利保护的长度、宽度和强度对技术创新的影响机制，对实现中国高水平科技自立自强非常重要。

一、专利保护长度与技术创新

专利保护长度是指根据专利法规定，对专利技术进行保护的最大限度的法定期限（年）。绝大多数国家或者地区的专利法规定，（发明）专利法定保护期为20年（自申请之日起算），即专利保护长度为20年。其理论依据在于：当技术创新与社会福利损失边际相等时，专利长度最优，并且保护期限长度有限；理论上固定专利保护期限并不最优，但是技术创新风险、重大发明、不完全市场及"周边发明"等要求更长的专利期限。[②] 研究专利保护的最优长度对优化专利制度、促进技术创新具有重要价值。

[①] 董雪兵,王争.R&D风险、创新环境与软件最优专利期限研究[J].经济研究,2007(9):112-120.

[②] 薛卫,雷家骕.创新激励、市场垄断与专利的理论评述[J].科学学与科学技术管理,2008,28(6):50-55.

(一)专利长度影响技术创新的文献综述

为了更好地激励技术创新,国内外学者对专利长度与技术创新的关系进行了大量研究。Scherer(1972)基于发明概率函数分析研发投入与技术创新的关系,假设非重大发明中研发投入只影响生产成本,所以在专利法定保护期限范围内专利权人的折现收益函数呈现线性关系;由发明概率与折现收益最大距离决定的专利长度是最优专利长度;改变专利长度使折现收益函数移动能够调整创新主体基于专利的垄断收益,所以专利最优长度理论可以为政府制定技术创新政策提供依据。[1] Nordhaus(1972)假设基于研发投入的技术创新一定会产生或者取得专利,进而分析专利长度对技术创新的影响。[2] 实际上所有创新主体的研发投入都有可能失败,所以研发投入竞争会通过改变技术创新进展而影响最优的专利保护长度。Kamien、Schwartz(1975)基于研发投入竞争与专利保护长度的关系,假设研发竞争优势可能会导致胜者获得过多收益,竞争者通过研发投入首先获得专利授权达到占领整个技术市场目的,从而增加研发投入强度,缩短技术创新周期,所以在预期技术创新收益不变条件下,创新主体就会尽量延长专利长度以便提升激励作用。[3] 不过这个结论是建立在创新主体取得专利授权后就会停止技术创新的假设基础上的,且该假设是有争议的,[4]授权专利应该会进一步激励技术创新,形成连续创新或者累计创新,产生系列专利。[5] 由此可见,专利长度对技术创新的影响很早就引起了学者的关注。

---

[1] SCHERER F M. Nordhaus' theory of optimal patent life: a geometric reinterpretation[J]. The American economic review, 1972, 62(3): 422-427.
[2] NORDHAUS W D. The optimal life of a patent: reply[J]. The American economic review, 1972, 62(3): 428-431.
[3] KAMIEN M I, SCHWARTZ N L. Market structure and innovation: a survey[J]. Journal of economic literature, 1975, 13(1): 1-37.
[4] LAWRENCE M D. Market structure, innovation and optimal patent life[J]. Journal of law and economics, 1985, 28(1): 223-244.
[5] MORTON I K, NANCY L S. Patent life and R&D rivalry[J]. The American economic review, 1974, 64(1): 183-187.

(二)专利长度对后续技术创新的影响

技术创新初期获得的专利对通过技术创新获得的后续专利具有重要的基础价值。在发明创造阶段,创新主体之间存在研发竞争,尤其是在申请专利之前。政府和创新主体的关系对专利申请、保护和运用都有较大的影响,在专利法规定的前提下,政府通过制定和完善相关政策影响创新主体对专利的实际维持期限。因此,政府通过政策可以影响创新主体对专利长度的选择区间,该区间最大值是企业反应函数与社会等效率曲线的切点决定的专利期限。① 专利保护长度超过最佳长度后会增加专利制度引起的社会福利的净损失,建议结合专利实施、转让等和强制许可信息,以及专利保护长度和专利技术许可费用信息,并假设线性需求和边际成本不变,便可以得出最优专利长度是无限的结论。② 因为专利强制许可被引进后,创新主体可以用专利许可费作为代价将创新技术转移给其他企业,有效降低专利垄断带来的社会损失。使用专利技术的创新主体增加可能使市场竞争更加激烈,使得专利产品价格与完全竞争市场价格更加接近,从而减少社会福利的损失。③ 由此可见,专利长度基于保护时间长短视角对技术创新的回报产生影响。

(三)专利法定保护长度与实际保护长度对技术创新的影响

通过不同理论假设可能得出关于最优专利长度的不同结论,但在司法实践中,世界各国政府基本都根据本国专利法实施法定的固定专利保护期限。固定时间的法定专利期限可能会对低生产率创新主体的研发投入产生激励过度作用,对高生产率创新主体研发投入激励不足。④ 为了解决专利保护固定长度对不同生产效率类型创新主体的激励作用偏差,现代专利制

---

① LAWRENCE M, DEBROCK. Market structure, innovation and optimal patent life [J]. Journal of law and economics, 1985, 28(1): 223-244.

② TANDON P. Optimal patents with compulsory licensing [J]. The journal of political economy, 1982, 90(3): 470-486.

③ 薛卫,雷家骕.创新激励、市场垄断与专利的理论评述[J].科学学与科学技术管理,2008,28(6):50-55.

④ CORNELLI F, SCHANKERMAN M. Patent renewals and R&D incentives [J]. The RAND journal of economics, 1999, 30(2): 197-213.

度采用了基于专利年费机制的维持制度,即专利权人可以根据专利收益和专利成本(主要是专利年费)权衡专利的有效维持时间,即专利的实际长度,从而实现了专利长度差别化,有效促进了不同生产效率和不同技术领域创新主体的技术创新。学者从不同角度分析了专利维持制度对技术创新的影响。[①] 刘春林等(2004)基于专利保护期限变量分析专利法定保护期和实际保护期限对创新主体的专利收益以及由技术扩散和传播所引发的社会收益的影响。[②] 总之,专利法定保护长度是对最长保护期限的控制,现实中大多数专利保护期限是无法达到最长专利保护期限的。

另外,技术创新异质化、信息不对称状态是专利制度运行的实际环境。异质化背景下技术创新产生的未公开的私人信息导致技术创新产生了信息不对称;信息不对称状态下,专利最优长度不确定,可能是无限长度(法定保护期导致其不可能达到最优保护期),也可能是有限长度。[③] 根据一般均衡动态理论,持续技术创新背景下的专利最优长度为无限专利长度是社会的最优选择,有限专利长度会造成技术创新投资的波动。[④] 但是实际的专利制度运行中,专利的实际长度是由市场等综合因素决定的。

二、专利保护宽度与技术创新

专利保护宽度通常被认为是专利法对技术进行保护的客体范围,即专利法保护什么,不保护什么,是专利保护强度的指标之一。基于专利最优保护模型分析专利保护宽度影响技术创新收益大小和社会福利损失程度发现,特定国家或者地区最优专利宽度因为其市场规模和技术创新能力不同而呈现差异。如果将专利保护宽度扩大,虽然会使技术领先国家增加技术创新的海外收益,但是可能对全球社会福利造成损失;全球社会福利最大化

[①] SCOTCHMER S. On the optimality of patent renewal system[J]. The RAND journal of economics, 1999, 30(2): 181-196; CORNELLI F, SCHANKERMAN M. Patent renewals and R&D incentives[J]. The RAND journal of economics, 1999, 30(2): 197-213.

[②] 刘春林,彭纪生.基于专利期限的技术创新激励模型研究[J].科研管理,2004,25(1):29-33.

[③] HUGO A H, MATTHEW F M. Innovation variety and patent breadth[J]. The RAND journal of economics, 2001, 32(1): 152-166.

[④] JUDD K L. On the performance of patents[J]. Econometrica, 1985, 53(3): 567-586.

的专利保护宽度的稳定状态处于各国专利保护宽度的最优值之间。① 技术创新是连续累积创新的过程,单一创新或者两阶段累积创新都无法准确反映创新的真实特点。在连续技术创新过程中,先期技术创新者也可能从事后续技术创新,专利保护宽度研究重点从两阶段累积创新收益分配转变为在连续技术创新下创新者激励最大化的实现。

(一)专利保护宽度影响后续技术创新的机制

连续技术创新过程中后续技术创新通常以先期技术创新为基础。先期技术创新对后续技术创新存在正外部性:先期技术创新可能是后续技术创新成功的基础,可能会降低后续技术创新成本或减少研发时间,所以在两阶段创新假设下,关键是创新激励和创新收益分割。Scotchmer(1991)根据创新主体对后续创新是否引入事前协议和事后许可问题,研究了两阶段创新的专利保护问题。首先是事后许可(后续创新实现)问题。宽范围专利保护下,后续技术创新者既面临侵权诉讼风险,又面临弥补研发成本压力,谈判能力受到约束,所以事后许可会产生对先期创新者的过度激励和对后续创新者的激励不足;窄范围专利保护下,可能不会发生这种情况。假设后续技术创新通常是先期技术创新的高质量替代品,那么先期创新者在市场竞争中失败概率较高,难以弥补研发成本。② 总而言之,宽范围专利保护制度可能会抑制后续创新者技术创新的积极性,窄范围专利保护制度可能促使先期创新者采用商业机密保护其技术创新,延缓技术创新的信息流动效应。

(二)专利保护宽度和保护长度的互补性

专利保护长度在时间长度层面决定了合作技术创新过程中创新者的收益,专利保护宽度在收益大小层面决定了技术创新过程中创新者的收益分配额度。③ 技术创新过程可以由不同创新主体相互配合实现。如果反垄断法允许创新主体就技术创新达成事前协议,专利保护宽度的增加可能有助

---

① 赵旭梅.专利保护宽度的国际趋同与创新博弈[J].科研管理,2015,36(9):128-133.
② SCOTCHMER S. Standing on the shoulders of giants: cumulative research and the patent law[J]. The journal of economic perspectives,1991,5(1):29-41.
③ JERRY R G,SCOTCHMER S. On the division of profit in sequential innovation[J]. The RAND journal of economics,1991,5(1):20-33.

于创新主体就技术创新达成事前协议,但是如果专利保护宽度过宽将提高先期创新主体就技术创新的谈判能力,削弱后续创新主体投资的积极性。创新主体之间存在信息不对称时,创新主体筛选及创新项目评估都面临风险。技术创新的复杂性可能使多个创新主体参与许可合同谈判,使交易成本成为能否签订许可合同的关键。① 总之,专利保护宽度和保护长度作为专利制度保护技术创新的二维变量,在激励技术创新方面具有互补性。

(三)专利保护的不同宽度对技术创新的影响

无限期累积创新是指技术创新由无限期限制的阶段组成,对其进行专利保护非常重要。② 有学者以产品质量提升幅度为标准,将专利保护宽度划分为约束模仿创新的滞后宽度和约束品质提升的领先宽度。专利制度仅提供滞后宽度保护会造成创新主体要么投资过度,要么投资不足;窄滞后度保护下,技术模仿行为会削弱创新主体的创新收益,使创新投资不足;宽滞后保护下,更多的创新主体获得垄断利润,从社会福利角度看会造成过度投资的资源浪费。最优的技术创新模式是依据本国实际技术创新水平与引进技术水平的差距,实施区域差异化的专利保护宽度政策。技术创新水平差距较小的领域适当扩大专利保护宽度,主要运用技术许可模式吸引外部技术转移和转化;技术水平差距较大的领域适当缩小专利保护宽度并运用研发补贴等方式作为辅助,在以直接投资等方式吸引外部技术的同时,鼓励和引导技术创新主体加大研发力度,促进技术创新。③ 由此可见,专利保护的宽窄程度对技术创新的促进作用值得进一步研究。

---

① NANCY T G. The economics of patents: lessons from recent U.S. patent reform[J]. The journal of economic perspectives,2002,16(2):131-154.
② O'DONOGHUE T,SCOTCHMER S,THISSE J F. Patent breadth, patent life, and the pace of technological progress[J]. Journal of economics & management strategy,1998,7(1):1-32.
③ 贺京同,冯尧,徐璐.创新模式、技术引进策略与差别化专利宽度[J].南开经济研究,2011(6):94-108.

(四)基于侵权概率的专利保护宽度对技术创新的影响

创新产生的技术信息会影响创新主体的技术创新能力。① 连续技术创新产生的技术私人信息往往不确定,即专利权人仅仅知道提高后续技术创新质量的分布函数,或者技术创新被判定是否侵权的可能性不确定。如果专利保护宽度较大,则后续技术创新被判定为专利侵权的概率较大。如果专利侵权指控成立,需要承担的费用包括专利权人的相关损失和诉讼费用。如果被侵权人需要继续使用相关专利,还需要向专利权人缴纳相应的专利许可费。后续技术创新主体的最优选择一般是同意专利权人基于原有技术创新相关专利的许可协议,从而合法地进入市场,在许可状态下使用专利。另外,专利保护的最优宽度应该使得后续专利许可下的初始专利期望许可价格等于诱使厂商进行初始研发的临界价格。该专利宽度水平不但可以激励初始技术创新,而且可以限制前续专利许可价格和后续专利许可期望价格,缓解专利许可收费扭曲后续创新决策。②

三、专利保护强度与技术创新

专利保护强度与科学发展、技术研发及技术扩散密切相关,对技术创新体系也具有重要影响。适度的专利保护强度是国家技术创新系统高效运行的关键基础。基础技术创新的专利保护具有特殊性,③对其产生的专利实施宽保护说明对基础技术创新中的思想和观念等的延伸进行强保护,可能会抑制技术创新信息传播。基础技术创新一般需要的研发投入较大,如果进行专利保护的范围较窄可能不利于其回收投资,更是难以激励进一步的技术创新。这种情况下,在专利法定保护期限内针对基础技术创新授予专利权人更多的排他性垄断权,或者说实施保护范围相对较宽的专利保护政策,不仅对专利技术信息的披露有利,而且可以较好地激励基础技术创新。邓雨亭等(2021)研究发现,专利保护强度整体与经济发展水平、技术扩散速

---

① LIOBET G. Patent litigation when innovation is cumulative[J]. International journal of industrial organization, 2003, 21(8): 1135-1157.
② 刘小鲁.序贯创新、创新阻塞与最优专利宽度[J].科学学研究,2011,32(4):619-626.
③ MATUTES G, REGIBEAU P, ROCKETT K. Optimal patent design and the diffusion of innovations[J]. The RAND journal of economics, 1996, 27(1): 60-83.

度和基础科学研究能力都呈正相关;中低收入国家因为国际贸易地位和国内市场竞争压力的影响,通常会适用保护强度偏高的专利制度;提升国家综合实力有助于推动中高收入国家从专利制度的被动适应过渡到主动运用的阶段;当经济发展和科技进步达到特定高度时,专利保护制度的重要作用会由增加社会福利向保护与激励技术创新转变,最终推动经济、科技和社会的协调发展。① 专利保护强度对技术创新的影响主要体现在以下六个方面。

(一)专利保护强度对不同领域技术创新的促进作用存在差异

专利保护制度对不同产业,甚至同一产业链条不同位置的企业技术创新的激励作用存在差异。不同科技、经济和法治发展阶段国家的专利保护强度对技术创新的影响存在差别。在生技医药产业、智能制造和新一代信息技术等新兴产业快速发展的背景下,专利保护制度如何有效平衡激励技术创新和增加社会福利,将成为其未来相当长时间面临的挑战。② 就不同产业技术、技术创新类型和产业发展阶段而言,专利制度促进其技术创新的作用存在差异。专利保护强度高低取决于科技、经济和社会开放程度以及创新体制机制等各方面的因素,但是最优的技术创新激励机制应当是国家战略、市场机制和科技政策工具混合的互补系统。③ 例如,Goh等(2002)认为,对生产消费产品下游部门的专利保护强度增加会降低生产中间产品上游部门的技术创新速度,上游产品部门的生产增长率与下游部门的技术专利宽度负相关。原因是如果下游产品适用的专利保护强度增加,下游产品产量可能会被控制在垄断区间,从而减少其对上游产品的需求。此时对上游产品部门的关键技术创新应该强化专利保护强度,并降低下游产品部门的专利保护强度。④ 可见,专利保护强度对不同技术领域或者不同部门的技术创新促进作用具有差异性。

---

① 邓雨亭,李黎明.面向国家创新体系的专利保护强度影响因素研究[J].科学学研究,2021,39(7):1229-1238.
② 曹勇,胡欢欢.专利保护与企业自主创新之间的联动关系探讨[J].情报杂志,2009,28(4):18-22.
③ 周芳.专利制度对于创新作用的研究综述[J].科技管理研究,2014,34(2):154-158.
④ GOH A T, OLIVIER J. Optimal patent protection in a two-sector economy[J]. International economic review,2002,43(4):1191-1214.

(二)不同阶段《专利法》的保护强度差异对技术创新的影响不同

中国不同时期修订后的《专利法》因为其保护强度有所变化,进而对技术创新也产生了不同的影响。作为激励技术创新的基本工具,中国《专利法》对所有产业或者行业都是一视同仁,但是为了促进特定产业优先发展,如何重视特定技术领域的专利保护,确保特定技术领域专利保护强度适合技术发展实际水平,值得重点研究。因此,在发展潜力巨大的特定技术领域建立更严格的保护机制,政府根据实际情况实施特定的产业专利技术保护政策,是调整专利保护强度的重要措施。在专利保护强度较低的环境下,技术模仿可能相对容易,专利侵权活动相对容易发生,即专利权人相互模仿技术,相互侵犯专利权的成本相对较低。尤其是低水平技术创新的专利权人相互模仿是专利保护强度不足条件下的常见现象。研究不同水平技术创新主体对专利技术的模仿行为,为基于专利权人行为研究技术创新交互机制提供新的视角。不过,叶静怡等(2006)利用1989—2003年期间的时间序列数据和1995—2003年期间的动态面板数据研究了中国两次《专利法》修改对技术创新的激励效应发现:第二次《专利法》修改主要以"产权变革"为特征,对企业发明创造边际产出具有显著促进作用,激励了高新技术产业的技术创新活动;国有企业对中国技术创新产出的贡献率相对较低,外资企业对中国技术创新产出的贡献率呈现明显的正向效应。[①] 吴欣望等(2006)研究发现,加入世界贸易组织(WTO)后中国专利保护强度的提升使得创新主体申请专利的倾向大幅度增加;但是加入世界贸易组织提升专利保护强度,抑制了中国的研发投入。[②] 这种现象表明对开放竞争下的发展中国家而言,专利保护强度提升不一定必然激励研发投入的增加。

(三)专利保护强度有效激励技术创新需要满足的时空条件

专利保护强度应该与特定国家或者地区科技、经济和社会发展水平相一致,否则会对技术创新产生阻碍作用。传统理论认为,提升专利保护强度

[①] 叶静怡,宋芳.中国专利制度变革引致的创新效果研究[J].经济科学,2006,28(6):86-96.

[②] 吴欣望,陶世隆,刘京军.强化专利保护影响技术创新的实证分析[J].经济评论,2006(5):53-58.

有利于发达国家的技术创新和经济增长,但是对以技术模仿为主的发展中国家的技术创新和经济增长不利。但是也有文献发现,专利保护强度过高可能会阻碍后续技术创新,对发达国家的技术创新也产生抑制作用;适度的专利保护强度不仅有助于促进技术从发达国家向发展中国家转移,而且对发展中国家技术创新能力的提升也有促进作用。① 例如,陈雁等(2018)基于反公地悲剧理论分析了专利保护强度过高对发展中国家的技术创新的影响,并认为发达国家在其处于不发达的发展阶段时,对专利保护制度的实施并不是很严格,通常采用专利保护强度较弱的制度,当本国经济和科技发展水平领先时提高其专利保护强度,所以发展中国家的专利保护强度应根据本国经济和科技发展水平调整其专利保护强度的强弱。② 因此,知识产权保护强度对技术创新的激励作用要根据实际条件确定。

（四）专利保护强度影响技术创新的机制存在差异

专利保护强度影响技术创新的机理相当复杂。邢斐(2009)研究发现,加大专利保护强度,企业研发投入下降,原因可能是企业技术创新能力整体无法进行高水平的技术创新,专利强保护政策难以激励研发投入的提升;但是专利申请数量不降反升,可能的原因是专利保护强度增加有助于企业知识产权意识提升,可能为其形成专利组合或者联盟在累积技术创新背景下应对竞争对手的专利要挟或者基于本身的专利技术优势向竞争企业获得其他收益。③ 假设专利技术没有得到完全保护,那么对专利权人的后续技术创新行为会有什么影响？按技术创新水平可以将专利权人划分为高技术创新水平的专利权人和低技术创新水平的专利权人。具有低水平技术创新能力的专利权人被激励去模仿具有高水平技术创新的专利。这一方面降低了具有高水平技术创新能力的专利权人利益;另一方面也阻止了具有低水平技术创新能力的专利权人进行独立研究和技术创新的动力。因为专利权没有被完全进行保护,拥有高水平技术的专利权人和拥有低水平技术的专利

---

① 徐朝阳.专利制度与创新:争论及进展[J].经济社会体制比较,2009(1):186-191.
② 陈雁,张海丰.专利保护强度与发展中国家的技术创新:理论、历史与逻辑[J].管理学刊,2018(4):10-16.
③ 邢斐.加强专利保护对我国创新活动影响的实证研究[J].科学学研究,2009,27(10):1495-1499.

权人都会觉得他们从专利中获得的利益相对较低,所以放弃专利权的动机相对较高。

(五)专利保护的最优强度需要根据区域实际情况确定

专利保护强度超过特定国家或者地区的科技、经济和社会发展水平所需的要求,不利于技术创新发展。有学者认为,专利制度长期以来被视为促进技术创新热情、鼓励创新投入的最佳制度,然而随着专利制度日趋强势,越来越多的学者对此提出了质疑,认为过于严厉的专利制度不仅会阻碍技术创新,而且不利于经济增长;温和的专利制度,并辅之以公共资助、政府奖励以及专利买断制度会使创新激励制度更为有效。① 低水平技术创新能力的创新主体申请的专利价值一般低于高水平技术创新主体的专利价值,反映了不同类型创新主体因其技术优势产生的专利技术差距。这主要是因为低水平技术创新主体更有动机模仿高水平技术创新主体拥有的专利,尤其是在专利保护强度不足,技术创新成果没有得到充分保护的情况下,这种情况很容易发生。如果技术容易被模仿,那么低水平技术创新就容易忽视自身专利技术的内在价值及其发展的潜力,反过来模仿高水平技术创新主体拥有的专利技术,以便获得更多的创新收益,使得高水平技术创新主体的专利利益部分被低水平技术创新主体占有。通过对预期专利垄断利益和专利维持成本的比较可以发现,不同技术创新水平的创新主体持有的专利价值各自存在其应有的意义,为后续技术创新发挥不同的基础作用。②

(六)专利保护强度对技术创新的影响受技术模仿水平制约

在专利保护强度不足的情况下,模仿技术创新水平较高的专利技术是获得技术发展的捷径,大多数低水平技术创新主体没有动力进行独立研究以获得更强的技术创新能力。虽然低水平技术创新拥有比它看起来更高的内部价值,但是专利维持时间并没有过长,潜在价值也没有实现。低水平技术创新主体的短期创新效益高于独立技术创新效益,由于技术市场从垄断

---

① 梁玲玲,陈松.过于严厉的专利制度不利于创新:基于国外文献的综述[J].科研管理,2011,32(10):104-108,160.

② ZENG J, ZHANG J, FUNG M. Patents and price regulation in an R&D growth model[J]. Macroeconomic dynamics, 2014,18(1):1-22.

转向寡头垄断，创新产出扩大，所以社会总福利水平有所提高。然而，专利保护强度不足的技术创新制度长远阻碍创新主体独立技术创新的动机，所以难以提高低水平技术创新主体的创新能力，不利于整体技术创新发展。为了提高低水平技术创新主体的创新能力，有必要挑战专利保护强度。这种做法可能会降低低水平技术创新主体的创新利益，增加高水平技术创新主体的创新利益，Chen、Puttitanun（2005）的研究成果为此提供了有力的证据。① 因此，中国通过修改专利法、出台专利政策等措施，不断调整专利保护强度，为提升创新主体的技术创新能力发挥了巨大的作用。

四、最优专利制度激励技术创新的机制

专利保护的长度、宽度和强度是研究最优专利制度的三个维度。基于国际科技经济的发展和国际条约的建立，各个国家或者地区专利保护长度、宽度和强度趋同表现为专利保护期限、范围和强度收敛于稳定状态，并呈现不断扩张趋势。

（一）最优专利制度中宽度与长度的相关假设及关系

为了提高研究结论的准确性，Klemperer（1990）提出应同时考虑专利保护的宽度和长度的三个假设：(1)专利保护宽度假设：专利保护宽度是指专利产品与竞争产品的最小距离，即专利产品与竞争产品差异化最低程度；(2)社会福利损失假设：消费者放弃专利产品而消费非专利产品的转换成本以及消费者不进行消费的福利损失；(3)消费者假设：所有消费者都偏好专利产品，但是产品需求和转换成本不同。另外，假设专利保护长度和宽度存在互补关系：一是无限期、窄专利是最优选择，因窄专利使权利人的低价格行为避免竞争者模仿并吸引消费者，而无限期长度则可以弥补由于创新产品单位收益降低带来的损失；二是有限、宽专利是最优选择，因为宽专利提升了专利权人的垄断力，但是垄断可以通过有限专利长度抑制。②

---

① CHEN Y, PUTTITANUN T. Intellectual property rights and innovation in developing countries[J]. Journal of development economics，2005，78(2)：474-493.

② KLEMPERER P. How broad should the scope of patent protection be[J]. The RAND journal of economics，1990，21(1)：113-130.

（二）最优专利制度与专利保护长度、宽度和强度的最优

除了技术模仿行为,市场竞争结构会对专利保护制度促进技术创新产生影响。例如,Denicolo(1996)认为,市场竞争效率越高,专利保护最优宽度越窄且长度越长;反之,专利保护最优宽度越宽且长度越短。专利要考虑市场竞争结构,尤其要考虑需求弹性:需求弹性大倾向于宽保护,否则倾向于窄保护。① 文礼朋等(2007)认为,随着技术进步速度加快,累积创新成为技术创新常态,提升专利保护强度可能对技术进步产生抑制作用;发展中国家通常进行更多的后续技术创新,缺少突破性技术创新,所以专利保护宽度较窄的保护模式更有利于提升其技术创新能力。② 李敏等(2009)在考虑利率贴现和市场初始容量等因素背景下研究了持续技术创新中最优专利宽度和长度,提出了制定和实施保护短期限和宽范围专利政策建议。③ 事实上,最优专利制度是专利长度、宽度和强度相互协调的最优,而不是某一个保护维度的最优。

（三）基于专利保护长度、宽度和高度的最优专利制度受其他条件制约

技术创新风险和环境与保护长度、宽度和高度三维最优专利制度具有复杂的关系。从专利保护长度、宽度和高度三个维度分析最优专利制度对连续技术创新的影响发现,最优专利制度具有动态性,随着技术创新环境和政策制度的变化应该适度调整,而不是一成不变;新兴技术产业的最优专利制度发展方向应该是保护期限较长、保护范围较宽和保护强度较高的组合;最优专利制度应该适度调整专利长度、专利宽度和专利高度的相互融合。④

---

① Vincenzo D. Patent races and optimal patent breadth and length[J]. The journal of industrial economics,1996,44(3):249-265.
② 文礼朋,郭熙保.专利保护与技术创新关系的再思考[J].经济社会体制比较,2007(6):133-139.
③ 李敏,刘和东.持续创新中最优专利长度与宽度设计[J].科技进步与对策,2009,26(22):46-48.
④ 李敏,刘和东.创新风险、创新环境与三维最优专利制度设计[J].科技进步与对策,2009,26(20):106-110.

吴志鹏等(2003)认为,专利制度激励技术创新机制作用需要从专利保护的长度、宽度和高度三个维度进行考察。① 毛昊(2016)认为,创新驱动发展过程中的最优专利制度的设置应该基于国家制度特征、市场运行规律和制度政策有效性等方面考虑选择专利长度、专利宽度和专利强度的水平;不仅需要研究专利制度及政策制定和完善的司法实践和政策实施绩效,而且需要合理解释实施专利制度的市场规律和最优绩效表现。② 吴昌南(2014)认为,基于博弈论从创新成果被模仿企业即时模仿和滞后模仿两个层次分析技术创新行为发现,无产权保护条件下,如果技术创新形成的产品或者服务销售速度高于模仿者模仿速度,就有利于技术创新;如果模仿者完成产品或者服务的模仿时间较长,也会有利于技术创新。③ 潘士远(2005)结合专利与内生经济增长理论,构建了一般均衡动态模型,修正了传统一般均衡动态理论中对无限专利长度的假设,并提出最优专利长度和宽度都是有限的观点。④ 总之,基于专利保护长度、宽度和高度的最优专利制度不是无条件的,而是受多种条件制约的。

第三节 专利价值与技术创新

专利制度在技术创新、经济发展和社会福利中发挥着非常重要的作用。该制度通过平衡专利权人在有限时间内从技术创新获得的垄断利益和该技术创新在社会中的知识溢出,促进技术创新发展和经济社会进步。专利价值可以根据专利所有者的技术方案,通过考察特定专利的维持状态和法律状况,反映专利技术创新对权利人技术需要的满足程度。当然,专利的有效状态应该被认为是其对权利人的价值超过保持其有效所需成本,而且技术创新的价值主要是实现权利人的私人利益和满足公众需要的社会利益。理论上,专利价值来源于专利技术创新内容对专利权人特定需要而产生的某

---

① 吴志鹏,方伟珠,包海波.专利制度对技术创新激励机制微观安排的三个维度[J].科学学与科学技术管理,2003,24(1):52-56.
② 毛昊.创新驱动发展中的最优专利制度研究[J].中国软科学,2016(1):35-45.
③ 吴昌南.无专利保护产业中的创新与模仿研究[J].科研管理,2014,35(1):66-72.
④ 潘士远.最优专利制度研究[J].经济研究,2005(12):113-118.

种满足（专利私人价值），进而促进技术创新，对社会产生的经济或者其他社会收益（社会价值）。Pakes、Schankerman(1984)的研究成果是较早时期运用专利相关数据评价专利价值的经典文献，①后来被国内外不少学者的研究成果所引用，例如，Lanjouw等(1998)基于专利数据从专利侵权行为视角评价了满足专利主体需求方面的专利价值；②Schankerman(1998)基于专利数据从技术领域差异对其影响角度评估了专利价值；③Bessen(2008)基于专利数据从专利权人属性和专利技术特征等角度评估美国专利商标局授权专利的价值。④ 有学者认为，因为基于专利数据评估专利价值的方法运用了专利权人自己基于专利技术创新特征表现出来的特定行为信息，所以比通过其他方法获得信息评价专利价值更加客观和准确，且这种评价专利价值的方法具有一定的优越性。⑤ 因此，基于专利价值评价及其与技术创新的内在关系视角研究提升技术创新能力对实现中国高水平科技自立自强具有非常重要的理论和现实意义。本节主要从专利价值对技术创新的影响、专利技术价值和经济价值与技术创新的关系角度展开。

一、专利价值对技术创新的影响

专利价值高低基于其满足相关主体对相关技术方案的需求，在很大程度上体现了专利所含技术的创新水平。虽然技术创新水平在专利价值满足创新主体需求方面可以得到较为集中的体现，但是大量的专利价值评估方法都无法直接反映技术创新水平。因为专利价值具有相对性和不确定性等

---

① PAKES A, SCHANKERMAN M. The rate of obsolescence of knowledge, research gestation lags, and the private rate of return to research resources[R]. NBER Working Paper, 1984: 346.

② LANJOUW J O, PAKES A, PUTNAM J. How to count patents and value intellectual property: the uses of patent renewal and application data[J]. The journal of industrial economics, 1998, 46(4): 405-432.

③ SCHANKERMAN M. How valuable is patent protection? Estimates by technology field[J]. Journal of economics, 1998, 29(1): 77-107.

④ BESSEN J. The value of U.S. patents by owner and patent characteristics[J]. Research policy, 2008, 37(5): 932-945.

⑤ PITKETHLY R. The valuation of patents: a review of patent valuation methods with consideration of option based methods and the potential for further research[J]. Intellectual property, 1997(8): 17-18.

特征,所以专利满足不同创新主体需求的实际贡献是很难被准确评估的。事实上,特定国家或者地区权利人拥有专利的整体价值在很大程度上是由少量具有较高价值的专利决定的。由此可见,专利价值与其所含的技术创新之间的关系比较复杂。

(一)专利价值分布模式与技术创新的关系

专利价值分布模式可能会出现前高后低的专利价值降低趋势模式,中间较高、两头较低的专利价值正态分布模式以及后高前低的专利价值升高趋势模式。三种模式中可能性比较高的是第三种模式。在专利法定保护期范围内,随着专利维持时间的延长,专利价值不断提高,反映其技术创新被不断挖掘。其原因是大多数专利维持年费制度规定专利维持年费的收费标准随着收益时间的延长会不断增加,尤其在法定保护期限届满前的几年中,专利维持年费收费标准迅速增加。如果专利价值在专利法定保护期届满前的几年中的收益没有明显增加,专利权人不能用专利收益抵消专利维持年费的成本,就会以不再缴纳专利维持年费的方式终止专利权,侧面反映该专利技术创新水平相对较低,或者说技术创新被市场认可的概率相对较低。专利整体价值评估的均值收敛于专利平均价值,说明专利价值的不均衡分布并不具有无限均值。专利价值及其实现程度,或者说专利价值大小与专利价值实现水平是两个概念。因此,基于专利价值评价其技术创新水平时,需要考虑专利权人在特定时期内对专利的需要程度,以及基于专利价值评价技术创新的前提条件。专利质量在一定程度上保证了技术创新内容的可实施性和技术保护范围的准确性,并提高了不被竞争对手模仿侵权的可靠性,奠定了专利价值实现的基础,增加了进一步技术创新的可能性。

(二)专利价值与技术创新关系的文献综述

专利价值反映技术满足专利相关主体需要的属性,技术创新反映技术在解决问题方面的进步性。随着创新主体知识产权意识的增强,不仅创新主体重视专利价值与技术创新的关系,而且国内外学者针对专利价值与技术创新及其关系的研究成果也越来越多,其中比较具有代表性的研究成果包括以下四个主要方面:一是基于欧洲专利局、英国和芬兰等国家或者地区专利局授权专利信息评估相关专利价值及其对技术创新的影响;①二是基于专利保护视角对专利价值与技术创新的相关研究;②三是基于专利维持数据、专利寿命信息和专利保护客体特征等角度评估专利价值及其对技术创新的影响;③四是基于专利维持、研发激励、专利特征和专利生存率等角度评估专利价值及其对技术创新的影响。④ 总之,关于专利价值与技术创新关系的相关研究成果逐渐增多。

(三)不同国家或者地区授权专利价值对技术创新的影响

研究不同国家或者地区授权专利的技术和经济价值及其实现程度,对有效提升创新主体技术创新能力具有重要价值。不同国家或者地区知识产权局或者专利局授权专利的价值均值存在差异,不少学者对不同国家或者地区授权的专利经济和技术价值及其与技术创新的关系进行了研究,产出了不少优秀成果。

---

① SCHANKERMAN M, PAKES A. Estimates of the value of patent rights in the European countries during the post-1950 period[J]. Economic journal, 1986, 96(6): 1052-1076; PAKES A. Patents as options: some estimates of the value of holding European patents stocks[J]. Econometrica, 1986, 54(4): 755-784; SULLIVAN R J. Estimates of the value of patent rights in Great Britain and Ireland 1852-1876[J]. Economica, 1994, 61(241): 37-58; DENG Y. Private value of European patents[J]. European economic review, 2007, 51(7): 1785-1812.

② SCHANKERMAN M. How valuable is patent protection? Estimates by technology field[J]. Journal of economics, 1998, 29(1): 77-107; LANJOUW J O. Patent protection in the shadow of infringement: simulation estimations of patent value[J]. Review of economic studies, 1998, 65(4): 671-710.

③ LANJOUW J O, PAKES A, PUTNAM J. How to count patents and value intellectual property: the uses of patent renewal and application data[J]. The journal of industrial economics, 1998, 46 (4): 405-432; O'DONOGHUE T, SCOTCHMER S, THISSE J F. Patent breadth, patent life, and the pace of technological progress[J]. Journal of economics & management strategy, 1998, 7(1): 1-32.

④ CORNELLI F, SCHANKERMAN M. Patent renewals and R&D incentives[J]. The RAND journal of economics, 1999, 30(2): 197-213; BAUDRY M, DUMONT B. Patent renewals as options: improving the mechanism for weeding out lousy patents[J]. Review of industrial organization, 2006, 28(1): 41-62; BARNEY J A. A study of patent mortality rates: using statistical survival analysis to rate and value patent assets[J]. AIPLA Quarterly journal, 2002, 30(3): 317-352.

1.欧洲专利局授权专利价值对技术创新的影响

学者对不同国家或者地区授权专利价值与技术创新关系的研究成果中,对欧洲专利局授权专利的研究成果相对较多。主要代表成果体现在以下四个方面。一是 Pakes(1986)基于第二次世界大战后法国、英国和德国专利维持率等数据,结合有关权利人做出专利续期行为模型,对这三个国家权利人的技术创新等问题进行分析后指出:由于专利通常是在技术创新完成后不久就申请的,所以权利人对是否缴纳专利年费,确保专利有效,进而后续技术创新等问题把握不准,所以授权后初期放弃专利的数量较多,当然也可能是专利价值不高所致。[1] 二是 Schankerman、Pakes(1986)结合专利维持决策经济模型,考察了 1950 年代期间英国、法国和德国授权的单件专利在其维持过程中的价值分布和不同价值专利在整体专利中的价值分布,从实证结果中发现:专利权的总价值及其变化与专利数量变化之间存在一定的关系,专利价值分布的不均衡性与后续技术创新水平存在一定的关系。[2] 三是 Lanjouw(1998)基于 1953—1988 年期间西德授权的计算机、纺织、内燃机和制药四个技术领域专利数据,结合技术适应市场、技术被新技术替代和起诉专利被侵权的潜在需要,构建了最优专利决策的动态随机离散模型;运用特定方法计算特定专利技术后续技术创新的发展;发现企业每年将专利总价值的约 10% 作为研发支出进行后续技术创新。[3] 四是 Schankerman(1998)运用专利维持的参数模型分析了法国授权的不同技术领域和不同国籍专利权人拥有专利的私人价值发现:专利价值分布高度倾斜;专利保护是私人研发回报的重要来源,但不是主要来源,而且这些特征因技术领域不同而存在差异;通过计算与专利价值相当的研发现金补贴的方法,评估了不同授权时间、技术领域和国籍专利的价值差异,发现这些特

---

[1] PAKES A. Patents as options: some estimates of the value of holding European patents stocks[J]. Econometrica, 1986, 54(4): 755-784.

[2] SCHANKERMAN M, PAKES A. Estimates of the value of patent rights in the European countries during the post-1950 period[J]. Economic journal, 1986, 96(6): 1052-1076.

[3] LANJOUW J O, PAKES A, PUTNAM J. How to count patents and value intellectual property: the uses of patent renewal and application data[J]. The journal of industrial economics, 1998, 46(4): 405-432.

征差异与专利授权概率密切相关。① 上述关于欧洲授权专利价值及其与技术创新的关系的研究为研究专利价值问题奠定了重要基础。

2.美国授权专利价值对技术创新的影响

除了对欧洲专利局授权专利价值与技术创新关系的研究外,美国专利商标局授权专利也是学者研究的重点。例如,Bessen(2008)通过控制专利及其权利人特征的方法,运用美国授权专利的维持数据评估专利价值,发现:美国授权专利价值的评估值远高于欧洲授权专利价值的评估值;美国专利价值与企业研发支出的比率仅为3%左右;授权给规模较小专利权人的专利价值比授权给规模较大的企业的专利价值低得多,这可能反映了技术市场的不完善;涉及诉讼专利价值可能更高,被引次数较多的专利价值也更高;专利引用次数对专利价值的影响不大,表明其作为专利质量衡量标准不够准确,作为评价技术创新水平也不够标准。他同时发现,在美国授权专利中,由美国、日本和欧盟申请人获得授权的约有41.5%的专利被维持到法定保护期届满。② 另外,Liu等(2008)基于美国授权专利、分案申请和技术延续申请的专利研究发现,当被确认技术创新属于后续补充的连续发明创造时,该技术所属企业的技术创新能力可能会更高。③ 由此可见,虽然以"公开技术方案"换取一定时间"市场垄断权利"的专利保护原理是绝大多数国家或者地区通用的,但是因为专利制度的地域性,尤其是不同国家或者地区科技、经济和法制发展水平存在差异,所实施的专利制度及政策不同,或者说专利保护强度不同,所以其运用专利制度激励技术创新的作用大小也必然存在差异。

3.中国授权专利价值对技术创新的影响

随着中国科技的迅速发展,专利数量井喷式发展,引起了学者对中国国家知识产权局授权专利价值与技术创新关系的重视。例如,Zhang等(2014)通过比较中国国家知识产权局授权专利和欧洲专利局授权专利数据

---

① SCHANKERMAN M. How valuable is patent protection? Estimates by technology field[J]. Journal of economics,1998,29(1):77-107.

② BESSEN J. The value of U.S. patents by owner and patent characteristics[J]. Research policy,2008,37(5):932-945.

③ LIU K,ARTHURS J,CULLEN J,et al. Internal sequential innovations:how does interrelatedness affect patent renewal[J]. Research policy,2008,37(5):946-953.

发现：欧洲专利局授权专利中，由美国、日本和欧盟申请人提出的大多数专利的维持时间较长，专利授权后 4 年内的被终止率非常低，有 20%～50% 的专利可以维持到法定保护期限届满；中国国家知识产权局授权专利寿命相对较短，美国、日本和欧盟申请人在中国获得授权的专利中，40%～60% 的专利在授权后的 4 年内失效，维持到法定保护期届满的专利的数量非常少。中国授权专利和欧洲授权专利的寿命存在较大差距，可能是由于这两个国家或地区授权专利的私人价值的差异造成的。① 专利权人只愿意维持能为其带来更多收益的专利，以及为其带来利益时间更长的专利。由于来自同一国家的专利更有可能拥有类似的技术，它们在不同市场产生不同利益的原因可能与其权利人运用专利的能力有关。

二、专利技术价值与技术创新

与专利经济价值相比，专利技术价值是基于技术方案产生的促进技术进步的价值体现，所以其对技术创新影响更为深刻，与高水平科技自立自强关系更加密切。专利技术价值与技术创新的关系体现在对发明人及其后续技术创新的影响方面。因为发明创造活动具有累积性，并且包含隐性元素，所以一项技术的研发活动可能会增加对发明者的吸收能力。② 在技术创新和传播过程中或者专利文件中公开技术方案的过程中，都可能会使技术溢出到其他技术领域或者有助于他人后续的技术创新发展。特别是，通过在有限的时间内确保权利，通过允许模仿、改进和促进累积创新提高技术创新社会价值的重要性，并在发明人享有暂时独占权之后允许所有其他人使用发明创造进行进一步的技术创新。③ 专利技术价值如何影响技术创新等问题，值得进一步研究。

---

① ZHANG G, LV X, ZHOU J. Private value of patent right and patent infringement: an empirical study based on patent renewal data of China[J]. China economic review, 2014, 28: 37-54.

② COHEN W M, LEVINTHAL D. Absorptive capacity: a new perspective on learning and innovation[J]. Administration science quarterly, 1990, 35(1): 128-152.

③ FRIETSCH R, SCHMOCH U, LOOY B V, et al. The value and indicator function of patents[R]. Fraunhofer Institute for Systems and Innovation Research, 2010: 61-79.

(一)专利技术价值促进技术创新的机理

专利可以利用市场和技术空间位置优势为专利权人创造技术创新的技术战略利益。随着专利数量呈现爆炸式增长的时代到来,专利技术作为技术创新战略布局的工具越来越多被创新主体使用。① 专利的技术创新战略价值包括阻碍或者减缓竞争对手的技术创新能力,围堵竞争对手技术创新方向,降低未来可能的专利技术诉讼风险,将专利技术作为交叉许可交易筹码,进入金融科技市场以及防止关键技术被其他技术创新所包围。当然,专利技术价值最终要转化为经济价值或者被视为经济价值。但是,专利技术价值具有其独特的战略价值。首先,专利技术价值只有通过专利所有者在市场上相对于他人的技术领域及其地位实现,所以专利技术在相关技术领域中战略位置的技术优势收益对每个利益相关者采取的技术创新策略非常敏感。其次,特定专利的技术价值很难直接量化,尤其是在不了解专利包中的技术以及专利所有者和竞争对手的替代技术策略成本的情况下,专利技术价值对相关技术创新的贡献也很难测度。②

专利技术价值是对专利制度提供给专利权人和发明者技术回报的主要衡量标准,有助于解释无形资产的技术价值,并可以基于创新主体的研发能力和研发质量评价其技术创新能力。Guellec、de la Potterie(2000)研究发现,专利受保护时间长度与专利价值大小呈现明显的正相关关系,所以专利寿命经常被作为评价其商业潜力及其对技术创新贡献的专利质量的替代变量。③ Pakes(1987)认为,专利收益时间越长,基于专利技术直接或间接产生的商业价值越大,对后续技术创新的贡献就越大。④ 总之,专利技术价值

---

① COHEN W M, GOTO A, NAGATA A, et al. R&D spillovers, patents and the incentives to innovate in Japan and the United States[J]. Research policy, 2002, 31(8):1349-1367; HARABI N. Appropriability of technical innovations: an empirical analysis [J]. Research policy, 1995, 24(6):981-992.

② FRIETSCH R, SCHMOCH U, LOOY B V, et al. The value and indicator function of patents[R]. Fraunhofer Institute for Systems and Innovation Research, 2010:61-79.

③ GUELLEC D, DE LA POTTERIE B V P. Applications, grants and the value of patent[J]. Economics letters, 2000, 69(1):109-114.

④ PAKES A. Patents as options: some estimates of the value of holding European patent stocks[J]. Econometrica, 1987, 54:755-784.

在很大程度上反映其技术创新水平。

(二)专利技术价值特征在促进技术创新中的作用差异

1.专利价值不平衡分布对技术创新的影响

不少学者研究了专利技术价值不平衡分布对技术创新的影响。Scherer(1965)从企业规模大小、市场对技术的需求结构和市场对技术创新提供的机会等方面研究了专利价值的不平衡分布及其对技术创新的影响;①Silverberg、Verspagen(2004)通过分析专利价值的显著特征和专利引证信息研究了技术创新价值的不平衡分布特征。② Schankerman(1998)运用非参数技术模型,对法国授权的不同技术领域和不同国籍专利权的技术价值进行评估发现:专利技术价值分布高度不平衡,专利收益是研发回报的重要来源,但不是主要来源,而且这些技术特征因技术领域存在差异;通过计算与专利权价值相当的研发现金补贴,评估了专利技术领域和国籍价值的变化,表明这些差异与专利授权率相关,对后续技术创新产生的影响不同。③

2.专利(申请)质量及产品质量对技术创新的影响

提高企业特定技术领域相关专利质量的信息分析能力,准确评估相关专利质量对专利转让和专利许可或者专利受让和专利被许可都非常重要,④也对创新主体进一步技术创新具有重要意义。越来越多的技术创新成果对创新发展核心和技术交易对象的经济价值进行了关注。Deng(2011)通过考察特定技术创新完成发明的专利申请和专利维持的综合决定

---

① SCHERER F M. Firm size, market structure, opportunity, and the output of patented inventions[J]. American economic review, 1965, 55(5): 1097-1123.

② SILVERBERG G, VERSPAGEN B. The size distribution of innovations revisited: an application of extreme value statistics to citation and value measures of patent significance [R]. Merit Working Paper, 2004: 21.

③ SCHANKERMAN M. How valuable is patent protection? Estimates by technology field[J]. Journal of economics, 1998, 29(1): 77-107.

④ TRAPPEY A J, TRAPPEY C V, et al. A patent quality analysis for innovative technology and product development[J]. Advanced engineering informatics, 2012, 26(1): 26-34.

评估专利价值及技术创新水平。[1] Gambardella(2013)根据专利经济价值、专利作为产品质量信号的研究认为,申请专利的技术创新重点在于通过技术创新的发明数量和质量创造价值,提升技术创新能力,而不是通过增加单个发明方式提升创新主体的技术创新能力。[2] 由此可见,专利及产品质量从不同层面反映了创新主体的技术创新水平。

3.关联专利及组合专利价值对技术创新的影响

关联专利及组合专利之间的内在联系决定了其所包含技术创新的特殊性。因为技术的关联性,大多数专利价值的实现都是与相关专利关联的,所以专利组合问题被越来越多的专利权人重视。Gambardella(2013)研究发现,专利持有人可以选择用单一专利或开发多个相关专利的组合保护其拥有的技术创新;专利持有人分配资源以扩大相关专利的数量或投资于组合中更高价值的专利;运用来自单件专利的发明人而非整个公司所有专利的发明人调查数据进行研究,发现企业对单件独立专利的研发投资表现出递减,对组合专利研发投入的很大一部分投资集中在增加新的专利技术方面;虽然单件专利的收益递减是稳定的,但专利组合规模的收益在复杂和离散行业之间以及基于科学或由客户信息驱动的专利之间存在一定的差异;当企业寻求加强技术的独占性时,专利组合规模增加的回报与样本平均值没有不同,所以专利组合中更多的专利可能反映了通过专利强烈的独占性进行真正的价值创造。同时也认为,R&D收益的广度(专利数量)和精度(专利价值)边界可以评价由相关的补充专利组成的组合专利价值。[3] Liu等(2008)借鉴发展经济学理论分析了企业拥有的一些具有重要谱系关系的专利,即企业内部连续系列创新产生的专利,认为内部连续系列技术创新获得的专利比独立创新获得的专利价值更高,而且前者的维持概率也比后者要

---

[1] DENG Y. A dynamic stochastic analysis of international patent application and renewal processes[J]. International journal of industrial organization, 2011, 29(6): 766-777.

[2] GAMBARDELLA A. The economic value of patented inventions: thoughts and some open questions[J]. International journal of industrial organization, 2013, 31(5): 626-633.

[3] GAMBARDELLA A. The economic value of patented inventions: thoughts and some open questions[J]. International journal of industrial organization, 2013, 31(5): 626-633.

高;并根据美国制药和生物技术专利数据对该结论进行了验证。① Kim(2015)考察了企业基于连续发明的专利申请活动和专利维持决策行为,并强调了专利组合动态管理的重要性,认为企业通常是在充分考虑到系列发明创造的互补性和可替代性的情况下做出专利申请和专利维持的决策;通过专利申请费和专利维持年费对专利是否被申请和被维持的经济效应影响确定专利技术的互补性或可替代性;较高的专利申请费与较低的专利维持概率相关,这支持了顺序发明创造之间互补性的想法。② 总之,关联专利从整体技术层面反映技术创新水平,而单件专利仅从单一局部反映技术创新水平。

(三)基于创新及主体类型的专利技术价值促进技术创新的作用差异

基于专利维持视角的专利技术价值已引起大量学者关注,但是多数研究成果通常假设企业拥有的专利创新是相互独立的。即使专利侵权行为不会导致该专利对其持有人的价值为零,但是肯定对专利价值具有不同程度的影响。开放式技术创新对专利质量具有重要影响。张军荣(2017)以专利维持时间标示专利质量,分析高校和科研机构等创新主体参与、开放式技术创新采用对专利质量的影响,发现高校和科研机构参与没有提升专利质量,但是基于开放式合作的技术创新可以显著提高专利质量。连续性技术创新的专利价值评估可以在较大程度上反映来自创新主体拥有专利的补充或替代收益。③ 企业基于连续性发明做出的专利申请活动和专利维持决定,并没有忽略后续专利申请成本,尤其是基于现有专利维持行为对后来专利申请的费用问题,所以专利费用问题对连续性技术创新具有重要影响。

三、专利经济价值与技术创新

专利技术的交易价格是交易双方对专利技术创新内涵的认可和妥协。专利技术市场交易价格回归对评估专利技术创新水平具有一定的参考价

---

① LIU K, ARTHURS J, CULLEN J, et al. Internal sequential innovations: how does interrelatedness affect patent renewal[J]. Research Policy, 2008, 37(5): 946-953.
② KIM J. Patent portfolio management of sequential inventions: evidence from U.S. patent renewal data[J]. Review of industrial organization, 2015, 47(2): 195-218.
③ 张军荣.开放式创新能提升专利质量吗?[J].科研管理,2017,38(11):103-109.

值。从专利技术的市场交易价格可以在一定假设条件下回归出该专利技术未来收益的评估值,但是因为技术创新的不确定性决定了新的替代技术可能在不特定的时间段出现,如果新的替代技术出现,现有技术可能会很快被市场抛弃。这种情况下,专利经济价值可能会很快降低,甚至归零。这是专利经济价值最大的风险。因此,通过专利以往的市场交易价格回归预测未来专利收益的方法既具有一定的参考价值,又具有不确定性。

(一)基于专利权人行为和其他人针对专利的行为的专利经济价值

利益相关者的专利行为反映专利的技术创新程度。创新主体为了了解最先进的技术创新发展趋势和开发更好的创新产品,会对相关技术领域的专利质量及其技术创新水平进行系统分析。专利质量分析为企业确定是否定制和制造创新产品提供新的技术创新渠道。因为专利制度为企业提供了对其技术创新成果进行有效保护的工具,所以专利申请数量快速增长对企业技术创新产品提供了更多的保障。如果企业技术创新能力不强,申请专利数量较少,或者申请的专利获得授权的概率较低,那么该企业就会因为技术创新水平不高而失去市场竞争力和市场优势。从专利权人行为(如专利维持、专利许可、专利转让、专利质押、专利出资、相关专利的申请等)和其他人针对专利的行为(专利侵权、专利被许可、是否属于标准必要专利、专利池或者专利联盟等)等不同角度评估不同主体基于专利的技术创新内涵已经或者即将获得的经济福利,专利对不同类型的创新主体有许多不同的价值或收益,其隐含的技术创新内容对不同类型创新主体也存在差异。首先,专利制度应赋予专利权人以排除他人使用其发明技术方案的权利,从而赋予其私人垄断的经济利益,激励权利人进行进一步技术创新,但是同时也在一定程度上因为垄断权利阻碍了社会的其他后续技术创新。其次,在专利制度对研发活动的投资所产生的经济利益的促进下,社会将受益于技术创新和科技进步,进而取得社会价值或者社会收益。社会价值的好处或许不仅可以通过增加对社会可能需要的特定技术的研发投资来实现,还可以通过研发过程中发生的技术溢出以及专利文件中公开的技术方案来实现。[1] 因

---

[1] FRIETSCH R, SCHMOCH U, LOOY B V, et al. The value and indicator function of patents[R]. Fraunhofer Institute for Systems and Innovation Research, 2010: 61-79.

此,专利经济价值可以从私人价值和社会价值两个重要维度激励技术创新,促进科技和经济发展。

(二)专利经济价值及其影响因素与技术创新的关系

专利经济价值是指法定期限内专利满足其权利人需求,并为其带来的经济收益额度。影响专利经济价值的因素很多。专利价值转化为经济收益是相关利益主体对技术创新成果认可的表现。社会需要确保专利权人对其拥有的发明专有权的合法使用,其中一个重要原因是为其技术创新提供经济激励。有研究成果将企业的股票市场价值作为专利经济价值的综合衡量标准,或将企业层面的其他财务绩效指标作为专利经济价值的评价标准,并根据专利数量、前向引用等指标预测企业专利经济价值。Pakes(1986)、Schankerman等(1986)关于专利数据的开创性研究成果已经被广泛用来研究专利的私人经济价值。[1] 一些研究者已经通过分析专利权人维持专利的行为信息评估单件专利的价值,该专利价值应该等同于专利收益的价值折现率。Harhoff等(2003)和Gambardella等(2008)分别通过调查发明人对专利感受的方法评估专利价值。[2] 这些研究成果获得的专利价值是指专利收益的经济价值加上通过其他手段基于专利技术创新获得的经济价值。[3] Bessen(2008)运用专利数据及模型评估了美国专利商标局授权专利的经济价值及其反映的技术创新水平。[4] 总之,专利经济价值基于其产生的经济收益影响技术创新,与专利技术价值对技术创新的影响机制存在差异。

---

[1] PAKES A. Patents as options: some estimates of the value of holding European patents stocks[J]. Econometrica, 1986, 54(4): 755-784; SCHANKERMAN M, PAKES A.Estimates of the value of patent rights in the European countries during the post-1950 period[J]. Economic journal, 1986, 96(6): 1052-1076.

[2] HARHOFF D, SCHERER F M, VOPEL K. Citations, family size, opposition and the value of patent rights[J]. Research policy, 2003, 32(8): 1343-1363; GAMBARDELLA A, HARHOFF D, VERSPAGEN B. The value of European patents[J].European management review, 2008, 5(2): 69-84.

[3] HARHOFF D, SCHERER F M, VOPEL K. Citations, family size, opposition and the value of patent rights[J]. Research policy, 2003, 32(8): 1343-1363.

[4] BESSEN J. The value of U.S. patents by owner and patent characteristics[J]. Research policy, 2008, 37(5): 932-945.

(三)专利经济价值的分布形式对技术创新的影响

专利经济价值近似具有对数正态分布的形状,而不是幂律分布的形状。对数正态分布的特点是高价值一侧的分布是偏态的,而价值很低或没有价值的专利的份额相当有限。大多数专利位于中低价值领域。在幂函数的情况下,价值很低或没有价值的专利所占的份额会很高。学者研究发现,专利价值集中在非常高的区域中,价值分布偏斜度非常高,大约10%的专利代表了大约90%的专利的价值。[1] Gambardella 等(2008)采用来自欧洲广泛调查的数据,对专利的私人经济价值进行系统评估发现:专利经济价值分布的估计均值在300万欧元以上,中位数在其十分之一左右,众数在几千欧元左右,与先前关于专利价值偏态分布的发现一致;评估标准与专利引用、参考文献、权利要求和专利申请国家的数量显著相关;专利引证指数对专利价值的解释与其他三个指标的总和一样多,但是四项指标仅能解释专利价值差异的2.7%。因此,虽然使用这些指标作为价值的替代变量,特别是专利引证可能是合理的,但是基于这些指标的预测会带来较大偏差;使用专利的国籍、技术领域和专利类别固定效应后,专利价值的变化只解释其中的11.3%。[2] 总之,专利经济价值从不同视角反映技术创新水平。

(四)专利经济价值指数对技术创新的影响

基于专利指标的特殊性,一些学者设计了专利经济价值指数,例如Lanjouw、Schankerman(2004),Gambardella 等(2008)建立了专利价值综合指数,由专利权利要求数、引证指数、被引指数和专利族规模组成,且基于该指数研究了专利的技术创新水平差异趋势。[3] Gambardella 等(2008)构建

---

[1] FRIETSCH R, SCHMOCH U, LOOY B V, et al. The value and indicator function of patents[R]. Fraunhofer Institute for Systems and Innovation Research, 2010: 61-79.

[2] GAMBARDELLA A, HARHOFF D, VERSPAGEN B. The value of European patents[J]. European management review, 2008, 5(2): 69-84.

[3] LANJOUW J O, SCHANKERMAN M. Patent quality and research productivity: measuring innovation with multiple indicators[J]. Economic journal, 2004, 114(1): 441-465; GAMBARDELLA A, HARHOFF D, VERSPAGEN B. The value of European patents[J]. European management review, 2008, 5(2): 69-84.

了一个类似的专利价值指数(引证指数、被引指数、权利要求和适用保护的欧洲国家数量),分析结果表明:该价值指数与专利价值之间并没有一一对应关系;该价值指数仅解释11.3%的专利经济价值;被引指数和权利要求数量几乎没有解释力;这两个指标(已被广泛使用)并不是很好的专利经济价值指标。① Bessen(2008)研究发现,在根据专利权人的一般专利行为评估结果与专利技术市场交易价格结果基本一致的情况下,基于专利数据评估专利技术创新的方法在医药产业技术领域可能更加合适。② 另外,大多数经济价值处于中低级的专利属于累积性发明和专利技术和/或市场有限的中小型企业拥有的专利;经济价值非常高的专利主要是与规模大、市场份额大和技术创新能力强的企业的突破性发明和初创企业的一些突破性发明相关联。如果将分析仅限于价值非常高的专利技术意味着将集中在一些经济规模非常大、技术创新能力非常强的企业和成功的初创企业的专利技术创新上,而忽略了经济规模较小、技术创新能力较弱的中小企业的技术创新成果增量,③那么专利经济价值对技术创新的影响分析是不客观的。由此可见,专利经济价值是专利技术价值为权利人回收研发投入的重要方式,同时也是激励技术创新可持续发展的重要基础。

(五)专利经济价值的评估难度及其对技术创新的影响

技术创新水平在一定程度上决定了专利经济价值的高低,专利经济价值的实现关键是专利内涵的技术创新满足权利人的特定技术需要,进而带来经济收益的程度,或者说,专利经济价值是满足专利权人的特定技术创新需要和满足经济发展需要。运用专利技术的市场交易价格评估专利价值,是相当一部分学者的观点,但是这种评估不够准确,因为专利技术的市场交易价格除了受专利价值的影响外,还受到供求关系、市场机会和权利受让人特征等因素的影响。换句话说,投资者的行为比专利权人的行为在一定程

---

① GAMBARDELLA A,HARHOFF D,VERSPAGEN B. The value of European patents[J].European management review,2008,5(2):69-84.
② BESSEN J. The value of U. S. patents by owner and patent characteristics[J]. Research policy,2008,37(5):932-945.
③ FRIETSCH R,SCHMOCH U,LOOY B V, et al. The value and indicator function of patents[R]. Fraunhofer Institute for Systems and Innovation Research,2010:61-79.

度上更可能反映专利经济价值。Bessen(2009)认为,基于技术市场价格的专利价值评估可以作为基于专利权人行为信息反映专利价值的重要指标之一。[1] 大量的研究成果以企业市场交易价格作为因变量和一些专利收益时间作为自变量进行专利价值的回归研究。通常情况下,同一件专利如果由不同评估机构进行评估,得出的结论往往存在差异,甚至差异很大。通过取消专利价值评估的最高值和最低值,然后对其余专利价值的评估值进行平均,是一种常见的方法。当然,这种方法也存在不够准确的地方。严格地说,对专利价值进行准确评估是很难的一件事,因为专利价值本身就是一个不够确定的客体,受评估指标、评估方法、评估目的、评估时间等多方面因素的影响。Griliches(1981)认为,"一件成功专利经济价值应该是20万美元左右"是一个不太正规的说法,也不是严谨准确的计算结论。[2] 目前,某大型专利数据检索系统也具有自动评估专利价值的功能,其实也是很不严谨的做法,因为其没有考虑专利价值的相对性。Cockburn、Griliches(1988)研究了不同类型的产业特征或者技术领域特殊性对创新主体拥有的无形资产中的专利经济价值的影响。[3] Hall(2005)分析了1984年以来美国专利商标局授权专利数量的大幅度增长对专利经济价值和技术创新水平的影响。[4] Hall、MacGarvie(2006)基于企业市场价值角度评估了专利经济价值,并认为同等条件下企业市场价值越高,其拥有的专利经济价值一般也越高,技术创新水平也越高。[5] Bessen(2009)基于美国和欧洲专利权人的专利维持行为、美国专利权人转让和国际申请专利行为,通过比较大型制药公司的净收入以及IBM公司和美国大学的专利许可收入的方法评估了企业

---

[1] BESSEN J. Estimates of patent rents from firm market value[J]. Research policy, 2009, 38(10): 1604-1616.

[2] GRILICHES Z. Market value, R&D, and patents[J]. Economic letters, 1981(7): 183-187.

[3] COCKBURN I, GRILICHES Z. Industry effects and appropriability measures in the stock market valuation of R&D and patents[J]. The American economic review, 1988, 88(2): 418-423.

[4] HALL B H. Exploring the patent explosion[J]. Journal of technology transfer, 2005, 30(1/2): 35-48.

[5] HALL B H, MACGARVIE M. The private value of software patents[R]. Research policy, 2010, 39(7): 994-1009.

和大学的专利经济价值及其对技术创新的影响。① 由此可见,专利经济价值评估的难度使得研究其激励技术创新的机制增加了困难。

(六)专利经济价值的表现方式及其对技术创新的影响

虽然专利维持到法定保护期届满的专利数量很少,但是在专利法定保护期届满前几年中专利价值快速提升的现象在现实中经常发生。这种专利不仅仅具有很高的经济价值,更为重要的是其背后技术创新水平的反映。专利保护期一般是自申请日起的二十年,专利授权后需要缴纳专利年费,方可继续有效,不然专利权会被终止。绝大多数国家或者地区的专利法都规定,专利年费会随着专利维持年份的延长而增加,尤其是法定保护期届满前的几年中,专利年费数额往往会大幅提升,其理论依据在于随着专利维持年份的延长,专利权人获得的专利收益也不断增加,所以专利年费数额增加具有合理性。专利法定保护时间届满前的几年中专利经济价值快速提升是其技术创新水平和分量的典型体现。专利维持到法定保护期届满前几年的专利数量占专利总数的比例相对较低,但是这种情况下出现专利价值明显增加的专利价值不均衡相对较多。专利技术市场交易价格回归在很大程度上反映专利的技术创新水平。如果专利技术市场交易价格回归结果与根据权利人针对专利的行为方法评估的专利经济价值一致,那么相关专利价值评估的准确性就具有相对较高的可靠性。专利技术的技术创新水平和分量只是影响专利制度和政策绩效的重要因素之一,由专利制度带来的促进技术创新的社会福利大小才是评价专利制度和政策绩效的重要判断标准。专利制度带来的社会福利应该大于或等于专利权人的私人收益及专利制度对创新者和其他利益相关者的成本。由此可见,专利年费作为主要专利成本,不仅是影响专利经济利润、改变专利经济价值、影响技术创新的重要因素,因为其可以改变专利有效时间长短(专利经济价值收益时间),对后续技术创新也会产生重要影响,从而改变社会福利。

---

① BESSEN J. Estimates of patent rents from firm market value[J]. Research policy,2009,38(10):1604-1616.

第四节 专利主体与技术创新

专利主体是指基于专利技术创新的所有主体,包括专利权主体(原始申请获得专利权或者通过专利转让或继承等享有专利独占权的主体)和其他所有基于专利进行创新的主体(如虽然不享有专利权所有权,但是基于专利被许可使用积累技术的许可人等为技术创新作出贡献的人),尤其是指为发明创造作出实质贡献的发明人。专利主体是技术创新的核心要素,在专利创造、实施、运营、保护和管理过程中发挥主体性作用,其最为关心技术创新水平的高低。中国《专利法》以"保护专利权人的合法权益"为重点,同时突出促进技术创新的核心地位,其目的是充分发挥专利主体的积极性,真正促进全社会科技进步。在专利制度理论中突出激励技术创新的核心地位,有利于充分发挥专利主体在技术创新中的关键作用。本节主要论述专利权人属性、专利运营能力、专利管理能力以及专利战略能力对技术创新的影响。充分调动作为技术创新重要主体的专利权人的创新积极性对实现中国高水平科技自立自强具有重要价值。

一、专利权人特征与技术创新

人力资本作为取得竞争优势的企业微观基础引起很多关注。对于科技型企业,发明人的人力资本在开发知识资产(专利及商业秘密等)方面发挥着非常重要的作用。专利权人指标一般包括专利申请人数量、外国申请人数量、申请人国家数量以及权利受让人数量等信息,这些信息在一定程度上决定专利技术的合作程度,从不同层面反映了技术创新水平。

(一)专利权人指标对技术创新的影响

专利主体在技术创新过程中发挥主体能动作用,所以对技术创新绩效的影响非常重要。Lai、Che(2009)运用权利受让人数作为指标研究专利法律价值,并反映技术创新水平。① Guellec、de la Potterie(2000)运用专利申请人信息分析了专利价值与各类专利指标之间的关系,分析其技术创新水平。② 基于现有研究,这些方法也可以作为内部指标用于研究专利合作程度。专利申请人数量、外国申请人数量、申请人国家数、专利权人拥有专利数(同一专利权人在同一技术领域中拥有的专利数)、发明人数、发明人的国家数③、专利权人数、专利权人的国家数④等信息对技术创新具有较大影响。发明人数指标评价专利价值是基于由多个发明人研究产生的专利应该比由单个发明人开发的专利更有价值的假设。不论是原始专利权人,还是继受专利权人都与技术创新具有重要联系。非专利实施主体(NPE)是一种特殊的专利主体,其对技术创新的影响非常重要,需要单独进行研究。

另外,很少有文献对发明人的人力资本就企业做出维持或者终止其专利的决策的影响进行研究。Liu(2014)考察美国医药企业的发明人及其合作特征在权利人做出维持专利决定过程中的影响后发现,发明人团队中明星发明人、合作较多的发明人、来自不同区域的发明人完成专利的技术创新水平明显高于其他专利;如果拥有更多的共同发明人,可以积极地缓和明星发明人对技术创新具有的重要影响。⑤ 总之,发明人研发素养及其数量、合作特征对企业的技术创新能力具有重要影响。

(二)专利主体规模、类型及要素对技术创新的影响

1.专利主体规模及类型对技术创新的影响

专利主体规模和类型是影响其技术创新能力的重要因素。研究显示,

---

① LAI Y H, CHE H C. Modeling patent legal value by extension neural network[J]. Expert systems with applications, 2009, 36(7): 10520-10528.

② GUELLEC D, DE LA POTTERIE B V P. Applications, grants and the value of patent[J]. Economics letters, 2000, 69(1): 109-114.

③ FRIETSCH R, SCHMOCH U, LOOY B V, et al. The value and indicator function of patents[R]. Fraunhofer Institute for Systems and Innovation Research, 2010: 61-79.

④ REITZIG M. Improving patent valuations for management purposes: validating new indicators by analyzing application rationales[J]. Research policy, 2004, 33(6-7): 939-957.

⑤ LIU K. Human capital, social collaboration, and patent renewal within U.S. pharmaceutical firms[J]. Journal of management, 2014, 40(2): 616-636.

规模越大的企业通过技术创新获得专利收益的可能性越大;①专利价值的实现程度及其技术创新能力与企业规模大小正相关;②企业规模与专利商业化运用程度正相关;③规模较大的企业存在沉睡专利的可能性也相对较高,但是完成重大技术创新的概率也更高。④ 另外,Gambardella 等(2007)运用欧洲专利价值调研(PatVal-EU)数据库研究发现:企业规模对专利许可具有重要影响;专利宽度、专利价值、专利保护强度等因素对专利许可具有一定影响;大多数因素会影响专利许可意愿,但不会影响许可是否实际发生;技术市场存在交易成本,所以一些潜在专利许可可能因为其他原因并没有获得许可,表明专利隐含的技术创新并没有完全实现。⑤ Galasso 等(2013)从小企业专利比较优势和专利实施角度研究了企业规模对其技术创新能力的影响问题;⑥乔永忠(2011)基于工矿企业、个人、科研院所和机关团体持有专利的平均维持时间研究了不同类型创新主体的技术创新水平差异;⑦Belderbos 等(2014)认为,企业和高校合作完成并具有共有专利权的专利具有相对较高的市场价值,为后续技术创新奠定更多的基础;⑧袁晓东等(2014)研究发现高校有效专利数和专利一体化能力与其专利利用率呈正

---

① ARORA A,COHEN W M,WALSH J P. The acquisition and commercialization of invention in American manufacturing: incidence and impact[J]. Research policy,2016,45(6):1113-1128.

② BESSEN J. The value of U.S. patents by owner and patent characteristics[J]. Research policy,2008,37(5):932-945.

③ WALSH J P,LEE Y N,JUNG T. Win, lose or draw? The fate of patented inventions[J]. Research policy,2016,45(7):1362-1373.

④ TORRISI S,GAMBARDELLA A,GIURI P,et al. Used, blocking and sleeping patents: empirical evidence from a large-scale inventor survey[J]. Research policy,2016,45(7):1374-1385.

⑤ GAMBARDELLA A,GIURI P,LUZZI A. The market for patents in Europe[J]. Research policy,2007,36(8):1163-1183.

⑥ GALASSO A,SCHANKERMAN M,SERRANO C J. Trading and enforcing patent rights[J]. The RAND journal of economics,2013,44(2):275-312.

⑦ 乔永忠.不同类型创新主体专利维持信息实证研究[J].科学学研究,2011,29(3):442-447.

⑧ BELDERBOS R,CASSIMAN B,FAEMS D,et al. Co-ownership of intellectual property: exploring the value-appropriation and value-creation implications of co-patenting with different partners[J]. Research policy,2014,43(5):841-852.

相关关系,并对其技术创新能力具有一定影响。① 由此可见,创新主体规模、类型及相关要素对技术创新具有较为重要的影响。

2.企业规模及所属行业等对技术创新的影响

企业是技术创新主体的重要类型,其规模等要素会通过专利战略影响技术创新能力。大多数专利战略可能对大型企业更有利,主要是因为其技术创新能力的原因。在企业拥有足够数量的可运用专利且具有广泛申请专利的(财务)能力之前,基于专利市场优势阻止竞争对手是不可能的。② 运用专利进行交叉许可谈判或者与其他企业进行贸易也往往对大企业更有利,因为更大的专利组合意味着形成技术障碍的难度可能更大。③ 当然,随着企业规模的扩大,运用专利作为技术创新绩效指标也可能被视为更加有效,主要是因为大企业被认为拥有更多的研发人员,并且通常拥有一个专门的内部专利部门。另外,复杂产品行业,例如每项技术创新的专利数量较多的电子技术和汽车行业被认为更应该提升其技术创新能力。④ 总之,企业规模及类型因为其研发能力、资金实力和人力资源优势差异,可能会通过专利技术创新性、产品制造力和市场销售水平等因素影响其技术创新能力。

3.中小型规模企业的专利行为影响技术创新的特殊性

专利对中小型企业与大型企业的影响在专利许可、技术创新和财务业绩方面存在差异。在产品创新及商业化方面,大企业和中小企业均受益于专利技术,但是中小型企业的专利行为对其技术创新产生影响具有一定的特殊性。Acs 等(1994)使用生产函数方法结合产生知识的投入与创新产出,提出了小规模企业创新模式:小规模企业是大型企业研发中心和大学产生的知识研发溢出效应的接受者,这种研发溢出效应在促进小规模企业的

---

① 袁晓东,张军荣,杨健安. 中国高校专利利用的影响因素研究[J].科研管理,2014,35(4):76-82.

② BLIND K, EDLER J, FRIETSCH R, et al. Motives to patent: evidence from Germany[J]. Research policy, 2006, 35(5): 655-672.

③ HALL B H, ZIEDONIS R M. The patent paradox revisited: an empirical study of patenting in the U.S. semiconductor industry, 1979-1995[J]. The RAND journal of economics, 2001, 32(1): 101-128.

④ COHEN W M, GOTO A, NAGATA A, et al. R&D spillovers, patents and the incentives to innovate in Japan and the United States[J]. Research policy, 2002, 31(8): 1349-1367.

创新活动方面显然比大规模企业更具决定性。① 虽然现有研究对中小型企业和大型企业专利申请意愿进行了研究,但对中小型和大型企业专利活动的绩效影响的比较研究很重要,因为拥有不同资源和技术创新能力的中小企业和大企业可能会以不同方式从专利活动中受益:在防止产品被假冒方面,预计中小型企业从专利活动中获得的收益少于大型企业;中小型企业许可其专利并产生额外收入流的倾向和能力可能相对高于大型企业。此外,对于中小型企业和大型企业而言,技术创新绩效的提高反过来又有助于提高利润率。专利活动还增加了中小型企业和大型企业向外部机构许可技术的能力,这种积极影响对大型企业更加明显。然而,无论是在中小型企业还是在大型企业,这些对外专利许可活动都会产生短期的经济利益。专利活动不会对中小型企业或者大型企业造成明显的成本劣势。这些发现为专利的价值创造和成本增加效应提供了独特的见解,表明大型企业和中小型企业都应该考虑将专利许可作为一种可行的战略,从其技术创新活动中充分获得商业利益。② 由此可见,与大型企业相比,中小型企业的专利行为对技术创新的影响具有特殊性。

(三)专利主体国籍和地理位置对技术创新的重要影响

国籍和地理位置是影响专利主体技术创新能力的空间要素。国籍是专利主体国家归属标志,虽然无法就特定专利主体评估其技术创新能力,但是可以从概率性统计数据中反映不同国籍专利权主体的技术创新能力。研究显示,美国授权专利中,非美国籍的专利主体进行专利转让的概率及其所需时间高于美国国籍权利主体。③ 由多个国家或者地区权利主体同时拥有独占权的专利具有更高的专利质量,很大程度上反映了其技术创新水平。④

---

① ACS Z J, AUDRETSCH D B, FELDMAN M P. R&D spillovers and recipient firm size[J]. Review of economics and statistics, 1994, 76(2): 336-340.

② ANDRIES P, FAEMS D. Patenting activities and firm performance: does firm size matter? [J]. Journal of product innovation management, 2013, 30(6): 1089-1098.

③ ANTONIO M, GIUSEPPE S, ELISA U, et al. Global markets for technology: evidence from patent transactions[J]. Research policy, 2017, 46(9): 1644-1654.

④ BRIGGS K. Co-owner relationships conducive to high quality joint patents[J]. Research policy, 2015, 44(8): 1566-1573.

相同条件下,不同国家或者地区授权专利维持时间的长短差异反映这些专利的技术创新水平。① 专利主体所处的地理位置对专利技术流动和知识扩散具有一定的影响,并通过影响专利产品的市场销售能力反映其技术创新水平高低。② 相比于技术领域因素,区域技术差异对专利技术创新更具有显著且稳定的影响。③ 专利主体的国籍和地理位置属于其很难改变的客观条件,这些客观条件如何影响技术创新,值得进一步研究。

二、专利运营能力与技术创新

专利运营是指权利主体为了取得和保持市场竞争优势,运用和经营专利排他垄断权,获取专利效益最大化的手段。专利主体的专利运营能力对专利收益的影响方式主要体现在专利许可、交易或者转让及拍卖等过程中。因为专利运营获得的收益可以为前期技术创新获得更多回报,同时为后续技术创新奠定经济基础,所以对权利主体的技术创新能力具有重要影响。

(一)专利许可收益对激励技术创新的影响

权利主体通过专利许可获得的收益可以作为其前期研发投入的回报并激励后续技术创新。例如 Arora、Ceccagnoli(2006),Caviggioli、Ughetto(2013),Gambardella 等(2007)研究分别显示,专利许可获得的专利收益可以作为创新主体前期研发投入的经济回报,并激励其进一步进行技术创

---

① 乔永忠,肖冰.基于权利要求数的专利维持时间影响因素研究[J].科学学研究,2016,34(5):678-683.
② BURHOP C, WOLF N. The German market for patents during the "second industrialization", 1884-1913: a gravity approach[J]. Business history review, 2013, 87(1): 69-93; DRIVAS K, ECONOMIDOU C. Is geographic nearness important for trading ideas: evidence from the US[J]. Journal of technology transfer, 2015, 40(4): 629-662.
③ 宋爽,陈向东.区域技术差异对专利价值的影响[J].科研管理,2016,37(9):68-77.

新;①谢芳和陈劲(2017)研究发现,专利许可经历会对被许可企业的专利质量产生正向影响,并对其技术创新产生一定的影响;②Kishimoto、Watanabe(2017)研究发现,通过优化专利许可人的数量和许可方式可以获得更多的专利收益,进而不同程度地激励技术创新。③ 由此可见,专利许可行为基于其经济收益对技术创新产生一定程度的影响。

(二)专利交易收益对激励技术创新的影响

通过专利交易或者转让获得收益可以回报前期研发投入,激励后续技术创新。Sinha(2016)认为,鼓励专利主体的最好方法之一是将专利转让给更需要的人,受让者再将这些专利许可给其竞争对手,提升自身的技术创新能力或者为后续技术创新奠定经济基础。④ Rassenfosse等(2016)和Lamoreaux等(2001)认为通过专利交易或者转让等方式可以获得更多的专利收益,激励区域间的技术扩散,从而促进技术创新,提升社会福利。⑤ Lanjouw、Schankerman(2001)研究发现,专利实施成本通过影响其他资源消费改变专利收益,进而影响技术创新。⑥ Drivas、Economidou(2015),Galasso

---

① ARORA A, CECCAGNOLI M. Patent protection, complementary assets, and firms' incentives for technology licensing[J]. Management science, 2006, 52(2): 293-308; CAVIGGIOLI F, UGHETTO E. The drivers of patent transactions: corporate views on the market for patents[J]. R&D management, 2013, 43(4): 318-332; GAMBARDELLA A, GIURI P, LUZZI A. The market for patents in Europe[J]. Research policy, 2007, 36(8): 1163-1183.

② 谢芳,陈劲.许可经历对企业专利质量的影响:基于专利引用的分析[J].中国科技论坛,2017(10):135-144.

③ KISHIMOTO S, WATANABE N. The kernel of a patent licensing game: the optimal number of licensees[J]. Mathematical social sciences, 2017, 86(3): 37-50.

④ SINHA U B. Optimal Value of a patent in an asymmetric Cournot duopoly market[J]. Economic modelling, 2016, 57(9):93-105.

⑤ DE RASSENFOSSE G, PALANGKARAYA A, WEBSTER E. Why do patents facilitate trade in technology: testing the disclosure and appropriation effects[J]. Research policy, 2016, 45(7): 1326-1336; LAMOREAUX N, SOKOLOFF K. Market trade in patents and the rise of a class of specialized inventors in the 19th-century United States[J]. American economic review, 2001, 91(2): 39-44.

⑥ LANJOUW J O, SCHANKERMAN M. Characteristics of patent litigation: a window on competition[J]. The RAND journal of economics, 2001, 32(1): 129-151.

等(2013),Serrano(2010)分别研究发现,专利转让信息可以在一定程度上反映创新主体的技术创新能力。① 近年来,随着创新环境的不断改善,中国技术创新主体的专利实施比率水平逐年提高,其技术创新能力也不断提升。② 由此可见,创新主体的专利运营意识和能力不断提升,基于专利交易获得收益,并促使创新主体的经济价值增加,对其技术创新的激励作用也会随之被强化。

(三)专利拍卖收益对激励技术创新的影响

通过专利拍卖价格反映专利价值,进而反映专利技术的创新水平。这方面主要有两个层面的研究成果。一是通过分析专利拍卖信息研究专利经济价值反映技术创新问题;③二是通过分析专利再次转让(reassignment)信息研究专利经济价值,进而通过专利经济价值与技术创新关系研究提升创新主体的技术创新能力问题。④ 另外,方厚政等(2013)研究认为,专利拍卖定价

---

① DRIVAS K, ECONOMIDOU C. Is geographic nearness important for trading ideas: evidence from the US[J]. Journal of technology transfer, 2015, 40(4): 629-662; GALASSO A, SCHANKERMAN M, SERRANO C J. Trading and enforcing patent rights [J]. The RAND journal of economics, 2013, 44(2): 275-312; SERRANO C J. The dynamics of the transfer and renewal of patents[J]. The RAND journal of economics, 2010, 41 (4): 686-708.

② 毛昊,刘澄,林瀚. 中国企业专利实施和产业化问题研究[J]. 科学学研究,2013,31(12):1816-1825.

③ CAVIGGIOLI F, UGHETTO E. Buyers in the patent auction market: opening the black box of patent acquisitions by non-practicing entities[J]. Technology forecasting and social change, 2016, 104: 122-132; FISCHER T, LEIDINGER J. Testing patent value indicators on directly observed patent value: an empirical analysis of Ocean Tomo patent auctions[J]. Research policy, 2014, 43(3): 519-529; NAIR S S, MATHEW M, NAG D. Dynamics between patent latent variables and patent price[J]. Technovation, 2011, 31(12): 648-654.

④ DRIVAS K, ECONOMIDOU C. Is geographic nearness important for trading ideas: evidence from the US[J]. Journal of technology transfer, 2015, 40(4): 629-662; GALASSO A, SCHANKERMAN M, SERRANO C J. Trading and enforcing patent rights [J]. The RAND journal of economics, 2013, 44(2): 275-312; SERRANO C J. The dynamics of the transfer and renewal of patents[J]. The RAND journal of economics, 2010, 41 (4): 686-708.

方式和专利发明人数、专利类型等对专利拍卖成交率有显著影响。① 不过，针对如何完善多数专利主体通过自己实施、许可他人实施、阻止竞争对手实施等方式，扩大市场份额获得更多专利收益，进一步激励技术创新机制的问题，现有研究成果相对很少。

三、专利管理能力与技术创新

过去的几十年里，技术创新和发明创造对创新主体在市场竞争中的生存变得越来越重要。高效的知识产权管理对创新型企业可以带来很大的竞争优势。企业根据知识产权特征和市场需求变化运用各种现代管理方法对其知识产权的创造、保护和运用等环节进行有效管理，对企业技术创新能力非常重要。具体而言，创新型企业可以通过知识产权（主要包括专利、商标、版权及商业秘密等）的法律保护，阻止竞争对手模仿其拥有的新产品或者新服务，进而保持其市场竞争的优势地位。通过商业秘密保护可以为企业提供确保研发回报的可选择途径，从而避免通过专利申请和侵权诉讼的法律费用，并避免向竞争对手公开敏感信息的潜在风险。企业知识产权管理的各种方法中，专利申请活动被认为是从外界（竞争对手）和内部（离职技术人员）角度对相关技术进行法律保护最有效的方式。

（一）专利管理能力影响技术创新的因素

专利管理能力涉及范围较广，其中最为重要的是涉及创新主体基于技术创新获得的发明创造是否需要申请专利、如何申请专利（权利要求书的撰写）、如何获取更具有竞争力的专利（专利布局）、获得专利授权后如何维持（何时继续维持及何时必须放弃）的能力。现有研究发现，专利是否对企业技术创新产生正面效果需要看具体情况，②或者说不是所有的专利都可以促进技术创新。同时，也有研究发现专利基本不会影响其所属企业的技术

---

① 方厚政，刘鹏.专利拍卖成交率影响因素的实证研究[J].科学学研究，2013，31(12)：1835-1840.

② MANSFIELD E. Patents and innovation：an empirical study[J]. Management science，1986，32(2)：173-181.

创新能力。① 出现类似情况的主要原因可能包括如下两个方面：首先是产业结构问题。对于技术密集型企业，尤其是新兴的高科技为主产业的企业，专利一般对企业技术创新的促进作用较大，而且往往是正向的激励作用。而对于劳动密集型产业，或者说技术含量较低的企业而言，专利在其生产和服务中的作用不如技术密集型企业那么大，所以对该类企业的技术创新影响一般不会很大。其次是企业对专利技术的运用能力问题。对于专利管理能力和效率较高的企业而言，企业会充分发挥其拥有专利的作用，除了自己充分实施外，可能会根据企业实际情况，对相关专利进行许可、转让、质押、融资和出资等，以便最大限度地实现专利经济价值，获取更多的研发投入回报，进而提升企业的技术创新能力。相反，对于专利管理能力较低的企业而言，因其获得高质量专利的能力有限，运用专利的能力不足，专利管理效率较低，从专利技术中提升技术创新能力的可能性相对较低，所以专利管理能力较低的企业拥有的专利对其提升技术创新能力的影响有限。

（二）专利管理水平对技术创新的影响

根据大多数国家或者地区的专利制度，在专利法定保护期之内，专利权人为了专利继续有效，必须按照规定每年缴纳一定的专利年费，所以拥有专利的企业有权选择决定在专利法定保护期限届满之前是否多次继续缴纳专利年费维持专利权利。这可以反映创新主体的专利管理水平。专利维持管理水平和专利管理策略是企业专利管理的重要方面。

1.专利维持管理水平对技术创新的影响

专利维持信息反映了企业知识产权管理水平，也在一定程度上反映了其实现专利价值的水平。知识资产是企业创造价值的战略要素，但是由于在财务和会计报表中准确计算这些无形资产尤其是专利资产具有一定的难

---

① GRILICHES Z, HALL B H, PAKES A. R&D, patents and market value revisited: is there a second(technological opportunity) factor? [J]. Economics innovation and new technology, 1991, 1(3): 183-201; ARTZ K W, NORMAN P M, HATFIELD D E, et al. A longitudinal study of the impact of R&D, patents, and product innovation on firm performance[J]. Journal of product innovation management, 2010, 27(5): 725-740; SUH D, HWANG J. An analysis of the effect of software intellectual property rights on the performance of software firms in South Korea[J]. Technovation, 2010, 30(5-6): 376-385.

度,所以它们很少出现在公司的资产负债表中。① 专利及其维持信息是公司通过赋予无形资产法律地位和可能的账面价值来维持其无形资产的部分价值的重要途径之一。② 根据知识产权管理者成本收益分析,放弃专利维持成本大于专利收益的专利;继续维持专利收益大于专利维持成本的专利,或者说优化专利维持行为,节约专利维持成本,增加专利收益。专利申请情况在很大程度上反映了企业的目标绩效,也反映了在研发中投资的金融资本的正当使用程度。专利维持信息之所以重要,是因为该信息向投资者强化了专利技术的质量和实用性。③ 对专利权人和竞争对手而言,在专利法定保护期届满之前评估保持专利维持有效的可能性大小都很重要,因为该指标在很大程度上反映了专利的不同层面价值以及技术成熟度和产品市场需求水平,也反映为专利权人在未来特定时间段内带来专利收益的可能性。④ 由此可见,创新主体维持管理专利的能力会在一定程度上影响其后续技术创新的能力。

2.专利管理策略对技术创新的影响

专利管理策略是专利战略的微观体现,对其技术创新具有重要影响。现有研究成果试图分析不同因素对专利维持或者放弃专利决定的影响机理,但是尚未达成共识。⑤ Bader 等(2012)为企业如何管理其内部的专利组合(最初开发和许可给重点公司的专利)提供了具有一定针对性的策略建议。⑥ Lee、Fong(2020)旨在为开放创新项目(利用外部知识或者专利进行

---

① JOHNSON W H A. An integrative taxonomy of intellectual capital: measuring the stock and flow of intellectual capital components in the firm[J]. International journal of technology management,1999,18(5):562-575.

② HODGSON J, OKUNEV R W. Accounting for intangibles: a theoretical perspective, account[J]. Journal of business research,1993,90(23):138-150.

③ HIKKEROVA L, KAMMOUN N, LANTZ J. Patent life cycle: new evidence [J].Technological forecasting and social change,2014,88:313-324.

④ SERENO L. Real options valuation of pharmaceutical patents: a case study [R].(2010-02-03)[2023-01-26].http://ssrn.com/abstract=1547185.

⑤ SERRANO C J. The dynamics of the transfer and renewal of patents[J]. The RAND journal of economics,2010,41(4):686-708.

⑥ BADER M A, GASSMANN O, ZIEGLER N, et al. Getting the most out of your IP: patent management along its life cycle[J]. Drug discovery today,2012,17(7-8):281-284.

新产品开发的项目)开发有效的专利管理策略,并提供关于如何管理关于外部专利的收益周期管理(最初开发和授权给外部组织的专利,而不是授权给药物赞助商的专利)的策略建议。① Lee 等(2019)研究发现,很多医药企业不是独立开发新药,而是与合作伙伴合作开发新药(开放创新项目)。② 在开放创新项目中,外部专利管理对企业获取知识产权和延长产品生命周期非常重要。③ Reitzig(2004)运用来自五个不同产业的 612 项欧洲授权专利及其相关发明的相关数据研究发现,基于一项发明的多件专利多数是以离散和复杂技术的方式申请专利;在特定的离散技术发明中,专利权利要求的保护"围栏"可能有助于排除竞争对手,而在复杂技术中,"专利丛林"代表互补技术的交易场所(exchange forums);该研究结果扩展了跨行业获得专利收益的传统观点。④ 来自多个复杂和离散技术创新的专利收益大小很大程度上取决于相关技术互补性的程度。专利权人通过运用权利要求的保护范围以替代技术的形式消除同行之间的竞争。

3.专利申请及融资动机对技术创新的影响

创新主体"围堵"在其产品的设计或制造中,从而阻碍其技术创新,所以要注意专利申请及融资动机对技术创新的影响。Blind 等(2006)基于专利申请数量急剧增加的背景,以积极申请专利的德国公司为样本,分析了专利和替代工具在保护知识产权方面的作用,并调查了不同行业和规模企业的专利申请的动机,发现企业规模对专利申请的动机很重要,尤其重要的是专利的创新战略动机,例如有效运用专利可以提高企业与合作伙伴、被许可方

---

① LEE Y, FONG E A. Patent life-cycle management strategies in open innovation projects[J]. Drug discovery today, 2020, 25(10): 1782-1785.

② LEE Y, FONG E, BARNEY J B, et al. Why do experts solve complex problems using open innovation? Evidence from the U.S. pharmaceutical industry[J]. California management review, 2019, 62(1): 144-166.

③ HOLGERSSON M, PHAN T, HEDNER T. Entrepreneurial patent management in pharmaceutical startups[J]. Drug discover today, 2016, 21: 1042-1045; JUDD D B. Open innovation and intellectual property: time for a reboot? [J]. Drug discover today, 2013, 18: 907-909.

④ REITZIG M. Improving patent valuations for management purposes: validating new indicators by analyzing application rationales[J]. Research policy, 2004, 33(6-7): 939-957.

（包括交叉许可）和金融部门谈判的地位，或有效运用专利可以作为研发人员的激励措施或者绩效指标。① 自1990年代中期以来，软件专利性的法律变化导致软件专利数量大幅增加。"专利丛林"相关的交易成本影响新进入者与资本市场的互动。Cockburn等（2009）对27个狭义软件市场进入者的融资数据的研究表明，在专利密集型市场中运营的初创软件企业在中期之后，相对于受专利影响较小的市场中的企业而言，其最初获得风险投资资金的时间有所延迟。"专利丛林"与后续融资活动（如IPO或者收购）之间的关系更为复杂，但是没有证据表明，没有专利的企业如果在以"专利丛林"为特征的市场中运营，上市的可能性就会降低。但是拥有专利的企业更有可能获得资金或者赞助。② 由此可见，创新主体融资能力对其进行后续技术创新具有重要的影响。

4.专利组合策略对技术创新的影响

专利组合作为专利管理的重要模式之一，对提升创新主体的技术创新能力具有重要影响。例如，Kim（2015）认为，对专利进行组合管理成为企业创新的一个关键问题。③ Ziedonis（2004）研究了企业扩大其专利组合的条件，以应对技术市场中潜在的技术障碍问题；结合交易成本理论与知识产权运用方式预测，当技术市场高度分散时，企业申请专利和技术创新会更加积极；对于在特定技术方面进行大量研发投资并积极强化技术创新的企业而言，其技术创新能力和专利质量提升强化了其在市场中的垄断地位。可见，企业专利组合的优化程度和专利战略水平对其技术创新具有重要影响。④

5.专利微观管理因素对技术创新的影响

Harabi（1995）认为，从技术创新中获取经济回报对于个人发明者和创新者，以及对于个别市场和整个经济的技术变革都非常重要。由于专有性

---

① BLIND K, EDLER J, FRIETSCH R, et al. Motives to patent: evidence from Germany[J]. Research policy, 2006, 35(5): 655-672.

② COCKBURN I M, MACGARVIE M J. Patents, thickets and the financing of early-stage firms: evidence from the software industry[J]. Journal of economics and management strategy, 2009, 18(3): 729-773.

③ KIM J. Patent portfolio management of sequential inventions: evidence from US patent renewal data[J]. Review of industrial organization, 2015, 47(2): 195-218.

④ ZIEDONIS R H. Don't fence me: fragmented markets for technology and the patent acquisition strategies of firms[J]. Management science, 2004, 50(6): 804-820.

(appropriability)难以直接衡量,许多研究人员一直试图通过检查各种专有性手段的有效性来间接和定性地对其进行调查。这些手段中最重要的是专利、商业秘密以及相关优势。Harabi从瑞士企业保持技术创新竞争优势有效性的调查结果中发现以下五个方面的特征:一是对于方法的技术创新,通常被认为最有效的专有手段是节约时间;对于产品的技术创新,卓越的销售和服务被视为最有效的手段。二是对于产品和工艺技术的创新,专利通常被认为是最有效率的手段。三是瑞士专利作为一种专有手段仅在化学品(包括药品)等少数行业中有效,在某些情况下还适用于机械和电工行业等。四是竞争者围绕技术创新的能力以及专利文件要求"披露太多信息"的观念被认为是专利有效性的最重要限制因素。五是发明者和创新者有多种理由为其新的想法申请专利,尽管专利可能无法提供足够的保护以防止模仿,但是它们可以有助于提高专利持有人与第三方的谈判筹码,在与其他企业谈判(例如与研发相关的协议、融合、收购等)或者与政府机构(例如关于进入国外市场)的谈判中都可能出现这种情况。[①]

四、专利战略能力与技术创新

专利战略是创新主体为了有效应对激烈的市场需求变化、竞争对手在技术方面的挑战,充分利用专利技术信息,分析竞争对手技术发展状况,主动运用专利法律制度和企业竞争法则制定的推进专利技术开发、控制独占市场等取得、运用和保护自身技术的长远性和总体性的相关规划。它对提升创新主体技术创新能力具有重要的影响。专利保护战略是专利战略的重要类型,是权利主体基于专利保护制度促进技术创新的系统性策略。在知识经济和专利数量迅速增长的时代,越来越多企业认为创新公司的专利战略应该更广泛、更复杂,这也是导致专利申请的爆炸性增长的原因之一。

(一)专利战略对企业提升技术创新能力的重要性

专利制度的最初目的是为技术提供暂时的有限保护,但是企业可以充分利用专利制度制定有利于技术创新的专利战略,为其实现各种更加长远

---

① HARABI N. Appropriability of technical innovations: an empirical analysis[J]. Research policy,1995,24(6):981-992.

和全面的专利利益创造条件。① 首先,技术是企业专利战略转换的客体,技术创新必然会推动企业专利战略的调整和实施。企业专利战略转换对促进技术创新的作用机理和提升企业技术创新能力非常重要。② 其次,企业专利战略必定会涉及其技术研发和技术创新。要技术创新得到可持续发展,就需要有效的专利战略,将其技术研发和技术创新提升到专利战略定位,并分别在技术研发阶段、实施技术阶段、成果完成阶段有效实施专利战略。③ 最后,企业技术创新与专利保护制度和保护策略之间具有非常重要的联系。专利保护战略是企业保护其技术创新的关键措施,也是其提升技术创新能力的手段、占领市场形成竞争优势的重要选择。④

学者对专利战略影响企业或者产业技术创新的问题进行了大量研究。例如,Delcamp(2015)研究显示,当专利被看作是战略措施时,企业运用专利申请和专利维持强化财产权,从而获得前期研发回报,并为后期技术创新创造经济条件。⑤ Blind 等(2006)基于德国企业在 1991—2000 年期间获得欧洲专利局授权的专利数据,分析企业专利被引证和被宣告无效或者异议对组合特征的影响,发现:企业专利战略与其专利组合特征相关;以传统方式使用专利保护其技术的企业因其专利获得更多的前向引证;进攻性(而非防御性)专利战略与较高的专利无效宣告发生率有关,而将合作使用专利作为交易核心的企业拥有的专利被引用次数较少,对其专利进行无效宣告的数量也较少。⑥ Cohen 等(2002)对美国和日本制造业专利信息的调查显示,日本产业研发产生的知识流动性和溢出比美国产业大,而基于技术创新获得的收益更少;专利在日本竞争对手之间传播信息方面发挥着更核心的

---

① BLIND K, CREMERS K, MUELLER E. The influence of strategic patenting on company patent portfolios[J]. Research policy, 2009, 38: 428-436.
② 周勇涛,黎运智.企业技术创新与专利战略转换作用机理研究[J].科学学与科学技术管理,2009,30(6):43-47.
③ 冯晓青.试论企业技术创新中专利战略的应用[J].科学管理研究,2001,19(4):12-15.
④ 赵鹏飞.企业技术创新中专利战略的实施[J].知识产权,2005(6):37-39.
⑤ DELCAMP H. Are patent pools a way to help patent owners enforce their rights [J]. International review of law and economics, 2015, 41(3): 68-76.
⑥ BLIND K, EDLER J, FRIETSCH R, et al. Motives to patent: evidence from Germany[J]. Research policy, 2006, 35(5): 655-672.

作用,并且是产业研发溢出的关键原因,专利政策对专利信息的流动产生重要影响;美日两国企业对专利战略的使用方式存在一定差异,例如在谈判中日本企业对专利战略的使用比美国企业更为普遍。① 由此可见,科学制定专利战略对激励技术创新非常重要。

(二)有效运用专利制度是专利战略激励技术创新的关键

创新主体有效运用专利制度不仅有利于保护其现有技术创新,而且对其后续技术创新具有非常重要的价值。为了提升创新主体的技术创新能力,并有效阻止竞争对手,最常见的专利战略动机可以分为两个方面:一是专利防御性战略,即企业利用专利避免自己的技术被别人的专利削弱,从而进行有效技术创新;二是专利进攻性战略,即当企业只申请专利以防止竞争对手在相同或者相邻的应用领域使用与自己的发明接近但不相同的技术发明时,就可能会围堵其技术创新,所以必须提升在该技术领域的创新能力。② 有效运用专利制度提升专利战略激励技术创新需要做好以下工作。

1.通过科学的专利战略激励技术创新

企业或者产业的专利战略是激励技术创新的重要措施,但是专利战略实施会带来"专利丛林"的问题。所谓"专利丛林"会导致企业的专利保护范围更广,而不是直接保护一项特定发明所必需的,这种做法更有利于技术创新的可持续发展。③ 另外,为了威慑竞争对手不要进入相关的产品或者服务市场,企业可能会战略性地运用专利申请和专利维持行为提升绩效,有效

---

① COHEN W M, GOTO A, NAGATA A, et al. R&D spillovers, patents and the incentives to innovate in Japan and the United States[J]. Research policy, 2002, 31(8): 1349-1367.

② BLIND K, EDLER J, FRIETSCH R, et al. Motives to patent: evidence from Germany[J]. Research policy, 2006, 35(5): 655-672; BLIND K, CREMERS K, MUELLER E. The influence of strategic patenting on company patent portfolios[J]. Research policy, 2009, 38: 428-436.

③ COCKBURN I M, MACGARVIE M J. Patents, thickets and the financing of early-stage firms: evidence from the software industry[J]. Journal of economics and management strategy, 2009, 18(3): 729-773; SHAPIRO C. Navigating the patent thicket: cross licenses, patent pools, and standard-setting[M]//JAFFE A, LERNER J, STERN S. innovation Policy and the Economy. Cambridge: MIT Press, 2000: 119-150.

促进技术创新。① Cohen 等(2000)研究发现,企业可以通过基于专利申请和专利维持决定的专利战略与相关企业进行谈判,以便有利于其技术创新。② Kim(2015)研究发现,企业一般较少运用具有单一专利的战略行为,以其专利申请和专利维持行为作为在研发竞争中的防御策略,而是较多运用企业内部连续创新专利之间的联系,重点关注这些专利的组合收益而做出专利申请和专利维持决定的战略选择,为企业进一步技术创新奠定基础。③ 因此,有效实施专利战略不仅可以增强企业市场竞争力,而且对促进其技术创新具有重要价值。

2.专利战略的科学性对技术创新具有重要影响

专利战略的科学性及其与创新主体类型和发展阶段的适应性对技术创新发展具有较为重要的影响。专利制度为创新主体战略性地利用专利制定其专利战略提供了可能性。④ Blind 等(2006)认为,作为战略手段的专利除了传统意义上的保护自身技术、避免竞争对手模仿等特征外,至少应该能够预期其他市场参与者的专利战略行为。⑤ Frietsch 等(2010)认为,专利战略价值不仅包括金融市场准入、许可收入等货币方面,还包括员工激励等更间接的方面;企业的专利组合一般可以被视为阻止新的潜在竞争者进入市场

---

① LANGINIER C. Are patents strategic barriers to entry?[J]. Journal of economics and business,2004,56(5):349-361;HORSTMANN I,MACDONALD G M,SLIVINSKI A. Patent as information transfer mechanisms:to patent or(maybe) not to patent[J]. Journal of political economy,1985,93:837-858;CRAMPES C,LANGINIER C. Information disclosure in the renewal of patents[J]. Les annales d'economie et statistique,1998,49:266-288.

② COHEN W M,NELSON R,WALSH J. Protecting their intellectual assets:appropriability conditions and why U.S. manufacturing firms patent(or not)[R]. NBER Working Paper,No.7552,2000.

③ KIM J. Patent portfolio management of sequential inventions:evidence from US patent renewal data[J]. Review of industrial organization,2015,47(2):195-218.

④ BLIND K,CREMERS K,MUELLER E. The influence of strategic patenting on company patent portfolios[J].Research policy,2009,38:428-436.

⑤ BLIND K,EDLER J,FRIETSCH R,et al. Motives to patent:evidence from Germany[J]. Research policy,2006,35(5):655-672.

或在特定领域站稳脚跟的障碍。① 总之,科学有效地运用专利战略与技术创新,二者不可偏废。

3.专利战略的价值因素对技术创新的影响

有效促进技术创新,需要重视影响专利战略价值因素的差异性。Grindley、Teece(1997)认为,创新和智力资本管理在高科技产业竞争中发挥着越来越重要的作用;专利保护强度的增强使得知识产权所有者对专利许可的表现积极。② 在电子和半导体等技术领域创新累积的市场运营中,企业往往需要进行广泛的专利许可或者交叉许可。高质量的专利组合不仅反映企业的创新能力,而且可以显著提高其交叉许可谈判能力并减少专利使用费,有可能直接促进其产品和工艺创新,体现了专利战略的价值所在。Hall、Ziedonis(2001)研究了以快速技术变革和累积创新为特征的产业中企业的专利行为的结果,发现1980年代美国专利保护强度提升引发了资本密集型企业之间的"专利组合竞赛"。③ 由此可见,专利战略应该将提升创新主体技术创新能力作为重要目标。

(三)专利战略在提升技术创新价值中的作用

专利战略在现实中提升创新主体的技术创新能力,促进技术创新的价值。现有研究对专利战略的价值进行了研究。④ 首先,专利战略可以通过技术交易或者许可提升技术创新能力。例如,企业可能会选择产生许可收入或者与其他企业进行交易(交叉许可),或者在与其他企业谈判时使用专利作为讨价还价的筹码,以获取新的技术创新方向,这在ICT(信息与通信

---

① FRIETSCH R, SCHMOCH U, LOOY B V, et al. The value and indicator function cf patents[R]. Fraunhofer Institute for Systems and Innovation Research, 2010: 61-79.

② GRINDLEY P, TEECE D J. Managing intellectual capital: licensing and cross-licensing in semiconductors and electronic[J]. California management review, 1997, 39(2): 8-41.

③ HALL B H, ZIEDONIS R M. The patent paradox revisited: an empirical study of patenting in the U.S. semiconductor industry, 1979-1995[J]. The RAND journal of economics, 2001, 32(1): 101-128.

④ BLIND K, EDLER J, FRIETSCH R, et al. Motives to patent: evidence from Germany[J]. Research policy, 2006, 35(5): 655-672; BLIND K, CREMERS K, MUELLER E. The influence of strategic patenting on company patent portfolios[J]. Research policy, 2009, 38: 428-436.

技术)等行业尤为突出。① 其次,专利战略可用于国际市场扩展和标准化发展或者提高公司声誉和技术形象等。专利战略可以看作是使用专利衡量企业研发人员内部绩效的手段之一。创新主体可以将专利战略用于激励技术创新的目的,因为创新产出可以很容易地分配给单个组织单位,有效促进后续技术创新。尤其是对于中小企业来说,更容易进入资本市场也可以看作是专利申请的战略动机。再次,专利战略可以通过专利实施或者运用实现技术创新成果的落地。专利战略可以作为潜在投资者风险较低的信号,从而增加他们的投资意愿。从这个角度来看,科技初创企业很大程度上依赖于专利技术,并进行后续的技术创新。专利指标反映了企业在国家中的知识能力或知识存量。对于企业或者创新系统,虽然专利战略可能有时没有直接收益,但是它是技术研发或者发展轨迹的重要部分,与其有关的其他专利可能具有较高的经济、战略或者社会价值,而这些有价值的专利可能是建立在(经济上)价值较低的专利之上。不过,虽然专利的战略收益很难评价,但是通过对申请撤销或者被终止专利信息的分析可以作一个粗略的估计。例如,没有直接技术价值的威慑专利,只有在不产生任何成本的情况下才会被使用。在提交专利申请三年后,无须在欧洲专利局支付维持费。由于许多技术领域的创新周期相当短,甚至越来越短,三年的时间足以阻止市场进入者和竞争对手在同一领域申请专利。因此,在三年期限结束前不久撤销或者被终止的专利至少可以粗略地被视为战略专利的指标。② 由此可见,实施专利战略可以在不同层面激励技术创新。

值得一提的是,"专利蟑螂"或者"专利流氓"现象对技术创新具有重要的影响。Reitzig 等(2007)研究发现,"专利流氓"是指拥有专利的个人或者(通常是小型)企业通过专利侵权问题将研发密集型的制造商"困"在技术中,使其因非法使用专利技术而获得损害赔偿的行为方式。虽然知识产权管理层非常关注"专利流氓"问题,但是"专利流氓"问题的存在及其对企业决策者和政策制定者的影响仍需要具体问题具体分析。"专利流氓"可以获

---

① HALL B H, ZIEDONIS R M. The patent paradox revisited: an empirical study of patenting in the U.S. semiconductor industry, 1979-1995[J]. The RAND journal of economics, 2001, 32(1): 101-128.

② FRIETSCH R, SCHMOCH U, LOOY B V, et al. The value and indicator function of patents[R]. Fraunhofer Institute for Systems and Innovation Research, 2010: 61-79.

得相应的专利收益,产品制造商如何规避"专利流氓"行为?政策制定者需要通过政策消除不当的专利收益,保护产品制造商的合法利益,有效激励技术创新。结合小型企业的专利运营特征与大型制造商的专利战略发现,法院对非故意侵权者所面临的利益权衡的不切实际的考虑是"专利流氓"行为的核心条件,其影响了技术创新的可持续发展。① 总之,"专利蟑螂"或者"专利流氓"与技术创新的关系需要进一步研究。

第五节 专利事件与技术创新

专利事件是指专利获得授权后发生的对其价值、收益和寿命产生影响的事件。因为专利价值、专利收益、专利寿命均对技术创新及其回报、后续技术创新等方面产生影响,所以研究专利事件影响技术创新的机制具有重要意义。本节主要研究专利诉讼行为及其赔偿、无效宣告程序及其结果、专利寿命及其长短对技术创新的影响,为实现中国高水平科技自立自强提供参考。

一、专利诉讼与技术创新

对专利进行有效保护是专利制度正常运行的目标,也是激励技术创新的前提基础。专利诉讼是专利保护常用且有效的措施之一,也是权利主体保护其技术创新成果的重要措施,更是促进其进一步技术创新的主要手段。如何提高对技术创新成果的保护能力,是解决权利主体技术创新可持续发展的关键问题之一。随着创新主体的专利保护意识增强,专利诉讼发生率越来越高。专利诉讼风险、诉讼结果及其影响可能会给创新主体带来资金损失和人力成本。专利侵权诉讼对涉嫌侵权者构成严重的威胁,从平均水平来看原告从诉讼中获利,而被告在诉讼中败诉和达成和解协议都对其有

---

① REITZIG M, HENKEL J, HEATH C. On sharks, trolls, and their patent prey: unrealistic damage awards and firms' strategies of "being infringed"[J]. Research policy, 2007, 36(1): 134-154.

负面影响。① 专利侵权诉讼及其结果对创新主体后续技术创新会产生多方面的影响。

(一)专利权人的诉讼能力对技术创新的重要影响

专利权人,尤其是技术密集型等涉及诉讼活动较多的专利主体的诉讼能力是影响其技术创新能力的重要因素之一。Chen 等(2016)研究发现,进攻性专利诉讼越来越成为企业获得专利收益的重要手段之一。② Hu 等(2017)研究发现,专利诉讼使得中小型企业专利数量减少,但专利质量提高,从而进一步提升了其技术创新水平;在德国,无论专利诉讼结果如何,原告都会在企业声誉方面获得积极影响,并影响其技术创新能力。③ Nam 等(2015)研究发现,处于市场优势地位的企业向竞争对手提起的专利诉讼对其股票价格具有正向影响,并影响其技术创新能力;处于市场劣势地位的企业向竞争对手提起的专利诉讼对其股票价格具有反向影响,对其技术创新能力造成反面影响。④ Briggs(2015)研究发现,由多个国家或者地区权利人共同拥有的专利不仅具有更高的专利质量,而且可以在很大程度上提升创新主体的技术创新能力。⑤ 尹志锋等(2015)研究发现,专利诉讼中的原告和被告都为企业时,原告能够获得相对个人更高的赔偿额,从而对其技术创新产生影响。⑥ 尹志锋(2018)基于专利诉讼经历指标对企业技术创新战

---

① SCHLIESSLER P M. Patent litigation and firm performance: the role of the enforcement system[J]. Industrial and corporate change, 2015, 24(2): 307-343.

② CHEN Y M, LIU H H, LIU Y S, et al. A preemptive power to offensive patent litigation strategy: value creation, transaction costs and organizational slack[J]. Journal of business research, 2016, 69(5): 1634-1638.

③ HU W, YOSHIOKA-KOBAYASHIA T, WATANABE T. Impact of patent litigation on the subsequent patenting behavior of the plaintiff small and medium enterprises in Japan[J]. International review of law and economics, 2017, 51(8): 23-28.

④ NAM S, NAM C, KIM S. The impact of patent litigation on shareholder value in the smart-phone industry[J]. Technological forecasting and social change, 2015, 95(7): 182-190.

⑤ BRIGGS K. Co-owner relationships conducive to high quality joint patents[J]. Research policy, 2015, 44(8): 1566-1573.

⑥ 尹志锋,梁正.我国专利侵权诉讼赔偿额的影响因素分析[J].中国软科学,2015(12):12-24.

略的影响发现:专利诉讼对涉诉企业的研发投入、持有专利、建立知识产权管理机构、投入资金运营专利促进技术创新具有显著的正向影响,对企业专利占比的提升效果影响不明显。① 由此可见,专利诉讼作为创新主体的专利保护能力,反映其专利收益能力,对其技术创新具有一定的影响。

(二)专利诉讼通过影响专利价值而影响技术创新

专利诉讼行为从侵权角度反映了专利价值。一般而言,如果专利没有价值或者价值不高,发生侵权行为的概率很低。通常是因为专利技术具有一定技术创新,可以带来一定的市场优势,才可能产生专利诉讼。扣除侵权带来的风险,专利侵权人仍然可以从专利技术中获得收益时,才有可能发生专利侵权现象。Bessen(2008)运用专利维持数据通过控制专利及其权利人特征评估美国专利的价值发现:涉及诉讼的专利价值相对更高,其涉及的技术创新水平也较高。② Zhang等(2014)研究发现,在发展中国家,专利权人与侵权人共存是很常见的,这导致了专利权人和侵权人之间的专利价值分割。侵权行为更有可能发生在中外企业之间技术差距较小的技术领域,这可能是由于技术更容易复制,所以不利于技术创新。③ 因此,可以预期专利诉讼指标与专利收益具有较强的正相关关系。Lai,Che(2009)基于专利侵权诉讼数据分析了专利在经济和法律方面的价值对技术创新的影响。④ Lanjouw等(1998)、Schankerman等(2001)、Marco(2005)分别研究了专利侵权诉讼对技术创新的影响,调查了诉讼的意愿和成本、赢得审判的可能性

---

① 尹志锋.专利诉讼经历与企业技术创新战略[J].世界经济,2018,41(10):170-192.
② BESSEN J. The value of U. S. patents by owner and patent characteristics[J]. Research policy, 2008, 37(5):932-945.
③ ZHANG G, LV X, ZHOU J. Private value of patent right and patent infringement: an empirical study based on patent renewal data of China[J]. China economic review, 2014, 28: 37-54.
④ LAI Y H, CHE H C. Modeling patent legal value by extension neural network[J]. Expert systems with applications, 2009, 36(7):10520-10528.

以及它们对专利价值的影响。① 绝大多数实证研究都是基于这样的假设，即如果专利权人在诉讼中败诉或者不起诉侵权行为，那么专利价值将会变为零，从而导致专利失效，对后续技术创新带来很大伤害。然而，现实中专利所有人的行为可能并不像上述研究那样。即使有侵权者和专利权人在侵权诉讼中受到损失，他们仍然会继续维持专利，②以便进一步进行技术创新。这可能是一个较多的收益，即使有侵权较多和利益减少的风险。③ 然而，如果专利被无效终止，将会出现更多的合法模仿者，基于技术创新的利益将会变为零。因此，即使法律制度不能对专利提供有效的保护，一个理性的专利权人也会继续维持专利有效，所以有时候专利利益在专利权人和侵权人之间的共享也可能是一种策略性选择。除了专利侵权诉讼之外，模仿与非侵权行为很难区分，这在发展中国家通常比较常见。④ 由于社会福利将在短期内得到改善，⑤大多数发展中国家政府对非侵权的模仿往往保持沉默。⑥ 由此可见，专利权人很难在专利保护强度不足的情况下寻求对技术创新成果进行有效的法律保护。

---

① LANJOUW J O, PAKES A, PUTNAM J. How to count patents and value intellectual property: the uses of patent renewal and application data[J]. The journal of industrial economics, 1998, 46(4): 405-432; LANJOUW J O, SCHANKERMAN M. Characteristics of patent litigation: a window on competition[J]. The RAND journal of economics, 2001, 32(1): 129-151; MARCO A C. The option value of patent litigation: theory and evidence [J]. Review of financial economics, 2005, 14(3-4): 323-351.

② YIANNAKA A, FULTON M. Getting away with robbery? Patenting behavior with the threat of infringement[J]. Journal of economics and management strategy, 2011, 20(2): 625-648.

③ LANGINIER C, MARCOUL P. Contributory infringement rule and patents [J]. Journal of economic behavior and organization, 2009, 70(1): 296-310.

④ GALLINI N. Patent length and breadth with costly imitation[J]. The RAND journal of economics, 1992, 44: 52-63.

⑤ KLEMPERER P. How broad should the scope of patent protection be[J]. The RAND journal of economics, 1990, 21(1): 113-130.

⑥ GOLDBERG P K. Intellectual property rights protection in developing countries: the case of pharmaceuticals[J]. Journal of the european economic association, 2010, 8(3): 326-353.

(三)专利侵权行为因其改变专利收益而影响技术创新

区域科技经济发展不平衡会导致一定程度的专利侵权行为发生,会影响特定区域权利人的技术创新能力。如果国家或者地区之间在某些技术领域存在一定的差距,则技术进步或者先进技术的扩展动力就有可能会造成一定程度的专利侵权。当然,如果在中国这样经济、技术和科技发展不太平衡且地域辽阔的国家中,由于专利侵权可能在一定程度上有利于地方经济,地方保护主义可能会削弱中央立法力度或执法强度。当专利侵权行为与地方政府或者执法官员存在良好的利益联系时,他们可能会为其专利侵权活动找到一个保护伞,[1]这可能会系统性地影响权利人的技术创新能力。另外,在美国,专利诉讼费用已被用作反映激励技术创新水平的指标之一,[2]因为其在一定程度上反映该地区对技术创新的保护水平。

(四)专利偏好导致的侵权诉讼对技术创新的影响

专利偏好说明专利给其主体带来更多的好处,所以权利人一般具有较好的技术创新能力。不少研究成果试图找到影响企业专利偏好的因素,如Mansfield(1986)研究发现产业类型和时间影响企业专利偏好;[3]Griliches(1988)认为商业循环模式影响企业专利偏好;[4]Brouwer、Kleinknecht(1999)发现企业专利偏好受到R&D合作者、产业类型和企业规模等因素

---

[1] PRIEST E. The future of music and film piracy in China[J]. Berkeley technology law journal,2006,21(2):796-870.

[2] LANJOUW J O, SCHANKERMAN M. Characteristics of patent litigation: a window on competition[J]. The RAND journal of economics,2001,32(1):129-151;LANJOUW J O, SCHANKERMAN M. Patent quality and research productivity: measuring innovation with multiple indicators[J]. The economic journal,2004,114(1):441-465.

[3] MANSFIELD E. Patent and innovation: an empirical study[J]. Management science,1986,32(2):173-181.

[4] GRILICHES Z. Productivity puzzles and R&D: another nonexplanation[J]. Journal of economic perspectives,1988,2(4):9-21.

的影响,而且产品技术创新的专利偏好高于方法技术创新的专利偏好;[1] Arundel、Kabla(1998)研究发现,同等条件下大企业专利偏好度较高;[2] Hu(2010)研究发现,在中国的外国企业专利偏好高于中国企业;[3] Huang、Cheng(2015)研究发现,技术创新能力和意愿因素影响专利偏好水平。[4] 专利产品被模仿侵权的风险越高,权利人越强化申请专利保护的必要性,以便确保其技术创新成果得到有效保护。[5] 专利许可定价行为[6]、企业专利许可战略[7]、企业专利联盟[8]以及其他专利战略行为都可以增加前期研发回报,并为后期技术创新创造更好的经济条件。专利战略价值包括阻止竞争对手、更容易进入金融市场、防止关键技术被发明以及产生许可收入、增加研发投入、促进技术创新。专利战略价值经常被研究。对发明人或研发经理的不同维度规模调查清楚地提供了专利的战略价值存在的证据。总之,专利偏好以技术创新为基础,所以技术创新能力的提升是权利人专利偏好

---

[1] BROUWER E, KLEINKNECHT A. Innovative output and a firm's propensity to patent: an exploration of CIS micro data[J]. Research policy, 1999, 28(6): 615-624.

[2] ARUNDEL A, KABLA I. What percentage of innovations are patented? Empirical estimates for European firms[J]. Research policy, 1998, 27(2): 127-141.

[3] HU A G. Propensity to patent, competition and China's foreign patenting surge[J]. Research policy, 2010, 39(7): 985-993.

[4] HUANG K F, CHENG T C. Determinants of firms' patenting or not patenting behaviors[J]. Journal of engineering and technology management, 2015, 36: 52-77.

[5] ARCHONTAKIS F, VARSAKELIS N C. Patenting abroad: evidence from OECD countries[J]. Technological forecasting and social change, 2017, 116(6): 62-69.

[6] MARTA S M, ANA I S. Patent strength and optimal two-part tariff licensing with a potential rival incorporating ad valorem royalties[J]. Economics letters, 2016, 143(6): 28-31; HUAIGE Z, XUEJUN W, PING Q, XIANPEI H. Optimal licensing of uncertain patents in a differentiated stackelberg duopolistic competition market[J]. International review of economics & finance, 2016, 45(9): 215-229.

[7] XIAOLI T. Licensing a quality-enhancing innovation to an upstream firm[J]. Economic modelling, 2016, 53(2): 509-514; RABAH A, DAVID E, YASSINE L. Optimal licensing of uncertain patents in the shadow of litigation[J]. Games & economic behavior, 2014, 88(11): 320-338.

[8] HENRY DELCAMP. Are patent pools a way to help patent owners enforce their rights[J]. International review of law and economics, 2015, 41(3): 68-76; NANCY G. Cooperating with competitors: patent pooling and choice of a new standard[J]. International journal of industrial organization, 2014, 36(9): 4-21.

的前提条件。

总而言之,权利人的专利偏好对其技术创新具有较大的影响,因为企业营利属性和权利的专利偏好证明了其可以从专利中获得可观的收益,否则权利人就不会具有专利偏好。而专利偏好需要一定的技术创新能力的支撑,反过来专利偏好本身又为进一步技术创新奠定基础。

二、专利无效与技术创新

专利无效宣告是指认为专利局的授权行为不符合专利法规定的单位或者个人,依法向专利行政部门提出宣告该专利权无效的请求过程。它在特定角度反映了专利质量,检验了其包含的技术创新水平。

(一)专利无效宣告程序及其结果对技术创新的影响

专利无效宣告的法律后果是被宣告(部分)无效的专利权被视为自始即不存在,所以专利无效宣告程序对专利技术创新影响较大。专利异议指标在某种程度上来源于欧洲专利制度,该制度规定在专利授权后九个月内可以对进行启动异议专利程序。欧洲专利制度中的专利异议程序是挑战欧洲专利有效性的最重要机制。作为反映专利质量的指标,专利无效或者异议程序的原理在于:提出专利无效的异议者认为授权专利没有达到授权标准,专利审查员却授予其专利权,该授权影响了异议者或者其他社会公众的利益。Harhoff 等(2003)将专利持有人调查中对专利权价值的估值与专利无效宣告或者异议程序等变量相结合构建模型评估专利价值,认为经历无效宣告程序并最终被维持专利有效或者部分有效的专利比没有经历专利无效宣告程序或者被成功宣告无效的专利的平均价值高出 10 倍,反映了经历无效宣告并被维持有效的专利具有较高的技术创新水平。[①] 由此可见,专利无效宣告制度不仅可以检验专利质量及其授权标准,而且从不同层面激励技术创新。

(二)专利无效宣告程序通过检验专利质量影响技术创新

专利无效宣告程序实质是由专利复审部门对专利质量的重新核对。

---

① HARHOFF D, SCHERER F M, VOPEL K. Citations, family size, opposition and the value of patent rights[J]. Research policy, 2003, 32(8): 1343-1363.

Schneider(2011)研究发现,专利无效宣告次数与专利质量成正相关关系,并反映其技术创新水平。① Jerak等(2006)采用半参数方法研究影响欧洲专利无效宣告因素后发现,专利价值越高,被提出无效宣告的可能性越大。② van der Drift(1988)研究发现,专利无效或者异议指标在很大程度上反映专利质量。③ Harhoff等(2003)、Reitzig等(2004)分别证实,专利无效或者异议行为和专利价值正相关,并反映专利技术的创新水平。④ 通过分析1978—1996年间欧洲专利局授予的生物技术和药物专利被提起异议的决定因素发现:研究样本中8.6%的专利有效性被提起异议程序;被提起专利异议程序的可能性随着专利价值的增加而增加,并且在专利活动活跃、技术或市场不确定性高的领域,异议尤其频繁;专利异议程序对专利和诉讼制度设计存在重要影响;实践中专利异议是相对罕见的事件。⑤ Harhoff等(2003)研究表明,只有8%的欧洲专利局授权专利遭到异议。⑥ 这也意味着对于大多数专利,无法从异议或者无效专利角度评价其技术创新水平。由此可见,专利无效宣告事件对创新主体的研发投入回报和后续技术创新都产生一定的影响。

---

① SCHNEIDER C. The battle for patent rights in plant biotechnology: evidence from opposition fillings[J]. Journal of technology transfer, 2011, 36(5): 565-579.

② JERAK A, WAGNER S. Modeling probabilities of patent oppositions in a bayesian semiparametric regression framework[J]. Empirical economics, 2006, 31(2): 513-533.

③ VAN DER DRIFT J. Statistics of European patents on legal status and granting data[J]. World patent information, 1988, 10(4): 243-249.

④ HARHOFF D, SCHERER F M, VOPEL K. Citations, family size, opposition and the value of patent rights[J]. Research policy, 2003, 32(8): 1343-1363; HARHOFF D, REITZIG M. Determinants of opposition against EPO patent grants: the case of biotechnology and pharmaceuticals[J]. International journal of industrial organization, 2004, 22(4): 443-480.

⑤ HARHOFF D, REITZIG M. Determinants of opposition against EPO patent grants: the case of biotechnology and pharmaceuticals[J]. International journal of industrial organization, 2004, 22(4): 443-480.

⑥ HARHOFF D, SCHERER F M, VOPEL K. Citations, family size, opposition and the value of patent rights[J]. Research policy, 2003, 32(8): 1343-1363.

三、专利寿命与技术创新

专利寿命是指专利存在的时间长度,在一定程度上反映技术创新的水平。技术创新过程产生沉没成本的企业成功概率服从泊松跳跃过程(a Poisson jump process)。如果企业成功开发一项新技术,并将其申请专利且获得授权,然后将该专利商业化,随之就可以基于该专利获得随机收益,作为前期研发投入的回报和后期技术创新的经济基础。

(一)专利寿命影响技术创新的机制

企业研发投资决定的特征是尽早运用专利权,尽最大可能实现其价值,以便回收投资成本,为后续技术创新奠定基础。专利申请被授权后,在专利法定保护期届满之前,企业必须周期性缴纳专利维持费,确保专利继续有效,才有可能基于该专利技术获得收益,体现其技术创新水平。缴纳专利维持费后,企业就有权基于专利在未来特定时间段获得专利收益,以便在接下来特定时间段里继续进行技术创新。当然,如果专利收益低于专利维持费成本时,企业便不再缴纳专利维持费,而终止专利寿命。如果确定放弃专利,则体现了该专利技术创新在一定程度上没有得到社会的承认。不过,企业专利维持决定涉及一系列复杂的综合选择,所以很难有绝对准确的决策规则。Jou(2018)研究了研发投入的成功机会和技术创新的不确定性影响专利维持决定的机理,认为进行研发投入时,在时机决定方面有一定的回旋余地,为该企业提供了一些开发创新获得专利并同时将其商业化的机会。获得专利授权后,企业需要根据相关法律规定周期性缴纳专利维持费,以便维持专利继续有效。虽然技术创新的不确定性并不会单调地影响企业维持专利的可能性,但是如果存在以下情况,企业维持专利的可能性更大:(1)专利到期后,因为企业技术创新在其他方面的表现,其仍然可以从专利技术中获得较多收益;(2)基于对技术创新水平的自信,企业预期从专利技术中快速获得收益;(3)企业希望要么在专利授权初期缴纳的维持费不高,要么预期未来专利维持费会快速降低,以便维持其后续的技术创新;(4)作为技术创新的前期基础,企业投入了大量的沉淀资本。① 总而言之,反映收益时间长短的专利寿命不仅可以反映创新主体前期技术创新的水平,而且因为其作为研发投入的回报对其后续技术创新具有重要影响。

(二)专利寿命对技术创新程度的影响

专利技术的创新程度在一定程度上决定了专利寿命的长短,专利寿命往往反映其所含技术的创新水平。例如,Cornelli、Schankerman(1999)研究发现,当企业具有不同的研发投入和技术创新能力时,区分不同发明的专利寿命可能使得社会福利增加。这种方案可以通过专利维持年费制度实现,从而最终确定专利寿命的最佳模式。这种最优模式取决于经济环境的重要特征,例如,跨公司研发能力的异质性程度、专利权人适应研发产生的潜在租金的能力和对技术创新价值的学习能力等。② Scotchmer(1999)认为,专利制度可以通过关于研发成本和技术创新的信息不对称证明专利价值和技术创新水平。因为在正常情况下,如果专利制度中没有专利维持年费制度,所有专利可能会存在一个统一的保护时间,而不是像在专利维持年费制度下通常会根据专利权人实际维持专利时间的长短确定专利寿命的差异,也就很难从专利寿命角度反映其技术创新的水平。③ Thompson(2017)通过关于专利维持年费的时间序列国别面板数据发现,专利权人对专利维持年费的敏感性较低但是具有显著性,这可能反映了在特定国家或者地区内专利维持年费数额对专利权人技术创新的影响较低;如果不全面考虑专利权人就相关专利的全球战略布局,仅仅对专利权人在其所在国家或者地区的技术创新进行评价,则评价结果可能存在一定偏差或者不完整;如果专利质量提升一倍,那么专利被终止的概率降低约18%,专利被终止风险越小意味着其技术创新水平越低;如果将某一年的专利维持费用增加一倍,那么专利被终止的风险将增加约14%;如果GDP翻一番会使专利维持的可

---

① JOU J B. R&D investment and patent renewal decisions[J]. The quarterly review of economics and finance,2018,69(8):144-154.

② CORNELLI F, SCHANKERMAN M. Patent renewals and R&D incentives [J]. The RAND journal of economics,1999,30(2):197-213.

③ SCOTCHMER S. On the optimality of patent renewal system[J]. The RAND journal of economics,1999,30(2):181-196.

能性降低约24%。① 如果申请人在美国、日本和德国等经济发达的国家申请了价值较低的发明,那么在这些国家中的一个很小的市场份额可能超过一个经济不发达国家的整个市场价值。因为经济体容量大小可能对市场竞争力具有较大的影响,专利持有人可能会发现他们在发达国家基于专利获得的垄断收益更多,但同时也更容易受到竞争对手的挑战,需要进行更多的技术创新。② 综上所述,专利寿命的长短(维持时间)对权利主体的技术创新过程具有重要的影响。

(三)专利指标通过影响专利寿命影响技术创新

专利指标通过专利寿命影响技术创新的机制。例如,Pakes(1986)、Bessen(2008)的研究成果简化了专利权人的行为方式,将专利维持行为看作是一种独占权的滚动期权,依据是专利权人根据专利价值的变化,将专利技术的价值假设为一开始就是静态的,并从专利维持行为的内在动机评价专利价值的大小,进而决定是否在相关技术领域进行后续的技术创新。③ Hall、Ziedonis(2001)研究发现,企业为了在相关技术领域占领属于自己的市场份额,需要战略性地做出专利申请和维持战略决策,以便阻止来自竞争对手基于相关专利技术的侵权指控,或者作为防御战略拓展自身的技术领域,强化在技术领域进行更大力度的技术创新。④ Baudry、Dumont(2006)、Deng(2011)关于专利维持的研究成果都是建立在考虑完成技术创新的不确定性回报的离散时间模型和考察专利维持费如何有效让专利权人做出是

---

① THOMPSON M J. The cost of patent protection: renewal propensity[J]. World patent information, 2017, 49(6): 22-33.

② THOMPSON M J. The cost of patent protection: renewal propensity[J]. World patent information, 2017, 49(6): 22-33.

③ PAKES A. Patents as options: some estimates of the value of holding European patents stocks[J]. Econometrica, 1986, 54(4): 755-784; BESSEN J. The value of U.S. patents by owner and patent characteristics[J]. Research policy, 2008, 37(5): 932-945.

④ HALL B H, ZIEDONIS R M. The patent paradox revisited: an empirical study of patenting in the U.S. semiconductor industry, 1979-1995[J]. The RAND journal of economics, 2001, 32(1): 101-128.

否维持专利,并进行后续技术创新的决策方面。① Pakes(1986)设计了一个维持专利有效的最优阈值,并从随机过程中随机抽取一个数据计算每件专利寿命的模拟选项值和被放弃概率,发现专利维持年费每增加 1%,继续维持有效的专利比例将降低约 0.02%,进而得出专利维持年费标准对技术创新的激励作用具有一定的影响。② Deng 将 Pakes 的研究模型拓展成为随机离散时间的专利申请—维持模型,通过研究影响专利寿命的综合因素解释了为什么制药行业专利的初始回报和维持可能性都低于电子技术行业专利的初始回报和维持可能性,进而得出专利寿命对不同产业技术创新的影响程度存在差异的结论。Jou(2018)建立的基于专利寿命的连续时间模型能够预测各种经济力量影响研发投资和后续技术创新的选择及其专利价值高低的可能性。③ Baudry、Dumont(2006)运用了包括 Pakes 研究成果的适用范围在内的更加宽泛的随机过程,基于技术创新水平视角分析了专利维持的可能性问题。④ Bessen(2009)基于专利寿命评估技术创新,并提出决策者考虑后续技术创新的关键因素。⑤ Lanjouw 等(1998)研究专利权人如何做出专利维持决定时,重点研究了专利维持年费制度的设计问题,发现其与激励技术创新的相关政策效率有关。⑥ Schankerman、Pakes(1986)基于专利权人为其专利缴纳维持年费的行为,结合不同维持年份的专利比例数据和维持费标准构建了一个简单的专利维持行为决定经济模型,考察了

---

① BAUDRY M, DUMONT B. Patent renewals as options:improving the mechanism for weeding out lousy patents[J]. Review of industrial organization,2006,28(1):41-62; DENG Y. A dynamic stochastic analysis of international patent application and renewal processes[J]. International journal of industrial organization,2011,29(6):766-777.

② PAKES A. Patents as options:some estimates of the value of holding European patents stocks[J]. Econometrica,1986,54(4):755-784.

③ JOU J B. R&D investment and patent renewal decisions[J]. The quarterly review of economics and finance,2018,69(8):144-154.

④ BAUDRY M, DUMONT B. Patent renewals as options:improving the mechanism for weeding out lousy patents[J]. Review of industrial organization,2006,28(1):41-62.

⑤ BESSEN J. Estimates of patent rents from firm market value[J]. Research policy,2009,38(10):1604-1616.

⑥ LANJOUW J O,PAKES A,PUTNAM J.How to count patents and value intellectual property:the uses of patent renewal and application data[J]. The journal of industrial economics,1998,46(4):405-432.

1950 年代后期英国、法国和德国授权专利的价值分布;研究了专利权的总价值及其变化与专利数量变化之间的关系,专利价值分布不平衡以及专利的被终止率,进而分析了这些专利技术的创新水平。[1] 上述研究成果从不同视角分析了专利寿命对技术创新的影响。

(四)专利寿命是评价技术创新收益的重要指标

根据专利寿命长短可以在一定程度上评价专利技术的创新程度。Jou(2018)通过专利信息的合理参数值发现,39.5%~87.8%的专利寿命达到10 年以上,但是只有大约 1%的专利被维持到法定保护期(20 年)届满。[2] Pakes(1986)研究发现,专利权人基于其投资从授权专利获得收益的时间段是专利申请后的四年,只有个别专利维持到第七年并获得收益。[3] Baudry、Dumont(2006)对法国授权专利进行分析后认为,50%的专利在维持 8 年后被终止,只有 25%的专利维持到 13 年。[4] Hikkerova 等(2014)研究发现:放弃专利通常发生在专利维持过程的第一阶段,也是专利生命周期中最危险的阶段(自申请日起的七年时间),这个阶段的平均时间长度为专利实质审查结束后 5 年加上实质审查所需要的大约 2 年时间,且大约 11.2%的专利权在这一阶段结束时因专利权人不缴纳专利维持费而终止;第二个阶段是指专利被自然放弃的阶段,通常是自申请日起的 8~13 年,这个阶段中专利被维持的概率连续下降;专利生命周期的最后一个阶段是指专利在维持后期被撤销,维持到这个阶段的专利一般都是经得住考验的高质量专利;大约 50%的欧洲专利在其维持的第二阶段被终止,只有 25%的专利维持时间

---

[1] SCHANKERMAN M,PAKES A. Estimates of the value of patent rights in the European countries during the post-1950 period[J]. Economic journal,1986,96(6):1052-1076.

[2] JOU J B. R&D investment and patent renewal decisions[J]. The quarterly review of economics and finance,2018,69(8):144-154.

[3] PAKES A. Patents as options:some estimates of the value of holding European patents stocks[J]. Econometrica,1986,54(4):755-784.

[4] BAUDRY M,DUMONT B. Patent renewals as options:improving the mechanism for weeding out lousy patents[J]. Review of industrial organization,2006,28(1):41-62.

超过17年。① 与Baudry、Dumont得出的被终止的专利的平均维持时间为8年的研究结论不同,Hikkerova等研究发现,只有11%的专利在相同时间里被终止,这可能是因为专利维持费较低所致。由此可见,虽然不同国家或地区授权专利的寿命不同,不同学者的研究结果存在差异,但是专利寿命或者维持时间从权利人获得专利收益时间角度反映技术创新水平的观点,被不少学者认可。

Zhang等(2014)使用了中国国家知识产权局从1985年专利制度正式建立到2007年申请并获得授权的且由中国、美国、日本和欧盟提交的专利维持数据,研究发现如下结论:首先,中国企业的专利平均维持时间为3.29年至5.94年,明显短于外国企业(美国、日本和欧盟公司)的从4.31年到9.06年;中国企业在中国申请获得授权的专利中只有30%维持时间超过4年,而美日欧企业在中国申请获得授权专利维持时间超过4年的专利比例为40%~60%;中国企业在中国申请获得授权专利维持时间超过10年的很少,而美日欧企业在中国申请获得授权专利维持时间超过10年的比例高达10%,因此,在中国获得授权的专利中,中国企业获得授权专利寿命低于美日欧企业的专利寿命;这在一定程度上反映了中国和发达国家在技术创新方面的差距,因为如果专利得不到完全保护,对于水平更加先进的技术创新而言,技术创新水平相对落后的企业可能会选择模仿高水平技术的专利,而放弃自己技术水平相对落后的专利。② 其次,由于1993年和2001年专利法的修订生效,根据申请年对专利数据进行了进一步的分类,与1985—1992年期间授权专利和1993—2000年期间授权专利相比,2001—2007年期间授权的专利数量大幅增加,这主要可能是因为中国《专利法》第二次修正中加强了专利保护强度,③对技术创新激励措施进行了强化。2001—2007年期间申请的专利维持时间比1985—1992年期间和1993—2000年

---

① HIKKEROVA L,KAMMOUN N,LANTZ J. Patent life cycle:new evidence [J]. Technological forecasting and social change,2014,88:313-324.

② ZHANG G,LV X,ZHOU J. Private value of patent right and patent infringement:an empirical study based on patent renewal data of China[J]. China economic review,2014,28:37-54.

③ ZHANG G P,CHEN X D. The value of invention patents in China:country origin and technology field differences[J]. China economic review,2012,23(2):357-370.

期间申请的专利寿命要短。这是因为2001—2007年期间申请的专利大多未满专利法定保护期限,所以没有包括在比较的范围内,这一时期被终止的大多数专利维持时间都较短,而1985—2000年期间申请的专利部分已经达到法定保护期限届满,也从另一方面反映了这一时期创新主体技术创新水平的提升。然而,2001—2007年期间中国企业申请专利的维持时间仍低于外国企业申请专利的维持时间的趋势在这三个时期仍然保持不变,中外创新主体的技术创新能力差异依然存在。最后,从技术领域来看,外国企业在电气工程领域拥有的平均专利寿命比在其他技术领域更长,而中国公司在仪器领域拥有的平均专利寿命更长;但是专利权人的国籍差异对专利维持时间的影响大于技术领域差异的影响。[1]

另外,Hikkerova等(2014)基于约22700件欧洲授权专利研究成果得出两个方面的结论:一是从程序性放弃、自然放弃和后期撤销角度的欧洲授权专利寿命反映的技术创新水平存在差异;二是认为专利审查视角和专利引证指数是反映欧洲授权专利技术创新水平的两个重要因素。另外,无效宣告程序是影响专利寿命的关键因素;系列专利数量越多,专利实用性可能会越强,技术创新水平越高。也就是说,技术创新水平较高或者技术价值较高的专利往往会被后来的专利引用得较多。[2] 总之,影响专利寿命的因素很多,专利技术创新水平是其中之一。

第六节　专利制度影响技术创新实证研究

专利无效制度是专利制度的关键机制之一,专利无效程序是终止专利权利的一种方式,所以对专利权利激励技术创新的作用具有重要影响。专利权有效是法院认定专利侵权是否成立的前提,所以专利无效审查周期影响涉及专利无效宣告的诉讼案件的审理时间及判决执行结果,与专利权人、

---

[1] ZHANG G, LV X, ZHOU J. Private value of patent right and patent infringement: an empirical study based on patent renewal data of China[J]. China economic review, 2014, 28: 37-54.

[2] HIKKEROVA L, KAMMOUN N, LANTZ J. Patent life cycle: new evidence [J]. Technological forecasting and social change, 2014, 88: 313-324.

被诉侵权人及其他利害关系人的利益密不可分。为提高专利确权效率,本节以 2014—2018 年期间中国国家知识产权局专利复审委员会(2019 年后更名为国家知识产权局专利局复审和无效审理部)做出的无效宣告请求审查决定书作为分析样本,采用含时依协变量的比例风险回归模型(Cox 回归模型),实证分析中国授权专利无效审查周期影响因素,从专利无效制度视角研究专利制度对技术创新的影响。

一、专利无效程序及其对技术创新的影响

《知识产权强国建设纲要(2021—2035 年)》提出,实施一流专利[①]审查机构建设工程,建立专利审查官制度,优化专利审查协作机制,提高审查质量和效率。专利无效审查程序是专利制度的核心制度之一,也是专利审查制度的重要组成部分,其对利害关系人的影响主要表现在专利诉讼案件审查周期和判决执行结果上。首先,专利无效宣告程序可能导致专利诉讼案件中止审理,专利无效审查时间嵌入诉讼案件审理时间,或许引发"迟到的正义非正义"问题。其次,专利权被宣告无效的时点影响专利侵权案件的判决执行结果。虽然我国《专利法》第 47 条规定了能够溯及既往的条款,但是举证责任给利害关系人带来不小的负担。[②] 因此,专利权被宣告无效的时点能直接影响专利侵权案件的判决执行结果,间接影响后续技术创新。另外,研究表明是否提起专利无效宣告对专利诉讼赔偿额大小具有一定影响。[③] 因此,复审和无效审理部能否"及时"公正地审结专利无效宣告案件在维护当事人合法权益方面发挥着重要作用,实有必要厘清现有专利无效审查机制效率及其影响因素,有针对性地优化专利无效宣告机制。这对提高审查效率、激励技术创新具有重要价值。

学者更多地聚焦专利客体对审查周期的影响研究,如专利分类号数(以

---

① 本节所称"专利",除特别说明外,均指"发明专利"。
② 我国《专利法》第 47 条第 2 款但书部分规定,因专利权人的恶意给他人造成的损失应当给予赔偿。但是对恶意诉讼的认定要结合专利权人在提起知识产权诉讼前后的行为进行综合判断,需满足四个构成要件,因此并非易事[参见北京知识产权法院(2015)京知民初字第 1446 号民事判决书]。
③ 尹志锋,梁正.我国专利侵权诉讼赔偿额的影响因素分析[J].中国软科学,2015(12):12-24.

下简称"IPC 分类数")、(被)引证指数、申请人国籍、权利要求数、发明人数、优先权国家文本数、申请人特征和文献特征对专利审查周期的影响。① 有学者对特殊技术领域的专利无效审查周期进行研究,如明志会等(2018)通过分析特定医药企业的无效宣告请求审查决定书,分析了医药领域专利无效宣告审查周期及成功率。② 因为专利授权审查与专利无效审查原则不尽相同,审查程序和范围亦有差异。专利无效审查机制是对错误授权的有效纠错机制,③也是优化专利质量的有效政策工具。④ 无效宣告程序从专利审查视角评估了专利技术的创新水平。

二、专利无效审查机制及审查周期影响因素相关假设

(一)专利无效审查机制与技术创新

宣告专利权"全部无效"、"部分无效"或者维持其"有效"是国家知识产权局专利局复审和无效审理部(以下简称"复审无效部")的法定职责,也是其对专利技术的创新水平的另类评价,处理专利纠纷案件的法院不具有司法变更权,即中国专利确权采用专利无效宣告判定"一元制"。但不少学者认为倘若专利无效宣告判定"一元制"体制不变,专利案件审理周期长、专利循环诉讼、专利维权的成本高等问题就难以解决。对此学者提出多种观点:赋予法院权力判决专利是否有效、将专利确权界定为民事确权以及确立复审无效部准司法机构地位等;⑤将问题归于判定专利是

---

① 文家春,卢炳克.专利实质审查周期的影响因素[J].中国科技论坛,2016(12):90-97;卢娣.我国发明专利审查周期的影响因素探析[J].科研管理,2017,38(7):137-144;欧桂燕,庞娜,吴江.专利审查周期影响因素研究:以中国人工智能领域为例[J].数据分析与知识发现,2022(8):20-30;黄宗琪,乔永忠.基于审查效率的高收益专利审查周期影响因素研究[J].科研管理,2023,44(3):133-141.
② 明志会,黄文杰,刘彩连,等.医药领域专利无效周期及成功率研究分析[J].中国新药杂志,2018,27(12):1134-1139.
③ 毛昊,刘夏.经济学视角下中国专利无效制度的改革路径[J].知识产权,2020(10):51-63.
④ 蒋启蒙,朱雪忠.专利侵权诉讼中无效宣告倾向的影响因素研究[J].科学学研究,2022,40(7):1224-1233.
⑤ 郭禾.专利权无效宣告制度的改造与知识产权法院建设的协调:从专利法第四次修订谈起[J].知识产权,2016(3):14-19.

否有效的"一元制"缺乏法理和依据;①不论起因是否为判定专利是否有效的"一元制",法院并不具有解决专利是否有效问题的条件。② 既然专利无效宣告的司法判定尚不可行,保留专利无效宣告判定"一元制"更符合中国国情,那么如何优化专利无效宣告判定"一元制"确权模式才是当下亟待解决的重要问题。由于专利权有效是法院认定专利侵权是否成立的权利基础和前提,专利无效宣告的审查结果对专利侵权纠纷案件裁判结果的影响不言自明。但容易被忽略的是,优化专利无效审查机制、提高审查效率对专利侵权案件中权利确定和保护利害关系人利益,尤其是对促进技术创新发挥着非常重要的作用。

专利无效宣告程序是纠正错误授权的行政确权程序,③法院履行对无效宣告程序的监督职责。当事人如果对专利无效审查决定不服,可以向北京知识产权法院起诉。该行政诉讼结果既可能维持复审无效部的决定,也可能撤销或部分撤销无效审查决定,要求复审无效部重新做出决定。并且若当事人对无效审查决定不服而提起行政诉讼,大部分情况下还会不服一审判决,上诉至北京市高级人民法院,其中还有部分当事人会向最高人民法院申请再审。不论是否完全经历一审、二审或再审程序,一旦判决撤销或部分撤销专利无效审查决定的行政判决生效,专利的无效审查时间都将会异常漫长。这个过程对权利人实现其专利价值造成了不便,在某种程度上阻碍了技术创新。

(二)无效审查周期影响的相关假设

专利客体是指受专利法保护的发明创造。专利无效审查主要审查所涉发明创造是否符合专利法授权标准。专利无效审查程序涉及审查决定、合议组成员和无效宣告是否终止等因素。根据专利客体特征和审查程序对无效审查周期影响程度的理论判断,提出如下假设。

---

① 董涛,王天星.正确认识专利权效力认定中的"行政/司法"职权二分法[J].知识产权,2019(3):80-86.
② 易玲.日本专利无效判定制度之改革及其启示[J].法商研究,2017,34(2):173-181.
③ 刘洋,刘铭.判例视野下美国专利确权程序的性质研究:兼议我国专利无效程序的改革[J].知识产权,2019(5):95-108.

假设1:专利客体特征比审查程序对无效审查周期的影响更明显。

根据专利客体和审查程序对专利无效审查周期的影响长度和数据可及性,本节中影响专利无效审查周期的专利客体特征主要包括代表审查难度和复杂程度的技术领域指标(IPC分类数)和代表审查长度的专利权利要求数;无效审查程序特征主要包括审查决定是否被撤销、审查决定长度、合议组成员是否变更、重复参与案件审查员数和无效宣告程序是否中止。理论上,专利客体特征对专利无效审查周期起着决定性的影响,而规范的审查程序对无效审查周期的影响有限。因此,假设专利客体特征比审查周期对无效宣告周期的影响更明显。

假设2.专利权利要求数比IPC分类数对无效审查周期的影响更加明显。

专利权利要求数和IPC分类数从不同维度反映专利保护范围和结构;权利要求数在一定程度上反映专利保护范围或宽度,①与审查员的工作量相关。② IPC分类表示专利申请在不同技术领域的分布,③IPC分类数越多说明专利涉及的技术领域愈广。④ 通常权利要求数与专利复杂性呈现正相关关系。⑤ IPC分类数越多,专利保护范围越大,其技术复杂度也可能越高。二者对专利审查周期的影响机制和程度不同,假设专利权利要求数比IPC分类数对专利无效审查周期的影响更加明显。

假设3.审查决定是否被撤销比审查决定长度对无效审查周期的影响更明显。

---

① NOVELLI E. An examination of the antecedents and implications of patent scope[J]. Research policy, 2015, 44(2): 493-507.

② 毛昊,刘夏.经济学视角下中国专利无效制度的改革路径[J].知识产权,2020(10): 51-63.

③ WU C, LIU Y. Use of the IPC and various retrieval systems to research patent activities of US organizations in the People's Republic of China[J]. World patent information, 2004, 26(3): 225-233.

④ 蒋启蒙,朱雪忠.专利侵权诉讼中无效宣告倾向的影响因素研究[J].科学学研究, 2022, 40(7): 1224-1233.

⑤ HARHOFF D, REITZIG M. Determinants of opposition against EPO patent grants: case of biotechnology and pharmaceuticals[J]. International journal of industrial organization, 2004, 22(4): 443-480; LANJOUW J O, SCHANKERMAN M. Patent quality and research productivity: measuring innovation with multiple indicators[J]. Economic journal, 2004, 114(1): 441-465.

审查决定长度理论上影响专利无效审查周期。同等条件下,专利申请文件的页数越多,专利审查的内容就越复杂。① 在专利无效宣告疑难案件中,当事人陈述的意见、提出的理由和证据以及决定理由部分的论述一般相对较多。此种情形下,即便《专利审查指南》要求决定要点和案由应当简明扼要,专利无效审查决定的篇幅可能依旧较长。相比于简单案件,疑难案件无效审查时间长的可能性较大。因此,假定无效宣告案件越复杂,专利无效审查决定的长度越长,耗费更长专利无效审查时间的可能性亦较大。在先审查决定是否被行政判决撤销理论上会影响专利无效审查周期。因为复审无效部对无效宣告请求重新审理后作出的专利无效审查决定记载的无效宣告申请日依旧是无效宣告请求人最初提起无效宣告的申请日,专利无效审查时间无一例外都较长。因此,假设审查决定是否被撤销比审查决定长度对无效审查周期的影响更加明显。

假设4.合议组成员是否变更比重复参与案件审查员数对无效审查周期的影响更明显。

多次参与同一专利不同无效案件的审查员数是否会影响专利无效审查周期?针对同一专利,复审无效部可能多次做出无效审查决定。不同于被生效行政判决撤销的专利无效审查必须重新成立合议组,同一专利的不同无效案件可能由参与过此专利无效宣告案件的审查员再次审理。审查员对专利内容理解越深刻,其专利审查的质量和效率越高。② 如果同一审查人员参与反复被提起无效宣告的专利案件,由于其对此专利已较为熟悉,无效审查周期就有缩短的可能。理论上,同一专利的不同无效案件安排给处理过该专利无效宣告案件的审查人员能够缩短专利无效审查周期。

专利无效审查合议组成员是否变更是否会影响专利无效审查周期?复审无效部审查专利无效宣告案件,由组长、主审员、参审员组成的合议组负责,其任务和责任分工明确。在实际专利无效宣告案件中可能出现合议组

---

① TONG T W, ZHANG K, He Z, et al. What determines the duration of patent examination in China? An outcome-specific duration analysis of invention patent applications at SIPO[J]. Research policy, 2018, 47(3): 583-591.

② YAMAUCHI I, NAGAOKA S. Does the outsourcing of prior art search increase the efficiency of patent examination? Evidence from Japan[J]. Research policy, 2015, 44(8): 1601-1614.

成员回避、工作变动等情况,此时就需要变更合议组成员。合议组成员的变更存在工作转接问题,新合议组接手案件需要时间熟悉案情,可能导致专利无效审查决定的结论无法及时做出,从而影响专利无效审查时间。那么控制合议组成员的变更次数就能在一定程度上提高专利无效审查效率。值得注意的是,本节所指的合议组成员变更不包含生效判决撤销在先无效审查决定时,复审无效部重新成立合议组做出审查决定的情形。因此,假设合议组成员是否变更比重复参与无效案件审查员数对无效审查周期的影响更加明显。

假设5.无效宣告程序是否中止比审查决定是否撤销对无效审查周期的影响更加显。

专利权属纠纷、协助执行财产保全可能导致专利无效宣告程序中止。《国家知识产权局关于修改〈专利审查指南〉的决定》(2017)指出,如果专利涉及无效宣告程序,应权属纠纷当事人请求的中止期限不得超过一年;应人民法院要求协助执行财产保全而中止的,中止期限为民事裁定书及协助执行通知书写明的财产保全期限。在实际操作中,涉及专利权属纠纷的无效宣告程序通常中止一年。若权属纠纷得不到及时解决,无效宣告程序可能多次被中止。[①] 本节将其作为影响专利无效审查效率的变量,并假设无效宣告程序是否被中止比审查决定是否被撤销对无效审查周期的影响更加明显。

三、变量设计和研究模型

(一)因变量和自变量

1.因变量

目前学界对"专利无效审查周期"尚无普遍认可的规范定义。本节以"审查每件专利无效宣告案件需要时间"表征"专利无效审查周期"。专利无效审查时间并非审查员审理专利无效宣告案件时间,而是行为时间与等待时间的集合,其中的行为时间包括复审无效部以及双方当事人的行为时间,如合议组撰写审查决定、无效宣告请求人补充证据和意见、专利权人针对无效宣告请求准备意见陈述书的时间等;等待时间是复审无效部和双方当事人没有处理案件相关事项、被动等待下一阶段开启的时间,如无效宣告程序中止、等待

---

① 参见专利无效审查决定第31881、24689号的相关内容。

口头审理举行、复审无效部传递双方当事人文件时的送达时间等。为合理涵盖行为时间和等待时间,本节所称"专利无效审查周期"指完成单位审查案件需要的无效宣告请求日至审查决定的决定日①之间的时间长度(天)。

2.自变量

专利无效审查周期的影响因素主要包括专利客体、审查主体、审查决定及无效宣告程序特征等。根据影响因素设置的自变量及其赋值如表 3-1 所示。

表 3-1 自变量及其赋值

变量类型	自变量名	涵义	赋值
专利客体	权利要求数	专利独立权利要求和从属权利要求之和	项
	IPC 分类数	专利涉及的技术领域数量	个
审查主体	重复参与无效案件审查员数	多次参与同一专利不同无效案件审查员数②	1 或 0
程序变更	合议组成员是否变更	专利无效审查合议组成员是否变更	1 或 0
	审查决定是否被撤销	在先审查决定是否被行政判决撤销	1 或 0
	无效宣告程序是否中止	专利无效宣告程序是否中止	1 或 0
审查决定	无效审查决定长度	专利无效审查决定长度	页

① 每份专利无效审查决定都涉及三个具有法律意义的时间点:决定日、发文日和送达日,其中决定日是无效宣告请求决定做出的时间,明确记载于无效宣告请求审查决定书,且实践中将决定日作为宣告专利权无效的时间点[参见最高人民法院(2012)民提字第 110 号民事判决书]。

② 该变量的具体计算方式如下。如复审无效部针对"MP-3 播放机"专利(专利号为 00104597.0)共做出第 17613、22438、34613 号专利无效审查决定,其中第 22438 号决定和第 34613 号决定的决定日在 2014—2018 年期间,属于本书研究的样本数据,而第 17613 号决定的决定日在 2011 年,并非本书样本数据。第 17613 号决定的合议组组成人员为张琳、刘宁、张秋阳;第 22438 号决定的合议组组成人员为杨克菲、武磊、李卉;第 34613 号决定的合议组组成人员为李卉、姜海、赵博华。第 22438 号决定与第 17613 号决定合议组组成人员完全不同,因此第 22438 号决定没有多次参与同一专利不同无效案件的审查员,此时重复参与无效案件审查员数的变量值为 0。李卉为第 34613 号决定与第 22438 号决定的共同合议组组成人员,因此第 34613 号决定的重复参与无效案件审查员数为 1。针对第一次被请求宣告无效的专利做出的无效审查决定,其重复参与无效案件审查员数为 0。如果针对同一专利同一合议组同日做出若干份无效审查决定,这些无效决定的重复参与无效案件审查员数相同,均与在先专利无效案件审查员比较以得出重复参与无效案件审查员数。

除了表 3-1 所示的指标之外影响专利无效审查周期的因素,因其数据可及性等原因未作为本书的自变量。①

(二)数据处理及其修正

1. 数据处理

作为本书研究对象的专利无效审查案件均来源于国家知识产权局复审无效部网站(http://reexam.cnipa.gov.cn/)。截至 2019 年 5 月 20 日,该网站发布的专利无效审查决定共计 6995 份,其中决定日在 2014—2018 年之间的共 3831 份,删除重复数据后剩余 3437 份,作为本节分析样本。除 IPC 分类数和权利要求数分别使用"智慧芽专利数据库"和"incoPat 专利数据库"通过批量检索后导出②,其他自变量均根据无效审查决定记载内容人工统计。

2. 数据修正

同一专利可能被多次提起无效宣告请求,如果这些无效宣告请求的请求日相同或间隔时间较短,复审无效部可能合并做出一份无效审查决定,也可能于同日做出决定号不同但全文③内容相同的无效审查决定,或者先后做出决定号不同但全文内容相同的无效审查决定。④ 若这些无效宣告请求间隔时间较长,复审无效部既可能针对具体无效宣告请求先后做出多份不同的无效审查决定,也可能于同日做出不同的无效审查决定。⑤ 针对这类复杂情况,本节在计算专利无效审查时间时作如下修正:对于有多份无效宣告请求但复审无效部合并做出一份无效审查决定的情形,专利无效审查时

---

① 诉讼双方当事人的证据数量、口头审理次数、专利权人在无效程序中是否修改权利要求、双方当事人是否及时回应对方意见、复审无效部传递双方当事人文件的次数等也都可能在一定程度上影响专利无效审查周期,因为数据和篇幅所限,本节暂不考虑,未来研究中可以针对这些变量作进一步探讨。

② IPC 分类数根据"智慧芽专利数据库"导出的 IPC 分类号字段统计得出;权利要求数来源于 incoPat 专利数据库的现成数据。

③ "全文"是指专利无效审查决定的法律依据、决定要点、案由、决定的理由和结论,不包括著录项目中的决定号、无效宣告请求人等信息。

④ 参见第 26374 号、第 37350 号、第 37351 号、第 23754 号、第 23755 号、第 38349 号、第 38551 号和第 38497 号专利无效审查决定。

⑤ 参见第 37209 号、第 31617 号、第 33164 号和第 33165 号专利无效审查决定。

间以最早的无效宣告请求日为起算点;其他情形则以无效审查决定中记载的无效宣告请求日为起算点。

(三)研究模型

生存分析(survival analysis)可用来研究影响事件发生的因素。其在专利领域的应用多见于对专利寿命①的研究②,也有学者将其用于分析专利价值③、专利审查周期、专利收益④或者技术领域比较优势持续时间⑤等。因生存分析中的比例风险回归模型可有效解决生存资料多因素分析问题,⑥且考虑到专利无效审查效率影响因素的复杂性,本节选择Cox回归模型考察专利无效审查周期的影响因素,以满足多因素分析需求。其中生存时间为无效宣告请求日至无效审查决定的决定日之间的时间(天);失效事件是复审无效部做出无效审查决定事件。由于采集的样本数据均为已经公布的审查决定,因此不存在删失。

Cox回归模型是建立风险函数与研究因子之间关系的广义线性回归模型。如果有 p 个因素影响生存过程,则任意时点 t 的风险函数为:

$$h(X,t)=h_0(t)exp(\beta_1 x_1+\cdots+\beta_p x_p) \quad (1)$$

将公式(1)中的 $h_0(t)$ 移至左边,两边同时取对数,可得:

$$\ln\left[\frac{h(X,t)}{h_0(t)}\right]=\beta_1 x_1+\cdots+\beta_p x_p \quad (2)$$

---

① 与"专利寿命"类似概念包括"专利生存时间""专利维持时间""专利有效期"等。

② 郑贵忠,刘金兰.基于生存分析的专利有效模型研究[J].科学学研究,2010,28(11):1677-1682,1744;黄蕾,张鹿.我国燃料电池技术专利有效性研究[J].情报杂志,2015,34(4):49-53.

③ LIU L J, CAO C, SONG M. China's agricultural patents: how has their value changed amid recent patent boom[J]. Technological forecasting and social change, 2014, 88: 106-121.

④ BARIRANI A, BEAUDRY C, AGARD B. Can universities profit from general purpose inventions? The case of Canadian nanotechnology patents[J]. Technological forecasting and social change, 2017, 120: 271-283.

⑤ 马荣康,金鹤,刘凤朝.基于生存分析的中国技术领域比较优势持续时间研究:国际专利分类大类(IPC Class)层面的证据[J].研究与发展管理,2018,30(4):128-138.

⑥ COX D R. Regression models and life-tables[J]. Journal of the royal statistical society, 1972, 34(2): 187-220.

其中 $h(X,t)$ 表示在 p 个协变量综合影响专利无效审查决定做出的情形下，在任意时点 t 无效审查决定的审结率；$h_0(t)$ 表示当所有的协变量取值为 0 时，无效审查决定在时点 t 的基准审结率；x_i 是专利无效审查效率的影响因素，即专利无效审查决定长度（页数）、重复参与无效案件审查员数、专利无效宣告程序中止、合议组成员变更、在先审查决定被行政判决撤销、专利的 IPC 分类数和权利要求数。β_i 是 x_i 的回归系数，若 x_i 对专利无效审查效率没有影响，理论上 $\beta_i=0$。$e\beta_i$ 是相对危险度，表示其他因素不变时，当 x_i 上升一个单位时，专利无效审查的审结风险变为原来的 $e\beta_i$ 倍。由公式(2)可知，$\dfrac{h(X,t)}{h_0(t)}$ 不随时间 t 发生变化，即协变量对个体审结率和基准审结率之比的影响不随时间改变，这被称作 Cox 回归模型的比例风险性。如果比例风险（proportional hazards）假定（以下简称"PH 假定"）得不到满足，可以采用含时依协变量的 Cox 回归模型。为构建 Cox 回归模型，本节使用 Stata/SE 16.0 软件处理和分析数据。

四、研究结果

（一）描述性统计

据统计，2014—2018 年期间复审无效部做出的 3437 件专利无效审查决定的审查周期取值范围为 [57, 3143]，平均值为 281.555，标准差为 287.828。由专利无效审查周期百分位数取值分布（表 3-2）可知，专利无效审查周期的中位数是 206，90% 的专利无效审查时间不高于 406 天。

表 3-2　专利无效审查时间百分位数取值分布

百分位数	10%	25%	50%	75%	90%
专利无效审查周期/天	138	169	206	262	406

（二）数据检验

1. 多重共线性检验

进行 Cox 回归分析前需要检验自变量的多重共线性。数据运行结果

(表3-3)显示,方差膨胀因子(variance inflation factor,VIF)远小于合理值10,所以可以将所有自变量纳入Cox回归模型。

表3-3 自变量的多重共线性检验结果

变量名	VIF	1/VIF
专利无效审查决定长度(页数)	1.29	0.772416
权利要求数	1.27	0.784726
IPC分类数	1.04	0.961233
合议组成员是否变更	1.02	0.981732
审查决定是否被撤销	1.01	0.993607
重复参与无效案件审查员数	1.00	0.997005
专利无效宣告程序是否中止	1.00	0.998205
Mean VIF	1.09	

2.PH假定检验

Cox回归应用中,应根据数据特点和需求进行PH假设检验。数据满足检验特定的假设条件,所以使用相应的公式进行检验。自变量的PH假定检验结果(表3-4)显示,审查决定是否被撤销、专利无效宣告程序是否中止、合议组成员是否变更以及专利无效审查决定长度(页数)变量的P值小于0.05,因此,这四个自变量PH假定不成立。

表3-4 自变量的PH假定检验结果

	rho	chi2	df	Prob>chi2
审查决定是否被撤销	0.23460	107.21	1	0.0000
专利无效宣告程序是否中止	0.05835	9.93	1	0.0016
合议组成员是否变更	0.04812	6.96	1	0.0083
专利无效审查决定长度	0.10060	37.02	1	0.0000
重复参与无效案件审查员数	−0.01373	0.52	1	0.4711
IPC分类数	0.00900	0.26	1	0.6122
权利要求数	−0.00985	0.29	1	0.5909
global test		162.02	7	0.0000

(三)Cox 回归模型分析

将所有自变量纳入 Cox 回归模型的运行结果(表 3-5)显示,IPC 分类数和权利要求数的 P 值分别为 0.192 和 0.487,说明二者对专利无效审查效率的影响不显著。因此,假设 1 不成立,但是假设 2 成立。

IPC 分类数对专利无效审查时间和专利审查时间影响效果不同的原因可能与专利无效审查和专利审查在审查程序、范围等方面存在差别有关。根据《专利审查指南》,进行实质审查时,审查员原则上应当审查专利申请是否符合专利法及其实施细则有关实质和形式方面的所有规定,除非申请文件存在严重缺陷。无效宣告程序中,复审无效部通常仅针对当事人提出无效宣告请求的范围、理由和提交的证据进行审查。由于合议组不承担全面审查专利有效性的义务,因此相比于实质审查程序,不管涉案专利技术领域跨度大小,其都不需要自行跨类检索对比文件,仅根据当事人提供的证据做出判断即可。也可以理解为在专利无效宣告程序中对比文件是现成的,不需要审查员因 IPC 分类数的多寡投入检索时间。

另外,专利权利要求数对专利无效审查时间和专利审查时间影响效果不同的原因可能与专利无效审查和专利审查对象不一致有关。但专利无效审查依据的是当事人提出无效宣告请求的范围,因此审查员在专利无效审查和专利授权审查中因要审查的权利要求数量不同,其工作量大小亦不相同。如果无效宣告请求人未对所有权利要求提出无效请求,合议组将不会审查所有权利要求,这可能是权利要求数对专利无效审查时间影响不显著的主要原因。

回归结果发现,专利客体特征比审查程序对无效审查周期的影响更弱;专利客体中权利要求数比 IPC 分类数对无效审查周期的影响更加明显。

表 3-5 自变量的 Cox 回归结果

影响因素	Haz.Ratio	Std. Err.	z	P>|z|	[95% Conf. Interval]
审查决定是否被撤销	0.064604	0.011125	−15.91	0.000	0.046097~0.090540
专利无效宣告程序是否中止	0.12007	0.034306	−7.42	0.000	0.068586~0.210203
合议组成员是否变更	0.613945	0.039238	−7.63	0.000	0.541661~0.695876
专利无效审查决定长度	0.951995	0.003701	−12.65	0.000	0.944769~0.959277

续表

影响因素	Haz.Ratio	Std. Err.	z	P>|z|	[95% Conf. Interval]
重复参与无效案件审查员数	1.226525	0.063661	3.93	0.000	1.107888~1.357867
IPC 分类数	0.992606	0.005643	−1.31	0.192	0.981607~1.003727
权利要求数	1.001242	0.001789	0.69	0.487	0.997742~1.004754

鉴于上述原因,剔除不具有统计学意义的 IPC 分类数和权利要求数,将不满足 PH 假定检验的四个自变量与 lnt 相乘,构建时依协变量,再次运行 Cox 回归模型,结果如表 3-6 所示。

表 3-6　剔除不具有统计学意义自变量的 Cox 回归结果

	影响因素	Haz. Ratio	Std. Err.	z	P>|z|	[95% Conf. Interval]
main	重复参与无效案件审查员数	1.220415	0.063228	3.84	0.000	1.102574~1.35085
tvc	审查决定是否被撤销	0.662504	0.016417	−16.61	0.000	0.631095~0.695475
	专利无效宣告程序是否中止	0.709688	0.031206	−7.8	0.000	0.651088~0.773563
	合议组成员是否变更	0.918135	0.010418	−7.53	0.000	0.897942~0.938783
	专利无效审查决定长度	0.991823	0.000615	−13.25	0.000	0.990619~0.993029

Variables in tvc equation interacted with ln(_t).

结合表 3-6,可知表中变量皆为影响专利无效审查时间的独立因素,其中合议组成员是否变更、专利无效审查决定长度(页数)两个变量的影响程度相对其他变量较小。根据数据统计分析可得如下结果。

(1)审查决定是否被撤销变量的风险比是 0.663(95% CI:0.631,0.695)。控制其他变量后,在先审查决定被行政判决撤销的专利无效审查决定审结风险是在先审查决定未被行政判决撤销的 66.3%(P<0.001)。专利无效审查决定长度(页数)变量的风险比是 0.992(95% CI:0.991,0.993)。控制其他变量后,专利无效审查决定长度(页数)*ln(t)的值每增加 1,专利无效审查决定审结的风险降低为原来的 0.992 倍(P<0.001)。可见,审查决定长度比审查决定是否被撤销对无效审查周期的影响更明显,所以假设 3 不成立。

(2)合议组成员是否变更变量的风险比为 0.918(95% CI:0.898,0.939)。控制其他变量后,合议组成员变更的专利无效审查决定的审结风险是未变更的 91.8%(P<0.001)。重复参与无效案件审查员数变量的风险比(Haz. Ratio)是 1.220(95% CI:1.103,1.351)。因此,控制其他变量后,重复参与无效案件审查员数每增加 1 人,专利无效审查决定审结的风险增加 22.0%(P<0.001)。可见,重复参与案件审查员数比合议组成员是否变更对无效审查周期的影响更明显,所以假设 4 不成立。

(3)专利无效宣告程序是否中止变量的风险比为 0.710(95% CI:0.651,0.774)。控制其他变量后,发生程序中止的专利无效审查决定的审结风险是未中止程序的 71.0%(P<0.001)。审查决定是否被撤销变量的风险比是 0.663(95% CI:0.631,0.695)。控制其他变量后,在先审查决定被行政判决撤销的专利无效审查决定审结风险是在先审查决定未被行政判决撤销的 66.3%(P<0.001)。可见,无效宣告程序是否中止比审查决定是否撤销对无效审查周期的影响更加显,所以假设 5 成立。

五、研究结论及建议

授予不符合授权标准的发明以专利权不但会伤害专利制度,而且会损害公共利益,[1]也不利于激励技术创新。虽然只有少数不符合授权标准但被授权的专利最终被宣告无效,[2]但是明确专利客体特征和审查程序对专利无效审查周期的影响差异,进而优化审查机制,提高审查效率,对维护专利制度的纠错功能和权利人及利害关系人的利益,有效激励技术创新非常重要。本节采用含时依协变量的 Cox 回归模型,基于中国国家知识产权局复审无效部在 2014—2018 年期间做出的专利无效审查决定信息,对专利客体特征和审查程序对专利无效审查周期的影响差异进行研究,研究得出如下五点结论:一是专利客体特征比审查程序对无效审查周期的影响更弱;二是专利客体中权利要求数比 IPC 分类数对无效审查周期的影响更加明显;三是审查决定长度比审查决定是否被撤销对无效审查周期的影响更明显;四是重复参与案件审查员数比合议组成员是否变更对无效审查周期的影响

---

[1] FRAKES M, WASSERMAN M F. Irrational ignorance at the patent office[J/OL]. Vanderbilt Law Review, 2019, 72. (2020-10-20)[2022-05-12]. https://ssrn.com/abstract=3284109.

[2] KALINOWSKI J, BAJARI P, CAILLAUD B, et al. Patent validity and the timing of settlements[J]. International journal of industrial organization, 2019, 67: 102535.

更明显;五是无效宣告程序是否中止比审查决定是否撤销对无效审查周期的影响更加显。

  为了强化专利制度激励技术创新的功能,根据上述结论,提出如下四点机制优化建议。一是重视优化无效审查程序,尤其是无效审查参与人员的优化,缩短审查周期,提高审查效率,有效激励技术创新。二是对于简单专利无效宣告案件考虑实行独任审查制度,提高审查效率,强化专利权保护,促进技术创新。实践中对于所有类型的专利无效宣告案件一般由三人组成的合议组负责审查,较少案件合议组成员为五人。无效审查决定页数反映的是无效案件难度对审查时间的影响,应加大对简单和复杂案件的分化,即对案件复杂、社会关注度高、争议较大的案件安排更多的审查员加以审理;反之,由一人独任审查,使审查员的时间能在复杂程度不同的专利无效宣告案中得到优化配置。三是优化专利无效审查人员调配机制,充分发挥审查员个人优势,有效调动审查员积极性,提高审查效率,激励技术创新。同一专利不同无效案件审查过程中尽量配备熟悉专利相关信息的原有人员,有利于缩短专利无效审查决定时间。建议积极完善复审无效部相关人员调配机制,提升审查员审查素养和能力。四是规范无效审查合议组人员变更要求,尽量减少不必要的无效审查合议组成员变更,提高审查效率,激励技术创新。合议组成员变更可能由无效案件的回避、工作变动等原因引起。应当区分无效审查合议组成员的变更是否必要,若非必要则不变更。如出现审查人员与当事人或其代理人存在某些关系,可能影响公正审查和审理等必须回避的情形,合议组成员的变更则为必要。若审查人员工作调动,且此工作变动不急于一时,则应当给予审查人员完成任务的缓冲时间。

第四章

科技自立自强下的高价值专利与技术创新

《知识产权强国建设纲要(2021—2035年)》提出,到2035年,中国知识产权综合竞争力跻身世界前列,中国特色、世界水平的知识产权强国基本建成。可见,高价值专利是知识产权强国建设的基础之一。一定数量和质量的高价值专利不仅是建成知识产权强国的基本条件,更是我国实现高水平科技自立自强的基础保障。作为国家发展战略性资源和国际竞争力核心要素的高价值专利是知识产权中的核心组成部分。做好高价值专利的高质量创造、科学判别和精准测度工作,对我国经济发展、科技进步和技术创新,以及实现高水平科技自立自强具有重要意义。

高价值专利是建设中国特色、世界水平的知识产权强国的基础,其驱动效应应该表现为对提升国家核心竞争力、实现高质量发展、满足人民日益增长的美好生活需要所发挥的推动作用。本章以"概念界定—有效判别—精准测度—驱动效应"的总体思路展开。基于高价值专利的培育、识别和测度等环节对技术创新的影响机制进行研究。在知识产权强国建设背景下,高价值专利外延的确定需要考虑我国专利质量、产业发展和技术创新的现状。根据我国技术创新和知识产权发展现状,可以根据判别需求,将专利判别为高价值专利和非高价值专利。专利价值应该以最终实现的价值量为依据,维持时间是专利价值及其实现程度的外在表现。

第一节 高价值专利促进技术创新的重要性及依据

在明确高价值专利基本问题的基础上,研究高价值专利及其判别和测度对知识产权强国建设和国家技术创新能力提升非常重要。"概念界定"为高水平科技自立自强背景下高价值专利判别和测度的基本问题。在界定"高价值专利"概念，分析专利价值的影响因素及影响机制、高价值专利培育等基本问题的基础上，从国家发展战略性资源、国际竞争力核心要素、知识产权数量与质量协调发展以及知识产权需求与供给平衡的角度研究高价值专利判别和测度的重要性和必要性，同时研究高价值专利通过激励技术创新实现中国高水平科技自立自强具有重要价值。

一、高价值专利促进技术创新的重要性

基于知识产权强国战略的高价值专利的概念及必要性、判别、测度、驱动效应等与技术创新的关系研究，对提升创新主体的技术创新能力，乃至国家技术创新能力，解决"卡脖子"技术问题，实现高水平科技自立自强具有重要价值。

(一)高价值专利激励技术创新作用研究有助于推动学术创新发展

对于高价值专利促进技术创新至少需要关注以下三个方面的问题：一是在继承国家知识产权局关于高价值专利外延界定的五种专利基础上，创造性地界定高价值专利的内涵和外延；二是"知识产权强国"战略背景下设置判别或者测度高价值专利的指标体系及判别或测度方法，构建高价值专利判别统计标准、测度统计标准等；三是研究高价值专利对经济、科技和人民生活水平的驱动效应。尤其是要结合上述三个方面的问题分析激励技术创新的机制，这对推动知识产权学术创新非常重要。

(二)高价值专利激励技术创新作用研究有助于推动知识产权学科建设

2022年9月13日，国务院学位委员会、教育部印发的《研究生教育学科专业目录(2022年)》新设知识产权硕士专业学位类别，是知识产权学科发展的重要信息。专业学位教育是培养知识产权强国建设急需紧缺人才的重要途径。《知识产权强国建设纲要(2021—2035年)》《"十四五"国家知识产权保护和运用规划》提出了高价值专利问题，同时要求推进论证设置知识产权专业学位。关于高价值专利的研究成果不仅对我国已经设立的知识产权学术研究生和知识产权本科生培养具有一定的推动作用，而且对新设置

的知识产权硕士专业学位发展具有较好的推动作用。虽然高价值专利概念、判别和测度还不成熟，但是关于专利价值的研究早已经引起国内外学者的重视。因此，关于"知识产权强国"战略背景下的高价值专利判别和测度问题将有助于推动知识产权学科发展，尤其是对知识产权专业硕士研究生学科的发展非常重要，也为中国培养高水平的技术创新人才发挥重要作用。

（三）高价值专利激励技术创新作用研究有助于推动知识产权文化传承

《知识产权强国建设纲要（2021—2035年）》要求，到2025年，每万人口高价值专利拥有量达到12件，同时要求到2035年，全社会知识产权文化自觉基本形成。与西方发达国家相比，新中国知识产权制度的正式建立时间不长，但是就制度本身的先进性和完善程度而言，已经处于先进水平。不过文化的形成需要潜移默化，知识产权文化也是一样。关于高价值专利的主题对文化传承具有积极意义。因为在我国专利制度发展的过程中，曾经因为企业对高价值专利的认识不够、政府资助政策不够精准，出现盲目申请专利、奖励和资助等现象，导致我国专利数量大幅增长的同时，出现了大量维持时间很短的低质量专利，并形成了不良导向，甚至出现大量非正常专利申请行为，不利于专利制度激励技术创新的功能发挥。关于高价值专利判别和测度的研究成果将对创新主体，尤其是企业重视专利质量，积极培育高价值专利并在全社会营造重视高价值专利，促进技术创新的文化氛围具有重要意义。

（四）高价值专利激励技术创新作用研究有助于实现科技自立自强

实现高水平科技自立自强是中国建立科技强国的前提。研究高价值专利激励技术创新作用对实现高水平科技自立自强非常重要。一是高价值专利培育不仅对经济发展、技术创新和人民生活水平提升方面具有重要价值，而且对促进技术创新、实现科技自立自强和发展新质生产力都非常重要。党的十八大以来在以习近平同志为核心的党中央坚强领导下，党中央、国务院高度重视知识产权工作。高价值专利培育是其中重要的工作之一，对激励技术创新，提升创新主体技术创新能力非常重要。二是对作为国家发展战略性资源和国际竞争力核心要素的高价值专利的研究将有助于实现《知识产权强国建设纲要(2021—2035年)》提出的预期目标,尤其是实现高水平科技自立自强的目标,对创新驱动发展战略和创新型国家建设非常重要。三是"高价值专利"内涵和外延的准确界定及判别和测度方法,将有助于完善我国每万人口高价值专利拥有量的考核指标,尤其是到2025年,我国每万人口高价值专利拥有量达到12件目标的高质量完成,较大幅度提升创新主体技术创新水平,为实现高水平科技自立自强奠定基础。四是关于高价值专利的研究成果对推动我国技术转化、激励技术创新、经济高质量发展,尤其是高水平科技自立自强、解决"卡脖子"技术问题都具有重要的推动作用。

二、高价值专利促进技术创新的学理依据和可能视角

(一)高价值专利激励技术创新的学理依据

研究高价值专利激励技术创新的学理依据表现在三个方面。第一,概念界定是有效判别和精准测度的基础。高价值专利概念是逻辑起点,没有对该概念科学、准确界定,高价值专利判别和测度不可能达到有效和精准,更不可能准确掌握高价值专利激励技术创新的机理。第二,有效判别和精准测度是研究驱动效应的基础,也是准确理解高价值专利激励技术创新机理的基础。没有对高价值专利的有效判别和精准测度,就不可能准确统计高价值专利的驱动效应。第三,高价值专利的有效判别、精准测度、驱动效应促进技术创新的科学性主要体现在两个方面:一是以"高价值专利"界定为逻辑起点,从高价值专利判别和测度的指标选择、模型、方法构建及统计,到对高价值专利的驱动效应,进而激励技术创新。逻辑顺序清晰,且符合认知和科学逻辑。二是从官方确定的高价值专利统计标准入手,对高价值专利、判别、测度、驱动效应等基本概念或理论进行研究,构建判别指标、测度指标、判别方法、测度模型、驱动效应统计等分析其激励技术创新的科学性。

(二)高价值专利激励技术创新的判别指标

高价值专利激励技术创新涉及判别指标主要表现在以下四个方面。一是高价值专利的内涵和外延、高价值专利判别、高价值专利测度、高价值专利的驱动效应等激励技术创新的问题;二是在判别指标体系方面构建基于

专利价值创造(技术指标和专利文件指标)和专利价值实现(专利主体、专利政策和实施环境)相结合的指标体系;三是主要从专利维持时间(届满或被终止专利)和专利续期模型(有效专利)两种方法测度专利价值,激励技术创新的问题;四是不同类型企业、不同产业(尤其是战略性新兴产业)和不同区域的高价值专利对经济发展、科技进步和人民生活水平提高及技术创新的驱动效应。

(三)高价值专利激励技术创新的可能性

在高水平科技自立自强背景下,系统研究高价值专利判别、测度与驱动效应问题对我国经济、科技和社会发展非常重要。首先,在技术价值、法律价值和经济价值一级判别指标基础上,结合专利客体、主体、事件、政策和环境等因素,构建更加全面、客观、准确的指标体系,运用神经网络和机器学习等方法确定指标权重,提高高价值专利判别的准确性,强化其激励技术创新的功能性;通过精准控制变量提高基于维持时间测度高价值专利的精确性,通过完善预期收益衰减模式提升基于续期模型测度高价值专利的精确性,深化其对技术创新的影响。其次,根据知识产权强国建设要求和目前中国知识产权事业的实际,确定高价值专利外延范围,为准确统计高价值专利奠定基础,促进知识产权数量和质量的协调发展,平衡知识产权需求和供给关系;通过研究高价值专利对中国技术创新提升的影响,检验高价值专利相关政策促进技术创新的效果。最后,高价值专利判别和测度研究成果将对创新主体重视专利质量、积极培育高价值专利、在全社会营造重视技术创新的文化氛围非常重要;有效回应国内外相关主体对我国专利质量较低、专利价值不高的质疑,提升社会尊重知识产权、重视高价值专利的意识,强化高价值专利培育,提高专利质量,促进技术创新。

(四)高价值专利促进技术创新的主要视角

价值是指客体满足主体需要的属性,专利的高价值表现为满足权利人较高需求的属性,为其带来较高的专利价值,所以判别和测度单件专利时需要关注价值的相对性;在知识产权强国建设背景下,高价值专利外延的确定需要考虑我国专利质量、产业发展和技术创新的现状。高价值专利的判别、测度和驱动效应与技术创新的关系非常密切。高价值专利促进技术创新至少包括以下四个方面的视角:(1)高价值专利的创造、运用和保护,高价值专利及其判别和测度与知识产权强国建设的关系,高价值专利的机制和贡献及其与技术创新的关系;(2)高价值专利判别的类型、原则和特征,"知识产权强国"战略背景下高价值专利判别指标体系、权重确定、判别方法等,其与技术创新的关系;(3)高价值专利测度类型、原则和特征及测度依据和模型,基于维持时间和续期模型的高价值专利判别测度方法等,其与技术创新的关系;(4)高价值专利对我国经济发展、科技进步和技术创新能力提升的驱动效应。这些视角会从不同层面反映高价值专利与技术创新的关系。

第二节 高价值专利及其对技术创新的激励作用

2015 年国家知识产权局等发布的《深入实施国家知识产权战略行动计划(2014—2020 年)》提出建设知识产权强国。2021 年第十三届全国人民代表大会四次会议通过的《国民经济和社会发展第十四个五年规划和 2035 年远景目标纲要》将每万人口高价值专利拥有量列为考核指标。2021 年中共中央、国务院发布的《知识产权强国建设纲要(2021—2035 年)》提出,到 2035 年,中国知识产权综合竞争力跻身世界前列,中国特色、世界水平的知识产权强国基本建成。有学者认为,中国提出"高价值专利"概念源于科技发展演化规律和高质量发展要求。中国从数量增长到质量提升的科技发展过程,驱动中国从专利大国向专利强国转变。同时从要素驱动转变为创新驱动也是中国高质量发展的要求。① 可见,高价值专利属于国家发展战略性资源和国际竞争力核心要素,足够数量的高价值专利成为激励技术创新、实现高水平科技自立自强的必要基础。总之,准确界定高价值对技术创新的促进作用是本节的逻辑起点,明确高价值专利在实现高水平科技自立自强中的促进作用对中国式现代化非常重要。

---

① 程文银,胡鞍钢,陈雪丽.知识产权强国背景下中国高价值专利发展:测度与实证分析[J].北京工业大学学报(社会科学版),2022,22(5):1-12.

一、高价值专利概念及其与技术创新的联系

"高价值专利"概念源于科技发展演化规律和高质量发展要求,它的创造(培育)是中国知识产权强国建设的压舱石。① 知识产权强国建设是国家知识产权战略的纵深推进,其最终目标是全面提高我国知识产权综合实力,②而高价值专利是知识产权综合实力的关键指标之一,也是技术创新的重要基础。因此,分析高价值专利应该先从专利价值及其对技术创新的影响开始。

(一)专利价值的概念、来源与技术创新

1.专利价值的概念与技术创新

价值是指满足主体需要的属性,专利价值是指专利满足专利权人某种需要的属性。基于不同技术获得的具有不同专利号的专利在满足专利权人及相关人的需求方面存在差异。从这个意义上讲,专利价值具有很强的针对性。对于特别需要该专利技术的权利人而言,专利的价值就高,反之则低。因此,专利的高价值表现为满足权利人较高需求的属性,且能够为其带来较高的专利收益。由此可见,专利满足人们需要的属性是技术创新的内在要求。

2.专利价值的来源与技术创新

专利价值的来源在于专利权人或者相关受益人基于专利技术独占权而获得的收益,其法理依据是有效专利的独占权。首先,专利权通过影响专利产品需求和价格反映专利价值。专利通过产品或技术市场影响需求,为专利主体提供优势,使其获得高于完全竞争条件下的市场价格,获得额外的专利收益,从而反映专利价值。③ 其次,专利权通过限制竞争对手获得额外收益体现专利价值。因为专利权严格限制竞争对手模仿专利技术,使得专利

---

① 程文银,胡鞍钢,陈雪丽.知识产权强国背景下中国高价值专利发展:测度与实证分析[J].北京工业大学学报(社会科学版),2022,22(5):1-12.

② 冯晓青.我国知识产权制度实施的战略布局:关于《知识产权强国建设纲要(2021—2035年)》的理论思考[J].知识产权,2021(10):55-81.

③ BESSEN J. Estimates of patent rents from firm market value[J]. Research policy, 2009, 38(10): 1604-1616.

主体获得较高的专利收益,体现专利价值。专利产品被模仿侵权的风险越高,专利主体越需要强化对其专利的保护,专利的价值也就越高。① 另外,企业"进入专利池与标准""塑造企业形象""用于交叉许可"等②也是专利价值的特殊表现形式。由此可见,专利价值主要体现在对专利权人等相关主体需求的满足,不同来源反映了其促进技术创新的不同视角。

(二)高价值专利的概念与技术创新及其相关文献

1.高价值专利的概念与技术创新

要科学界定高价值专利的概念,首先应该充分理解专利价值的概念及其来源。高价值专利是指满足权利人较强需求的专利,也是反映较高技术创新水平的指标,但是专利的价值多"高"才属于高价值专利,是研究的首要核心问题。因为"高价值"专利的相对性,所以对其进行"静态"的概念界定会影响决策的准确性,如目前国家知识产权局将中国授权的五种专利规定为高价值专利的做法,增加了高价值专利统计指标的确定性,简化了统计方法,但是这种统计方法的准确性值得商榷。如何准确界定高价值专利的内涵和外延,很大程度上决定了高价值专利的判别和测度及其对技术创新的影响。高价值专利的内涵强调了其所含技术的创新水平要高于普通专利。

2.高价值专利的相关文献与技术创新

现有对高价值专利的概念及其与技术创新关系的研究主要集中在以下方面。关于定义"专利价值"的方法主要有两种:一是基于专利激励理论,认为专利价值是其在市场上赚取的超额收益;③二是基于无形资产理论,认为专利价值是专利的资产价值。④ "高价值专利"概念源于社会对中国专利质

---

① ARCHONTAKIS F, VARSAKELIS N C. Patenting abroad: evidence from OECD countries[J]. Technological forecasting and social change, 2017, 116(6): 62-69.

② 毛昊,刘澄,冰瀚.基于调查的中国企业非实施专利申请动机实证研究[J].科研管理,2014,35(1):73-81.

③ BESSEN J. The value of U. S. patents by owner and patent characteristics[J]. Research policy, 2008, 37(5): 932-945; GUELLEC D, DE LA POTTERIE B V P. Applications, grants and the value of patent[J]. Economics letters, 2000, 69(1): 109-114.

④ HARHOFF D, SCHERER F M, VOPEL K. Citations, family size, opposition and the value of patent rights[J]. Research policy, 2003, 32(8): 1343-1363.

量的普遍关注。① 马天旗等(2018)认为,狭义高价值专利是指具备高经济价值的专利,广义高价值专利是指涵盖高市场价值和高战略价值的专利。② 孙智等(2020)认为高价值专利概念具有政策特色且未形成定论。国家知识产权局明确规定中国授权的五种专利属于高价值专利,但学界及实务界对该界定存在争议。③ 高价值专利的主要价值表现类型包括以下三种:(1)经济价值(直接和间接)和非经济价值(使用价值、交易价值、清算价值和担保价值),④前者指发明创造在是否受到专利保护而产生的经济收益差额,⑤通过将竞争对手挤出市场或将专利技术许可或转让获得经济利益。(2)动态价值和静态价值,前者是通过实施、转让、许可或质押等获取直接收益;后者是通过提高核心竞争力、拓展发展空间等行为产生间接收益。⑥ (3)专利的高价值反映在其技术价值、法律价值、市场价值、战略价值和经济价值上。⑦ 文献对高价值专利概念研究相对较少,但可以基于专利价值概念及分类进一步理解高价值专利。但是可以清楚地发现,关于专利价值的绝大多数概念均离不开其包含的内在技术创新要素。

(三)专利价值的特征和分类与技术创新

1.专利价值的特征与技术创新

专利价值具有以下特征:(1)专利价值的动态性:专利价值随着专利维持时间变化而变化。(2)专利价值的随机性:新的替代技术出现具有不确定性导致专利价值会随机改变。(3)专利价值的不平衡性:一般而言,专利初

---

① 胡海容,王志恒.高价值专利的判定与培育[J].中国发明与专利,2018,15(12):15-21.
② 马天旗,赵星.高价值专利内涵及受制因素探究[J].中国发明与专利,2018,15(3):24-28.
③ 孙智,冯桂凤.高价值专利的产生背景、内涵界定及培育意义[J].中国发明与专利,2020,17(11):37-44.
④ 万小丽.专利价值的分类与评估思路[J].知识产权,2015(6):78-83.
⑤ LEE S, YOON B, PARK Y. An approach to discovering new technology opportunities: keyword-based patent map approach[J]. Technovation, 2009, 29(6-7):481-497.
⑥ 万小丽,朱雪忠.专利价值的评估指标体系及模糊综合评价[J].科研管理,2008,29(2):185-191.
⑦ 彭小宝,陈文清.我国高价值发明专利界定标准研究[J].科技与法律(中英文),2021(6):58-64.

期价值较低,法定保护时间届满前的专利价值较高,同等条件下,高价值专利主要集中在保护期届满前继续维持有效的专利,因为此时需要付出较大的维持成本。(4)专利价值的相对性:不同技术领域、不同类型专利(发明专利、实用新型专利和外观设计专利)的专利价值具有不可比性;针对不同的专利权人,甚至同一专利权人在不同的时间,相同的专利也会具有不同的专利价值。(5)专利价值的难以量化性:专利价值依托于专利技术,而专利技术与专利产品的价值难以剥离,尤其是专利诉讼中的专利价值难以确定等。(6)专利收益的隐蔽性:因为外围专利、威慑专利等产生的专利价值相对比较隐蔽。针对专利价值上述特征,深入地进行归类研究,为提出科学且具有可操作性的高价值专利判别和测度理论及方法奠定基础。专利价值的特征与技术创新的特征相对应,从不同层面反映技术创新的特殊性。

2.专利价值的类型与技术创新

专利价值与技术创新存在内在的复杂关系。专利价值的内涵非常复杂,根据不同标准至少可以将专利价值划分为以下十种类型:(1)专利私人价值和专利社会价值;(2)专利预期价值(主要是指有效专利的价值)和专利实际价值(届满或者被终止专利的价值);(3)专利显性价值和专利隐性价值(如基于威慑专利等产生的专利价值等);(4)单件专利价值和集合(组合)专利价值(如基于标准必要专利、专利联盟等的专利价值等);(5)专利初期价值和专利长期价值;(6)专利国内价值和专利国际价值(如基于专利族获得的专利收益等);(7)专利直接价值和专利间接价值;(8)专利经济价值和专利综合价值;(9)广义专利价值和狭义专利价值;(10)专利动态价值和专利静态价值。系统深入地对高价值专利的上述类型进行研究,为提出全面且客观的高价值专利判别和测度理论及方法提供依据。不同类型专利价值从各自层面反映其技术创新及其特征。

(四)专利价值相关概念辨析

1.专利的动态价值和静态价值

专利价值可分为动态价值和静态价值。前者是专利权人通过占有、使用、转让、许可、质押专利等行为获取的直接收益,主要包括专利使用费及专利交易收入;后者是专利对权利人发展战略的贡献,是专利通过提高核心竞争力、拓展发展空间等产生的间接收益。① 当然,两种形态的专利价值都离不开其所含技术创新的支撑。

2.专利价值与专利质量

学者认为专利价值与专利质量关系有限,只存在高度相关的技术领域;也有学者认为,专利质量是专利价值的前提条件,专利价值是专利质量的实践结果;②专利质量和专利价值研究重点不同,前者侧重技术层面,后者侧重技术实践体现的价值;③专利质量主要取决于技术先进性和重要性,相对客观,而专利价值强调技术对价值主体的有用性,相对主观。④ 总之,专利价值与专利质量是一对既有联系又有区别的重要概念。值得注意的是,不论是专利价值,还是专利质量,都需要以技术创新为核心要素。

二、高价值专利促进技术创新作用的局限

现有关于高价值专利的概念界定至少有两点不足。首先,现有高价值专利外延有待完善,官方公布的高价值专利包括五类专利的做法还有更加精确的空间。高价值专利中的"高"具体"高"到什么程度,需要根据知识产权强国建设要求和中国专利事业发展的实际确定。精确界定高价值专利外延对促进技术创新,尤其是实施"知识产权强国"战略非常必要。其次,现有高价值专利概念及其判别和测度方法对激励技术创新,尤其是知识产权强国建设的作用机制不清晰。高价值专利作为国家发展战略性资源和国际竞争力核心要素如何发挥促进技术创新的作用,高价值专利在协调知识产权数量与质量、平衡知识产权需求与供给关系时对技术创新的激励作用如何发挥等均需要深入研究。

专利"价值"有多"高"才能属于高价值专利? 高价值专利与一般价值专

---

① 万小丽,朱雪忠.专利价值的评估指标体系及模糊综合评价[J].科研管理,2008,29(2):185-191.

② 周延鹏.专利的品质、价值与价格初探[J].科技与法律,2009(3):40-44.

③ 冯君,周静珍,杜芸.单件专利质量评价指标体系研究[J].科技管理研究,2012,32(23):166-170.

④ 朱雪忠,乔永忠,万小丽.基于维持时间的发明专利质量实证研究:以中国国家知识产权局1994年授权的发明专利为例[J].管理世界,2009(1):174-175.

利在促进技术创新方面具有哪些差异？官方对高价值专利界定的优缺点有哪些？高价值专利中的"高价值"对促进技术创新的作用如何体现？或者说，高价值专利是一个政策性很强的相对性概念，目前很难界定具有多"高"价值的专利才属于高价值专利。但是为了较好地运用和统计高价值专利，《国务院关于印发"十四五"国家知识产权保护和运用规划的通知》明确将五类专利界定为高价值专利。将战略性新兴产业的专利全部界定为高价值专利虽然不够严谨，但是反映了国家将发展战略性新兴产业作为知识产权强国建设的重要措施。专利维持时间主要强调的是通过专利权人的维持行为持续时间长短（专利长度）反映专利价值的大小，但是没有考虑不同技术领域或者技术生命周期专利的差异。将海外有同族专利的专利界定为高价值专利主要考虑以专利适用的地理范围大小反映专利价值大小，当然该规定仅仅规定"有海外同族专利的专利"，没有考虑海外同族专利数量的多少，或者说没有对专利适用的地理范围进行较为严格的区分。将实现较高质押融资金额的专利界定为高价值专利主要考虑了相关主体对特定专利市场价值评估的认可，当然其中的"较高"需要进一步界定。将获得国家科学技术奖或中国专利奖的专利界定为高价值专利，主要反映的是对相关奖项的认可，但是是否需要对"学术专利"和"普通专利"进行区分，还有待于进一步研究。准确界定高价值专利的内涵，根据创新型国家建设、知识产权强国建设要求和我国知识产权事业实际，确定其统计标准和范围是本章中关于高价专利判别和测度的逻辑起点，同时明确高价值专利在实现高水平科技自立自强过程中的激励技术创新作用非常重要。

三、高价值专利影响因素及对技术创新的影响

国家知识产权局组织发布的《专利价值分析指标体系》从法律、技术、经济维度细化专利价值有效指标，规范指导不同类型创新主体建立完善的专利价值评估管理体系，积极推进专利评估指引国家标准的制定。多数文献将专利价值的指标区分为法律、技术和经济三个方面，但是不同学者的侧重点有所不同。

根据现有文献统计，影响专利价值的主要因素主要包括客体因素、主体因素和其他因素。客体因素主要包括：专利属性、专利质量、专利类型、专利宽度、专利长度、权利强度、专利文献、文本特征；技术含量、技术质量、技术

生命周期、技术激进度、技术重要性、技术多样性、配套技术依存度、产业集中度、战略适合度、替代性、成熟度、竞争度、需求度、依赖性、原创性、稳定性、普适性；专利引证数、不同技术领域引证指数、不同专利受让人引证指数、专利被引证数；专利同族数、专利族深度、专利族强度、外国优先权；(独立)权利要求数、保护范围；专利寿命、维持时间、剩余有效期；专利无效概率、专利实施率、专利被规避概率、诉讼/技术/许可风险、许可潜力；技术领域(IPC 分类)、技术范围、技术锁定；授权国别、申请日、审查时间；专利组合、标准必要专利及其地位、专利对标准的贡献度、专利申请规模等。主体因素主要包括：企业规模、权利人类型、权利人所在区域技术差异、权利人所在地理位置、发明人特征、发明人数、受让人特征、权利人国籍；发明动机等；抗竞争能力、向新市场开放能力、专利战略、共同申请。其他因素包括：市场前景、投资风险、政策环境、市场关注度、国民经济行业分布、专利运营、同类专利市场价格、研发投入、研发合作、研发规模。现有研究对影响专利价值的因素进行了大量研究，但是不够系统，而且对影响机制少有分析，所以需要系统归纳总结专利价值的影响因素，并对其影响技术创新的机制进行深入研究。

第三节　高价值专利培育与技术创新

《知识产权强国建设纲要(2021—2035 年)》提出，到 2025 年，中国每万人口高价值专利拥有量达到 12 件。《知识产权强国建设纲要(2021—2035 年)》提出了高价值专利拥有量的发展目标，但目前明确知识产权强国建设与高价值专利关系的研究文献不多，尤其是对高价值专利培育对技术创新的影响很少有文献进行研究。培育高价值专利是促进技术创新的基础，也是技术创新的过程，将为实现中国高水平科技自立自强提供良好支撑。

一、高价值专利培育内涵与技术创新

高价值专利培育是一个复杂和艰难的过程，同时也是技术创新的过程，不仅受当时技术创新基础条件和创新主体创新能力的约束，而且受《专利

法》及相关政策制度的影响。学者对高价值专利培育措施提出了各自观点。如韩秀成等(2017)强调要高质量创造和申请、高标准授权、精准长远布局和扶持、高水平遴选和评估等；①马天旗等(2018)提出要重视技术价值、法律价值、市场价值、产品、技术标准和战略等；②尹聪慧等(2022)认为海外布局、专利预警、扩大许可范围、强化专利导航等较重要。③可见,高价值专利培育与技术创新密切相关。

(一)高价值专利培育的措施及指标与技术创新

高价值专利培育在近年来被相关部门重视,培育措施主要集中在专利政策、战略、运用及创造视角,也从不同角度反映了其与技术创新的关系,但研究角度较为宏观,培育措施可操作性比较欠缺。这或许是因为高价值专利培育的相关理论还不够成熟。为此,建议在对高价值专利培育进行较大规模实践的过程中,应该重视相关理论研究,并注重微观角度的研究,同时关注其与技术创新的关系问题。

(二)高价值专利的统计与技术创新

国务院相关机构陆续出台了高价值专利的具体统计范围和界定标准及政策文件。虽然官方发布的将五种专利界定为高价值专利的做法备受争议,但是目前该标准仍然是多数机构统计高价值专利的主要标准。常用的高价值专利的统计方法通常采用层次分析法、主成分分析法、因子分析法及粗糙集方法等确定指标权重。万小丽等(2008)用层次分析法计算指标权重,用模糊综合评价法得出专利的现时货币价值量；④吕晓蓉(2014)以中国科学院在美国获得授权的专利为统计样本,用主成分分析

---

① 韩秀成,雷怡.培育高价值专利的理论与实践分析[J].中国发明与专利,2017,14(12):8-14.

② 马天旗,赵星.高价值专利内涵及受制因素探究[J].中国发明与专利,2018,15(3):24-28.

③ 尹聪慧,任声策,蒋一琛.中国高价值专利的技术扩散路径多维评价研究[J].中国科技论坛,2022(2):125-132.

④ 万小丽,朱雪忠.专利价值的评估指标体系及模糊综合评价[J].科研管理,2008,29(2):185-191.

法确定指标权重。[1] 此外,数据包络法、结构方程法和逻辑回归等统计方法也经常被用来统计高价值专利以及进行一些相关性分析。值得一提的是,根据相关指标特征,准确统计高价值专利是分析其对技术创新促进作用的基础。

二、高价值专利的创造、运用和保护与技术创新

专利的高价值表现为满足权利人较高需求的属性,且能够为其带来较高的专利收益,其基础是所内含的技术创新水平。

(一)高价值专利的创造与技术创新

专利价值主要体现在对专利权人需求的满足。高价值专利应该是指客体可以满足主体更多需求的发明创造。高价值专利的创造除了区别于普通专利创造的要求外,还需要突出专利客体对主体需求满足的数量和质量提升,因此,高价值专利的创造对技术创新的理论基础、环境条件、技术创新能力具有更高的要求。当然,高价值专利的数量和质量对高水平科技自立自强的贡献度更高。

(二)高价值专利的运用与技术创新

专利价值的实现离不开其运用,而高价值专利运用效果与其内含技术的创新水平密切相关。高价值专利运用对专利的实施、转让、许可、质押和出资等行为具有更高的要求,因为其要实现更高的价值。根据不同标准可以将高价值专利的运用划分为以下几种类型:(1)显性运用(即专利实施、转让、许可和质押等看得见的运用形式)和隐性运用(如基于威慑专利等看似没有运用但实际发挥作用的运用形式);(2)单件专利运用(单独一件专利的运用,在医药专利中比较常见)和集合(组合)专利运用(如基于标准必要专利、专利联盟和专利组合等的专利运用);(3)实际运用和预期运用(因为专利如果不缴纳维持费,其权利就会被终止,所以为了将来运用专利,必须提前维持专利有效)。值得一提的是,所有高价值专利的运用都必须合法,否

---

[1] 吕晓蓉.专利价值评估指标体系与专利技术质量评价实证研究[J].科技进步与对策,2014,31(20):113-116.

则就要承担相应责任。目前,我国高价值专利数量不多的原因之一是没有对专利进行有效运用,因此,如何高效运营专利,充分实现其价值,是高价值专利发展的方向,也是进一步提升技术创新能力的方向。

(三)高价值专利的保护和管理与技术创新

高价值专利激励技术创新必须建立在一定数量的高价值专利基础上。如果高价值专利得不到有效保护和管理,那么其专利价值无法充分实现,也就无法称之为高价值专利。至少从以下五方面对高价值专利的保护和管理进行研究:一是重视战略规划,突出技术创新,强化顶层设计,优化政策激励,保障技术、人力和金融资源;二是增加研发投入,强化系统思维,多元价值导向,重视技术创新,高质量创造,提升技术创新能力;三是提升专利文件的撰写质量,高质量申请,严格审查标准,高标准授权,促进技术创新;四是提高信息服务质量,强化专利导航,注重海外专利布局,加强专利预警,科学评估,高效运营,增强技术创新回报;五是强化政府引导,企业主导,社会参与和制度保障,激励技术创新。当然,完善法律制度,提高执法水平,提升权利人知识产权意识,全面贯彻严格保护政策,提升高价值专利保护水平和管理效率,对促进技术创新和提升科技自立自强非常重要。

第四节　高价值专利判别与技术创新

基于知识产权强国战略的高价值专利判别对技术创新具有重要意义。基于法律制度和保护体系、运行机制和公共服务以及社会环境和全球治理视角,构建高价值专利判别指标体系,选择科学方法确定指标权重,并选定样本对代表企业、战略性新兴产业和相关区域的高价值专利进行判别和统计研究,从不同层面反映技术创新水平,这对创新型国家建设非常重要。科技强国和知识产权强国建设背景下,为什么要对高价值专利进行判别?对促进技术创新和科技自立自强具有什么价值?首先,因为高价值专利作为国家发展战略性资源和国际竞争力核心要素,足够数量和质量的高价值专利是知识产权强国建设的基础条件之一,也是国家技术创新能力的表现,更是中国实现高水平科技自立自强的重要支撑之一。其次,有效运用高价值专利可以促进知识产权数量和质量的协调发展,也可以较好地平衡知识产权的需求与供给关系,进而处理好市场与政府的关系,提升其对技术创新的促进作用。但是做好这些工作的前提是对高价值专利进行准确且有效的判别、测度及统计。明确高价值专利在科技强国、创新型国家、知识产权强国建设中的作用,并充分发挥其激励技术创新作用,这对实现高水平科技自立自强具有重要价值。

一、高价值专利判别界定与技术创新

如何判别高价值专利?是否可以构建高价值专利的判别标准?高价值专利判别是指判别是不是高价值专利并不需要确定专利的价值到底有"多高",是一个相对性的判断。或者说高价值专利的判别仅仅是定性判别,而不是定量判别,即将专利区分为高价值专利和非高价值专利,为高价值专利的统计提供依据。但是高价值专利的判别只区分高价值专利和非高价值专利,还是需要进一步细化等级,需要根据判别实际要求判断,以便促进技术创新。

(一)高价值专利判别的概念界定

在国家知识产权局组织发布的《专利价值分析指标体系》中的法律价值、技术价值、经济价值三个一级判别指标的基础上,根据《知识产权强国建设纲要(2021—2035年)》要求,从法律制度和保护体系、运行机制和公共服务、社会环境和全球治理视角进一步完善高价值专利判别的二级指标和三级指标,构建合理的指标体系,提高指标权重的科学性。

高价值专利判别指标体系与技术创新的关系。首先,将技术价值、法律价值和经济价值作为判别高价值专利的一级指标有一定的合理性,但是为了更好地反映技术创新水平,判别专利价值的二级指标乃至三级指标还有扩展的空间。考虑到专利价值具有相对性和动态性,若要根据高价值专利判别的实际要求,调整其判别的二级指标或三级指标,构建科学、合理和可计量的指标体系,更好地反映技术创新,需要对相关问题进行深入研究。其次,高价值专利判别的指标选定后,确定权重方法较多,但是准确性较低,还有扩展的余地,以便更好地反映技术创新。判别高价值专利时,构建指标体系很重要,但是确定指标的权重更重要。采用什么权重确定方法,不仅需要考虑高价值判别的要求,还要考虑该方法的适用条件。运用新型统计软件等方法提高指标权重确定的准确性对激励技术创新具有重要价值。

(二)高价值专利的判别与技术创新的相关文献综述

1.高价值专利的判别指标与技术创新

国家知识产权局组织发布的《专利价值分析指标体系》以法律、技术和经济价值为一级指标构建了专利价值判别指标体系。文献对专利价值判别指标的分析基本按照这三个维度展开。其中法律价值判别指标包括专利(被)引证、同族专利、(独立)权利要求(保护范围)等;①技术价值判别指标包括技术领域(IPC 分类)、技术先进性、依赖性、发展前景、替代性、成熟度、需求度、配套技术依存度等;②经济价值判别指标包括市场前景、商业价值、转让潜力、许可潜力、抗竞争能力、向新市场开放能力等。③ 为了更好地反映技术创新,高价值专利判别指标不应限于法律、技术和经济价值,还可以拓展其他指标。

2.高价值专利判别指标的权重与技术创新

在商业化之前很难测度专利的市场价值。④ 文献对专利价值判别指

---

① 杨武,孙世强,陈培.技术锁定视角下的专利价值影响因素分析[J].科学学研究,2022,40(6):1024-1033;张亚峰,李黎明.专利价值再认识:大学专利转让的实证研究[J].科学学研究,2022,40(9):1608-1620;张克群,许婷,牛悾悾,等.拍卖方式下的专利价值影响因素研究[J].情报杂志,2020,39(1):76-82;邱洪华,陆潘冰.基于专利价值影响因素评价的企业专利技术管理策略研究[J].图书情报工作,2016, 60(6):77-83; ODASSO C, SCELLATO G, UGHETTO E, et al. Selling patents at auction: an empirical analysis of patent value [J]. Industrial and corporate change, 2014, 24(2): 417-438.

② 李若男,唐川.开源硬件专利价值影响因素分析及评估指标体系构建[J].中国发明与专利,2022,19(8):15-24;杨思思,郝屹,戴磊.专利技术价值评估及实证研究[J].中国科技论坛,2017(9):146-152;杨思思,戴磊,郝屹.专利经济价值度通用评估方法研究[J].情报学报,2018,37(1):52-60.

③ 郭颖,李创兰.基于专利维持年限视角的中国高价值专利布局情况研究[J].中国发明与专利,2021,18(11):44-48.

④ HSIEH C H. Patent value assessment and commercialization strategy[J]. Technological forecasting and social change, 2013, 80(2): 307-319.

标的权重确定方法的论述主要集中在 BP 神经网络算法①、模糊综合评价法②、模糊层次分析法③、机器学习方法④等。高价值专利判别的关键在于指标权重的确定，这些方法具有各自优势及使用条件。如何选择恰当的权重确定方法，提升高价值专利判别的准确度是需要研究的问题。

（三）高价值专利的判别或测度的研究文献

现有文献对高价值专利的判别或测度研究的主要信息如表 4-1 所示。

表 4-1　判别或测度高价值专利的模型、理论和方法

文献作者及时间	测度模型/理论/方法	文献作者及时间	测度模型/理论/方法
冉从敬等，2022⑤	熵权 TOPSI 模型	吕晓蓉，2017⑥	系统动力学模型
胡泽文等，2022⑦	扎根理论	范龙振等，1999⑧	期权定价方法
王蕾等，2022⑨	模糊层次分析法	邱一卉等，2017⑩	回归树模型

---

① 刘澄,雷秋原,张楠,等.基于 BP 神经网络的专利价值评估方法及其应用研究[J].情报杂志,2021,40(12):195-202；LAI Y H, CHE H C. Modeling patent legal value by extension neural network[J]. Expert systems with applications, 2009, 36(7): 10520-10528.

② 唐恒,孔漾婕.专利质押贷款中的专利价值分析指标体系的构建[J].科学管理研究,2014(2):105-108；潘颖.基于层次分析法的专利价值模糊评估[J].情报探索,2014(10):16-18,22.

③ 王蕾,鲍新中.基于模糊层次分析和实物期权法的专利组合价值评估研究[J].中国发明与专利,2022,19(8):5-14；刘剑锋,刘梦娜,何丽娜,等.专利价值评价的综合指标体系研究[J].中国发明与专利,2018,15(11):56-60.

④ 赵蕴华,张静,李岩,等.基于机器学习的专利价值评估方法研究[J].情报科学,2013,31(12):15-18.

⑤ 冉从敬,李旺.高校专利价值评估模型构建[J].情报杂志,2022,41(7):65-70.

⑥ 吕晓蓉.专利价值评估的动态模拟方法研究[J].科技进步与对策,2017,34(3):117-122.

⑦ 胡泽文,周西姬,任萍.基于扎根理论的高价值专利评估与识别研究综述[J].情报科学,2022,39(2):183-192.

⑧ 范龙振,唐国兴.产品专利价值评价的期权定价方法[J].研究与发展管理,1999,11(4):6-9.

⑨ 王蕾,鲍新中.基于模糊层次分析和实物期权法的专利组合价值评估研究[J].中国发明与专利,2022,19(8):5-14.

⑩ 邱一卉,张驰雨,陈水宣.基于分类回归树算法的专利价值评估指标体系研究[J].厦门大学学报(自然科学版),2017,56(2):244-251.

续表

文献作者及时间	测度模型/理论/方法	文献作者及时间	测度模型/理论/方法
马吉平等,2021;① 刘剑锋等,2018②	层次分析法	张文德等,2016③	蚁群算法
翟东升等,2021;④ Ernst,2010⑤	实物期权法	王珊珊等,2015⑥	技术标准联盟
刘澄等,2021;⑦ 白利敏等,2018;⑧ 吴全伟等,2016⑨	BP神经网络算法	唐恒等,2014;⑩ 潘颖,2014;⑪ 万小丽等,2008⑫	模糊综合评价法

① 马吉平,徐琪.基于专利价值评价的专利组合运营研究:以装备制造企业研究院为例[J].中国发明与专利,2021,18(6):47-51.

② 刘剑锋,刘梦娜,何丽娜,等.专利价值评价的综合指标体系研究[J].中国发明与专利,2018,15(11):56-60.

③ 张文德,陈龙龙,安结.基于蚁群算法的企业专利价值分析方法[J].情报探索,2016(3):1-4.

④ 翟东升,陈曾曾,徐硕,等.基于实物期权的专利组合估值方法研究[J].情报杂志,2021,40(6):200-207.

⑤ ERNST H. Patent applications and subsequent changes of performance: evidence from time-series cross-section analyses on the firm level[J]. Research policy, 2001, 30(1): 143-157.

⑥ 王珊珊,王宏起,李力.技术标准联盟的专利价值评估体系与专利筛选规则[J].科技与管理,2015,17(1):1-5.

⑦ 刘澄,雷秋原,张楠,等.基于BP神经网络的专利价值评估方法及其应用研究[J].情报杂志,2021,40(12):195-202.

⑧ 白利敏,朱哲,刘琳,等.互联网领域潜在高价值专利的智能识别方法研究[J].中国发明与专利,2018,15(11):28-32.

⑨ 吴全伟,伏晓艳,李娇,等.专利价值评估体系的探析及展望[J].中国发明与专利,2016(3):123-127.

⑩ 唐恒,孔漾婕.专利质押贷款中的专利价值分析指标体系的构建[J].科学管理研究,2014(2):105-108.

⑪ 潘颖.基于层次分析法的专利价值模糊评估[J].情报探索,2014(10):16-18,22.

⑫ 万小丽,朱雪忠.专利价值的评估指标体系及模糊综合评价[J].科研管理,2008,29(2):185-191.

续表

文献作者及时间	测度模型/理论/方法	文献作者及时间	测度模型/理论/方法
任培民等,2022①	结构方程	钱过等,2014②	综合价值指数
谢文静等,2020③	粗糙集理论	胡小君等,2014④	向心引用网络
高慧霞等,2019;⑤ Lai等,2009⑥	人工神经网络	杨冠灿等,2013⑦	综合引用网络法
李娟等,2020;⑧ 伊惠芳等,2019⑨	熵权法	赵蕴华等,2013⑩	机器学习方法
杨思思等,2018⑪	加权平均计算权重	靳晓东等,2013⑫	三叉树评估模型

---

① 任培民,赵树然,姜文远.基于结构方程:组套索的复杂专利组合测度研究[J].科研管理,2022,43(9):159-168.

② 钱过,李文娟,袁润.识别核心专利的综合价值指数[J].情报杂志,2014,33(6):44-48.

③ 谢文静,鲍新中,张楠.基于粗糙集理论的专利价值评估及其实证研究[J].情报杂志,2020,39(8):76-81.

④ 胡小君,陈劲.基于专利结构化数据的专利价值评估指标研究[J].科学学研究,2014,32(3):343-351.

⑤ 高慧霞,李立功.人工神经网络在专利价值评估领域的应用[J].中国发明与专利,2019,16(10):73-77.

⑥ LAI Y H, CHE H C. Modeling patent legal value by extension neural network[J]. Expert systems with applications, 2009, 36(7): 10520-10528.

⑦ 杨冠灿,刘彤,李纲,等.基于综合引用网络的专利价值评价研究[J].情报学报,2013,32(12):1265-1277.

⑧ 李娟,李保安,方晗,等.基于AHP-熵权法的发明专利价值评估:以丰田开放专利为例[J].情报杂志,2020,39(5):59-63.

⑨ 伊惠芳,吴红,马永新,等.改进的柔性专利价值评价方法:基于时域—领域双重视角[J].情报杂志,2019,38(3):53-60.

⑩ 赵蕴华,张静,李岩,等.基于机器学习的专利价值评估方法研究[J].情报科学,2013,31(12):15-18.

⑪ 杨思思,戴磊,郝屹.专利经济价值度通用评估方法研究[J].情报学报,2018,37(1):52-60.

⑫ 靳晓东,谭运嘉.一种专利组合价值评估模型的设计[J].数量经济技术经济研究,2013(4):99-110.

续表

文献作者及时间	测度模型/理论/方法	文献作者及时间	测度模型/理论/方法
王浩,2017①	马克思劳动价值论	温明等,2012②	模糊数学方法
资智洪等,2017③	二元分类评估方法	张彦巧等,2010④	专利收益贡献率

从表4-1可以发现：判别或测度高价值专利的模型、理论和方法较多；学者对该类问题研究较多，但是研究重点相对分散；近年来学者对判别或测度高价值专利及其对技术创新的影响问题越来越重视。

(四)高价值专利判别对激励技术创新的作用

1.足够数量和质量的高价值专利是激励技术创新的基础

每万人口高价值发明拥有量作为知识产权强国建设的核心指标，判别和测度表现在三个层面。一是突出质量，明确要求是专利，即排除了整体质量相对较低的实用新型专利和外观设计专利；二是明确"高价值"专利，体现了对专利质量和价值的进一步要求；三是明确要求是每万人口高价值专利，突出了高价值专利的"密度"。其中最重要的是第二个问题，即专利的高价值。因为高价值专利作为国家发展战略性资源和国际竞争力核心要素，一定数量和质量的高价值专利是知识产权强国的标准配置，也是激励中国技术创新的基础。如果没有足够数量和质量的高价值专利，后续技术创新和科技自立自强就成为空中楼阁。

2.高价值专利判别是激励技术创新的重要手段

知识产权强国建设背景下，为什么要对高价值专利进行判别和测度？高价值专利判别通过调整知识产权数量与质量、需求与供给的关系激励技术创新。首先，高质量培育和有效运用高价值专利有助于促进知识产权数量和质量的协调发展。高价值专利的内涵中包括了高质量，否则专利的"高

---

① 王浩.劳动价值论视角下的专利价值评价客体研究[J].知识产权,2017(1):82-86.
② 温明,孙鹤,涂洪谊.专利价值的模糊综合评价模型[J].统计与决策,2012(17):77-80.
③ 资智洪,何燕玲,袁杰,等.专利价值二元分类评估方法的构建及应用[J].科技管理研究,2017(11):129-135.
④ 张彦巧,张文德.企业专利价值量化评估模型实证研究[J].情报杂志,2010,29(2):51-54.

价值"无法实现。高价值专利的数量与质量相辅相成。目前我国专利数量已经取得很大发展,但是高价值专利数量相对较少,所以准确判别和测度高价值专利是知识产权数量和质量协调发展的重要措施之一。其次,准确判别和测度高价值专利有助于平衡知识产权需求与供给关系。知识产权强国建设需要大量高价值专利,高质量创造(培育)是满足这一需求的基础,但是高价专利的需求和供给需要有效的市场去调节,需要处理好政府与市场的关系。做好这些工作的前提是对高价值专利进行准确且有效的判别、测度及统计。明确并充分发挥高价值专利在科技自立自强中激励技术创新的作用,在很大程度上体现了该研究的政治性。

3.高价值专利判别促进技术创新的机制

高价值专利判别促进技术创新的机制主要表现在三个方面。首先,准确判别高价值专利是促进技术创新的基础,也是实现科技自立自强、解决"卡脖子"技术问题的条件。没有足够数量和质量的高价值专利,中国科技高质量发展和高水平科技自立自强的目标就很难实现。其次,通过准确判别高价值专利可以有效测度技术创新与经济高质量发展的融合度。最后,通过准确判别高价值专利可以测度其在技术创新能力提高过程中的贡献度。

二、高价值专利判别的指标及标准与技术创新

判别高价值专利,需要构建一套能够反映所评价专利价值总体特征,具有内在联系、起互补作用,且能有效促进技术创新的判别指标体系。一个合理、科学、客观、具有可操作性的判别指标体系是科学有效判别高价值专利的前提基础,也是反映技术创新的重要指标。

(一)高价值专利的判别原则与技术创新

为了更好地激励技术创新,建立高价值专利判别指标体系至少应该遵循如下五条原则。一是系统性原则。高价值专利判别过程是一个完整的复杂系统过程,判别指标体系应能够全面反映需要判别的专利在其私人价值和社会价值实现中可能涉及的不同方面的影响因素,所以判别指标体系构建需要对专利的法律、技术、经济价值进行全面、科学、客观和系统的考察。二是可操作性原则。高价值专利判别指标的含义必须明确、具体和可观察,

方便分析与评分,指标具有可操作性,且具有横向可比性,不能模棱两可。定量指标与定性指标相结合,但是判别指标应该具有较强的可操作性,方便准确地确定指标数据。三是时效性原则。判别指标体系针对预先确定的特定时刻的专利分析,因为在不同时间点专利的有效性、维持时间和被引指标等不同。在专利所处的不同时期,影响高价值专利的指标估值及其权重应该有所不同,且可以根据需要进行相应调整和改变。四是层次性原则。高价值专利判别指标体系结构自身的多重性,即一个指标可以由若干个子指标所决定而构成树形结构,为衡量专利在各个方面的价值以及确定指标的权重带来方便。五是重要性原则。高价值专利判别指标体系设置要有重点,对于非重要方面的指标可以适当放弃或设置为较低权重,以简化评价过程。高价值专利判别指标的确定原则对科学、合理和客观地构建判别指标体系、促进技术创新非常重要。

(二)高价值专利判别的指标体系与技术创新

为了更好地激励技术创新,在现有指标体系基础上,主要应该从以下四个方面完善高价值专利的判别指标。一是专利客体因素,主要包括技术因素(技术质量、生命周期、技术激进度、技术重要性、配套技术依存度、替代性、成熟度、竞争度、需求度、原创性和稳定性等)和专利自身因素(专利质量、专利类型、专利宽度、专利长度;引证指数、被引指数;同族专利数、外国优先权;(独立)权利要求数、保护范围;维持时间、剩余有效期等)。二是专利主体因素,主要包括企业规模、权利人类型、权利人所在区域技术差异、发明人特征、发明人数、权利人国籍和发明动机等。三是专利事件因素,主要包括专利无效、专利实施、专利规避、诉讼/技术/许可风险,专利组合、标准必要专利及其技术地位等。四是政策和环境因素,主要包括市场前景、投资风险、保护水平、市场关注度、执法力度等。高价值专利判别指标体系包括(但不限于)上述因素。这些因素不仅对基于价值影响机制视角的高价值专利判别非常重要,也有利于促进技术创新,所以需要在系统研究高价值专利的价值影响机制的基础上,对高价值专利的判别指标体系进行完善和修订,为实现高水平科技自立自强提供参考。

（三）高价值专利的判别标准与技术创新

关于高价值专利的判别标准，《"十四五"国家知识产权保护和运用规划》提出了五个统计标准。如果严格按照该标准判别高价值专利，是一件相对容易的工作。但是仔细分析发现，这个标准会"漏掉"很多高价值专利，不利于激励技术创新，例如有些所在行业技术生命周期整体较短的高价值专利，可能很难维持十年时间，所以无法进入高价值专利的统计数据，导致相关政策无法适用该行业，不利于该行业技术创新。同时会把很多低价值专利"错当"高价值专利统计其中，例如战略性新兴产业中也存在专利质量很低、维持时间很短的专利。如果将其全部判别为高价值专利，高价值专利的统计数据就会不够准确，误导决策机构的相关政策制定，甚至阻碍技术创新。因此，要准确判别高价值专利和非高价值专利，必须对高价值专利的判别标准和要求进行系统研究，并根据相关研究成果修改和完善判断标准，更好地促进技术创新。

（四）高价值专利判别重点考虑的因素

《知识产权强国建设纲要（2021—2035年）》对司法保护和市场运行提出三点要求。一是构建支撑国际一流营商环境的知识产权保护体系；二是健全促进技术创新的知识产权市场运行机制；三是建立规范有序、充满活力的市场化运营机制。在此背景下，可以根据《知识产权强国建设纲要（2021—2035年）》提出的健全专利法律制度、司法保护体制、行政保护体系视角以及高质量创造机制、价值充分实现的运用机制和市场化运营机制的视角，主要从包括技术因素和专利自身因素等的客体因素、主体因素以及政策和环境因素方面构建判别高价值专利的指标体系、理论模型和判别方法。

科技自立自强、创新驱动发展战略和创新型国家建设背景下判别高价值专利重点应考虑什么因素？在此背景下，现有文献从客体因素、主体因素和综合因素方面研究了高价值专利的判别指标。客体因素主要包括技术因素、专利自身因素、专利信息因素等。技术因素包括技术含量、技术质量、技术范围、技术生命周期、技术激进度、技术重要性、技术多样性、配套技术依存度、技术替代性、技术成熟度、技术需求度、技术原创性、技术稳定性。专利自身因素包括专利属性、专利质量、专利类型、专利宽度、专利长度(专利寿命)、权利强度、文本特征等,专利引证数、专利被引证数,专利同族数、专利族深度、专利族强度、外国优先权、技术领域(IPC分类)、(独立)权利要求数、保护范围,维持时间、剩余有效期、专利无效概率、专利实施率、专利被规避概率、诉讼/技术/许可风险等,授权国别、申请日、审查时间,专利组合、标准必要专利及其地位、专利对标准的贡献度等。主体因素主要包括企业规模、权利人类型、权利人所在区域技术差异、权利人所在地交通便利条件、发明人特征、发明人数、权利人国籍,发明人的发明动机,权利人的抗竞争能力、向新市场开放能力、专利战略水平等。其他因素包括市场前景、投资风险、政策环境、市场关注度、国民经济行业分布、专利运营、同类专利市场价格、研发投入、研发合作、研发规模。

基于《知识产权强国建设纲要(2021—2035年)》提出的健全专利法律制度、司法保护体制、行政保护体系视角以及高质量创造机制、价值充分实现的运用机制和市场化运营机制的视角构建判别高价值专利的指标体系、理论模型和判别方法,对激励技术创新,实现高水平科技自立自强非常重要。

三、高价值专利的判别方法与技术创新

高水平科技自立自强背景下如何确定高价值专利判别方法,尤其是确定指标权重,才能够更好地从专利价值层面激励技术创新?这是一个非常重要的问题。现有研究中关于专利价值影响指标的文献相当多。在实现高水平科技自立自强的政策背景下,依据现有文献对专利价值影响指标的研究成果和提出的指标选择原则,选择高价值专利的判别方法,对激励技术创新具有重要价值。

(一)高价值专利判别指标体系构建与技术创新

高价值专利判别的指标权重确定和判别方法对相关政策激励技术创新非常重要。不论是国家知识产权局发布的《专利价值分析指标体系》,还是中国技术交易所十几年前推出的《专利价值分析指标体系操作手册》,以及智慧牙、奥凯、Soopat等大型软件检索系统推出的专利价值评估系统,均存在指标权重确定的难题。权重确定是高价值专利判别的关键环节,可运用

层次分析法(AHP)、网络分析法(ANP)、熵值法、模糊综合评价法和逐层组合赋权法等方法确定权重或者判别等级。采用层次分析法确定指标权重,并用模糊综合评价法对高价值专利按照下列步骤进行判别。(1)确定指标评价集(略);(2)确定指标评语集(略);(3)用层次分析法确定判别指标权重(略);(4)计算权重的综合排序向量(略);(5)单因素评价矩阵(略);(6)综合模糊评价:通过计算得到各子准则层的权重集 W_i 和隶属矩阵 R_i,根据计算得到 B_1,B_2,B_3,B_4,B_5 构造准则层的隶属矩阵 B。由计算所得准则层各指标权重集 W 和计算的隶属矩阵 B 通过下式运算得到 U 对 V 的隶属向量,即总评判结果:

$$B' = W \circ B = \begin{bmatrix} w_1 \\ w_2 \\ \vdots \\ w_5 \end{bmatrix}^T \circ \begin{bmatrix} b_{11} & b_{12} & \cdots & b_{15} \\ b_{21} & b_{22} & \cdots & b_{25} \\ \vdots & \vdots & & \vdots \\ b_{51} & b_{52} & \cdots & b_{55} \end{bmatrix} = \begin{bmatrix} b_1 \\ b_2 \\ \vdots \\ b_5 \end{bmatrix}^T$$

根据最大隶属度原则,B' 中最大者即为该高价值专利判别后所属等级。篇幅所限,其他方法不作介绍。综合多种方法与实地调研结果确定权重确定方法及判别方法,可以增加方法适用性、可操作性及判别结果的可靠性。

总之,科学确定高价值专利判别指标的权重,选择正确的判别方法,不仅对确定高价值专利很重要,而且对促进技术创新具有重要影响。

(二)高价值专利判别方法对技术创新的影响

高价值专利判别方法会影响相关专利主体是否可以享受相关政策,所以对其进行技术创新的动力产生影响。所谓高价值专利的判别是指仅判别是不是高价值专利即可,并不需要确定专利的价值到底有"多高",是一个相对性的判断。或者说高价值专利的判别仅仅是定性判别,而不是定量判别。也就是将专利区分为高价值专利和非高价值专利。判别工作就是将高价值专利选出来。那么,高价值专利仅判别是高价值专利或非高价值专利吗?显然没有这么简单,需要根据判别要求,对高价值专利进一步进行等级划分。判别高价值专利,需要构建一套能够反映所评价专利价值总体特征,具有内在联系、起互补作用的判别指标体系。建立专利价值判别指标体系至少应该遵循系统性、时效性、层次性、重要性和可操作性原则。

从专利客体(技术自身和专利文件等)、专利主体(专利权人运用的能力)和综合因素(法律保护水平和市场环境等)方面构建高价值专利的判别指标。基于《知识产权强国建设纲要(2021—2035年)》提出的健全专利法律制度、司法保护体制、行政保护体系视角以及高质量创造机制、价值充分实现的运用机制和市场化运营机制的视角构建判别高价值专利的指标体系;运用层次分析法(AHP)、网络分析法(ANP)、熵值法、模糊综合评价法和逐层组合赋权法等方法确定权重或者判别理论模型及方法对高价值专利进行准确判别。根据判别要求可以判别为高价值专利与非高价值专利,也可以对高价值专利进行等级判别。

总之,科学选择高价值专利方法,准确确定高价值专利,准确界定高价值专利相关政策适用范围,有助于激励技术创新,为创新驱动发展战略实施和创新型国家建设提供参考,为实现中国高水平科技自立自强作出贡献。

第五节　高价值专利测度与技术创新

2020年,习近平总书记主持中央政治局第二十五次集体学习时指出,我国正在从知识产权引进大国向知识产权创造大国转变,知识产权工作正在从追求数量向提高质量转变。[1] 2021年《国民经济和社会发展第十四个五年规划和2035年远景目标纲要》将每万人口高价值专利拥有量列为考核指标。知识产权强国建设背景下,高价值专利的精准测度对实现中国科技自立自强具有重要意义。从质量引领、严格保护、运行高效和合作共赢等角度,基于交易价格、质押金额、维持时间和续期模型等对高价值专利进行测度和统计研究。

---

① 习近平.全面加强知识产权保护工作　激发创新活力推动构建新发展格局[EB/OL].(2021-01-31)[2024-03-28]. https://www.gov.cn/xinwen/2021/01/31/content_5583920.htm.

专利价值应该以最终实现的价值量为依据，维持时间是专利价值及其实现程度的外在表现。在有效控制变量（组）的前提下，维持时间能够较为准确、简单和客观地测度专利价值的高低。但是控制变量非常重要，以技术领域变量为例：控制范围太宽，则因技术相似度低，导致测度结果不准；控制范围太窄，则测度结果准确，但适用性较差。如何平衡控制变量范围的选择，需要根据测度实际要求确定，提升统计的效度和精度。专利续期模型被国内外不少学者用来测度专利价值，虽然该模型限制性条件较多，参数复杂，但是针对有效专利寿命不确定的特征，在完善模型的基础上进行测度专利价值依然是比较理想的选择，更加有利于促进技术创新，有利于加快实现高水平科技自立自强。

一、高价值专利测度及其视角与技术创新

虽然进行交易和质押的高价值专利占专利总数量的比例很低，但是对已经进行交易（转让）的专利或者质押专利根据交易价格或质押金额直接测度其价值，并与其他指标进行回归分析，可总结经验，完善测度方法。在专利寿命限定条件下测度专利价值具有客观性和数据可得性等优势。选择适当的高价值专利测度方法对其促进技术创新的作用具有重要影响。

（一）高价值专利测度与技术创新

什么是高价值专利测度？有哪些方法适合高价值专利的测度？本书认为，与高价值专利的判别不同，高价值专利的测度是对高价值专利的价值量高低进行的测度，是一个绝对性的判断。专利的"价值"很难以量化，尤其对没有进行许可、转让、质押、出资等运营活动的专利进行价值测度是非常困难的。相对于已经被终止的专利，继续有效的专利的价值测度更加困难，因为其价值大小存在很大的不确定性。因此，在对高价值专利测度相关理论、方法或模型进行研究的基础上，通过对高价值专利进行准确测度，提升专利制度促进技术创新的有效性。

高水平科技自立自强背景下，为什么要对高价值专利进行测度？首先，因为作为国家发展战略性资源和国际竞争力核心要素，足够数量和质量的高价值专利是知识产权强国建设的基础条件之一。其次，有效运用高价值

专利可以促进知识产权数量和质量的协调发展，也可以较好地平衡知识产权需求与供给关系，进而处理好市场与政府的关系。但是做好这些工作的前提是对高价值专利进行准确且有效的测度及统计。明确高价值专利在促进技术创新、创新驱动发展战略、创新型国家建设和知识产权强国建设中的作用，并充分发挥其在实现中国高水平科技自立自强过程中的重要作用。

如何测度高价值专利？是否可以构建高价值专利的测度标准？尽管高价值专利的测度比较复杂，基于现有的文献，笔者提出以下三种测度专利价值的方法：一是专利基于许可费、转让费、拍卖价格或质押贷款数额等指标的专利价值测度方法。因为专利许可费、转让费、拍卖价格或者质押贷款数额在一定程度上直接反映专利价值，所以在控制特定变量基础上，运用专利许可费、转让费、拍卖价格或者质押贷款数额量化专利收益大小比较符合实际。但是该方法的最大缺陷是无法收集相关数据，因为很多情况下，除了专利拍卖，专利的许可费、转让费、出资额度等是不向外界公开的。相对于大量的高价值专利，专利拍卖成功的只占很小部分。因此，这种方法看似符合实际，但是不具有可操作性，除非仅对拍卖的专利价值进行测度。二是基于维持时间测度专利价值高低的方法。因为专利维持时间在一定意义上反映专利收益的时间长度，所以在控制特定变量基础上，运用专利维持时间量化专利价值大小具有一定的科学性。三是基于专利续期模型的专利价值量化方法。专利续期模型利用专利维持的概率分布揭示的专利收益时间测度专利的私有价值，或者说专利续期时间的差异性反映了专利权人基于专利预期收益大于专利成本的理性选择。另外，每种专利价值的测度方法一方面具有一定的优势，同时在反映专利实际收益方面又均存在一定的局限性，所以探索能够更加准确反映专利价值实际大小的变量非常重要。

(二)高价值专利测度视角与技术创新

1.基于维持时间的高价值专利测度与技术创新

基于维持时间的高价值专利测度的重点是专利收益时间对权利人带来的收益，在一定程度上反映了技术创新对权利人收益产生的影响。理性权利人通过专利收益成本权衡结果确定是否继续维持专利，所以专利寿命是反映专利价值的重要尺度,也是测度其促进技术创新作用大小的重要指标。文献主要集中在基于综合因素①、专利权利要求②、技术领域③、专利引证④、市场特征⑤、专利审查时间⑥、外国优先权⑦、创新主体类型⑧等视角研究专利寿命及专利价值,从不同层面反映技术创新。但是基于专利寿命测度专利价值需要根据要求控制不同的变量(组)(如技术领域等),才可以获得相对准确的结果。同理,高价值专利的价值高低可通过专利寿命测度,反映不同水平的技术创新。基于维持时间的测度方法在很大程度上反映了其测度技术创新的有效性。

2.基于续期模型的高价值专利测度与技术创新

专利续期模型通过设定专利初始收益分布函数和预期收益衰减模式,运用专利续期概率分布测度专利价值,其实质是依据技术创新程度测度专利价值。⑨ Schankerman 等(1986)将专利预期收益衰减模式设定为指数型

---

① 宋爽,陈向东.信息技术领域专利维持状况及影响因素研究[J].图书情报工作,2013,57(18):98-103,132;乔永忠.不同类型创新主体发明专利维持信息实证研究[J].科学学研究,2011,29(3):442-447.

② 冯仁涛.基于专利文献的专利维持时间影响因素分析[J].情报杂志,2020,39(7):202-206;乔永忠,肖冰.基于权利要求数的专利维持时间影响因素研究[J].科学学研究,2016,(5):678-683.

③ 乔永忠,王卓琳.不同类型专利权人获得中国专利金奖的发明专利质量研究[J].情报杂志,2018,37(10):120-125;宋爽,陈向东.信息技术领域专利维持状况及影响因素研究[J].图书情报工作,2013,57(18):98-103,132.

④ 李睿,王堂蓉,龙瑞.专利引证与专利维持时间的相关性实证[J].情报杂志,2022,41(7):71-76.

⑤ 毛昊.创新驱动发展中的最优专利制度研究[J].中国软科学,2016(1):35-45.

⑥ 肖冰,许可,肖尤丹.专利审查能够影响专利维持时间吗?[J].科学学研究,2018,36(7):1224-1234.

⑦ 乔永忠,孙燕.外国优先权对专利维持时间影响实证研究:基于美国、德国、日本、韩国和中国授权专利数据的比较[J].情报杂志,2017,36(11):161-167.

⑧ 乔永忠.不同类型创新主体专利维持信息实证研究[J].科学学研究,2011,29(3):442-447.

⑨ 徐蔼婷,程彩娟,祝瑜晗.基于改进专利续期模型的中国专利价值测度:兼论高价值发明专利的统计特征[J].统计研究,2022,39(3):3-20.

衰减模式;①Pakes(1986)提出随机型预期收益衰减模式;②Lanjouw(1998)和 Deng(2011)引入随机离散选择模型。③ 该模型中的专利初始收益分布函数和预期收益衰减模式及参数设计等方面是学者关注的重点。张古鹏等(2012,2013)将模型适用专利扩充到有效专利具有一定的积极意义。④ 徐蔼婷等(2022)将专利价值测算对象从专利扩充到包括实用新型专利和外观设计专利在内的三种专利具有一定意义。⑤ 但目前国家知识产权局将高价值专利界定为五种专利的做法在一定程度上说明,官方至今没有把实用新型专利和外观设计专利纳入高价值专利统计范围。由此可见,准确测度高价值专利,有效反映其内含技术创新存量,对实现高水平科技自立自强具有重要价值。

(三)高价值专利特征及其测度难度与技术创新

高价值专利一般内含技术创新水平较高,但是真正判断其所含技术创新水平,跟评估专利价值一样,具有较大的难度。测度高价值专利的难点源于专利价值的动态性、随机性、不平衡性、相对性、难以量化性、隐蔽性特征。当然,高价值专利是专利在价值方面具有优势的特殊形态,所以其也具有一般专利具有的各种特征。这些特征对高价值专利测度带来相应的难度。但是,足够数量和质量的高价值专利是知识产权强国建设的标配,也是国家技术创新水平的标志,所以应该针对专利价值动态性、随机性、不平衡性、相对

---

① SCHANKERMAN M, PAKES A. Estimates of the value of patent rights in the European countries during the post-1950 period[J]. Economic journal, 1986, 96(6): 1052-1076.

② PAKES A. Patents as options: some estimates of the value of holding European patents stocks[J]. Econometrica, 1986, 54(4): 755-784.

③ LANJOUW J O. Patent protection in the shadow of infringement: simulation estimations of patent value[J]. Review of economic studies, 1998, 65(4): 671-710; DENG Y. A dynamic stochastic analysis of international patent application and renewal processes [J]. International journal of industrial organization, 2011, 29(6): 766-777.

④ 张古鹏,陈向东.基于专利存续期的企业和研究机构专利价值比较研究[J].经济学(季刊),2012,11(3):1403-1426;张古鹏,陈向东.基于专利存续期的专利价值研究:一个基于收益服从指数分布假设的模型重构[J].管理工程学报,2013(4):142-149.

⑤ 徐蔼婷,程彩娟,祝瑜晗.基于改进专利续期模型的中国专利价值测度:兼论高价值发明专利的统计特征[J].统计研究,2022,39(3):3-20.

性、难以量化性和隐蔽性特征,构建相应的高价值专利测度方法。测度高价值专利时,需要重视其与技术创新的内在关系。

二、高价值专利测度的属性及视角与技术创新

高价值专利测度的视角不同,其反映技术创新水平的高低可能会存在差异。《知识产权强国建设纲要(2021—2035年)》强调:严格保护,即严格依法保护知识产权,切实维护社会公平正义和权利人合法权益;质量引领,即构建更加完善的要素市场化配置体制机制,更好发挥知识产权制度激励创新的基本保障作用,为高质量发展提供源源不断的动力;运行高效,即实施知识产权运营体系建设,建设运营平台,培育国际化、市场化、专业化服务机构;合作共赢,即坚持人类命运共同体理念,以国际视野谋划和推动知识产权改革发展,推动构建开放包容、平衡普惠的知识产权国际规则,让创新创造更多惠及各国人民。严格保护是专利价值实现的前提,也是激励技术创新的条件,没有严格保护,高价值专利就没有存在的意义,也就很难激励技术创新。

(一)高价值专利测度的属性与技术创新

与高价值专利判别不同,高价值专利测度是对高价值专利的价值量高低进行测度,是一个绝对性判断,是对技术创新程度的客观判断,因此,高价值专利测度就有绝对性和客观性。专利"价值"难以量化,尤其是对没有进行许可、转让、质押、出资等运营活动的专利进行价值测度非常困难。相对于已被终止(届满)的专利测度,继续有效的专利价值测度更加困难,因为其价值大小存在很大的不确定性。因此,在对高价值专利测度相关理论、方法或者模型进行研究的基础上,就"高价值专利判别统计"中得出高价值专利进行实证研究,探索其准确反映技术创新的水平,对提升技术创新能力非常重要。

(二)高价值专利测度的视角与技术创新

质量引领是高价值专利的关键,没有高质量作为保证,高价值专利就是空中楼阁。专利寿命反映专利价值,以专利寿命等指标测度高价值专利具有一定的可行性。运行高效是专利价值实现的有力保障,如果没有运行高

效的市场作为机制,专利价值很难实现,高价值专利就无法为权利人带来合理收益。合作共赢基于国内外合作机制为权利人带来更多专利收益的视角,提出高价值专利的测度方案,主要选择发明人数、权利人合作数及其类型、海外同族专利数等指标测度高价值专利。由此可见,选择合适的测度视角,不仅可以相对精准地测度高价值专利,也能更加准确地反映其中包含技术的创新水平高低。

三、高价值专利测度方法及模型与技术创新

在加快实现高水平科技自立自强和知识产权强国战略的背景下,对高价值专利测度相关理论、方法或模型进行系统研究对技术创新非常重要。精准地测度高价值专利,是理解高价值专利激励技术创新机制的基础。

(一)基于维持时间的高价值专利测度方法与技术创新

1.基于维持时间的高价值专利测度方法原理

基于维持时间的高价值专利测度方法的科学性表现在专利维持时间体现了专利价值的本质。首先,不同专利依托技术的差异性,决定了不同技术领域和类型的专利价值高低无法就其经济价值进行简单比较,但是可以进行专利维持时间长短的比较,尽管单位时间为权利人带来的经济收益存在差异。其次,专利维持时间是经济理性人对其拥有专利进行收益成本权衡后做出的选择,最能体现专利的价值高低。基于维持时间的高价值专利测度方法的客观性和简单易操作性是其他方法不可比拟的。专利维持时间由申请日(授权日)与被终止日(届满日)决定,不会因为测度主体的主观愿望而发生改变,为测度结果的客观性和可靠性提供可能。基于维持时间的专利价值测度方法简单客观,所以不少学者将其作为研究专利价值的工具,但现有基于维持时间测度专利价值的方法控制变量选择不准,导致测度准确度较低。由此可见,基于专利维持时间的高价值专利测度与技术创新关系密切。

2.基于维持时间的高价值专利测度方法的局限性

基于维持时间的高价值专利测度方法的局限性在于控制变量较多和专利价值可比性问题。以专利维持时间为指标测度专利价值高低的前提是控制专利的技术领域,如果过于细分技术领域,会导致专利价值的可比性降低,所以需要进行相对科学的平衡。基于维持时间测度高价值专利时,测度

对象适用于被终止或届满专利（即维持时间确定不变的专利）。因为不同技术的专利技术属性差异（异质性），使得绝大多数专利的价值在数量上不具有可比性。但是在专利维持时间上，不同技术领域的专利在时间长短上具有可比性。因此在技术领域、保护范围和专利族等指标接近的前提下，可以用专利维持时间测度专利的价值高低。虽然这种方法需要较多的控制变量，但是这种测度方法简单、可操作性强，测度结果客观可靠，受到测度主体主观因素干扰的程度相对较小。

（二）基于续期模型的高价值专利测度方法与技术创新

1.基于续期模型的高价值专利测度方法理论依据

专利续期模型实践成本较低，且具有测算过程科学客观、基础数据容易获取、结果较为可靠等优势。[1] 后续学者对专利续期模型的研究从预期收益衰减模式改进和测算应用范围拓展两方面进行。预期收益衰减模式改进主要包括将专利预期收益衰减模式设定为指数型衰减模式[2]、随机型预期收益衰减模式[3]、专利权人收益最优决策的动态随机离散选择模型[4]。专利价值测度应用范围包括被终止（包括届满）专利和有效专利。有学者认为，相比同一专利群中的失效专利，未失效专利的生存年限更长、产生的总收益将会更高；若直接将所有未失效专利归为一类，必然会对专利价值测算形成系统性偏误。[5] 只有在专利申请日（授权日）相同，且技术领域接近的情况下，失效专利的价值才有可能低于有效专利。因此，本部分研究将专利

---

[1] ZHANG G, LV X, ZHOU J. Private value of patent right and patent infringement: an empirical study based on patent renewal data of China[J]. China economic review, 2014, 28: 37-54.

[2] SCHANKERMAN M, PAKES A. Estimates of the value of patent rights in the European countries during the post-1950 period[J]. Economic journal, 1986, 96(6): 1052-1076.

[3] PAKES A. Patents as options: some estimates of the value of holding European patents stocks[J]. Econometrica, 1986, 54(4): 755-784.

[4] LANJOUW J O, PAKES A, PUTNAM J. How to count patents and value intellectual property: the uses of patent renewal and application data[J]. The journal of industrial economics, 1998, 46(4): 405-432.

[5] 徐蔼婷，程彩娟，祝瑜晗.基于改进专利续期模型的中国专利价值测度：兼论高价值发明专利的统计特征[J].统计研究,2022,39(3):3-20.

的测度范围区分为被终止(包括届满)专利和有效专利,分别进行测度。基于续期模型的专利价值测度方法可操作性相对较低,最大问题在于收益衰减模式难以确定。可根据大量实地调研和已经被终止(届满)专利收益模式回归等方法分类完善并精确测度模型,提高包括有效专利在内的高价值专利测度的精准度。

2.基于续期模型的高价值专利测度模型

专利续期模型测度高价值专利的原理:假设专利存在初始预期收益,后续预期收益衰减,依据其均值和预期收益的具体衰减模式可得到专利组的平均预期收益,通过计算平均预期收益贴现值总和可得到专利组的平均价值,结合专利数量得到专利组的总价值。

如何确定专利续期模型中的专利预期收益衰减模式?专利续期模型利用专利的维持概率分布揭示的专利收益时间评估专利的私有价值。以专利维持收益是否大于专利成本为依据判断专利是否被继续维持。该模型通过设定专利的初始收益分布函数和预期收益衰减模式,结合专利平均维持时间、年费和收益贴现率,根据专利平均预期净收益现值估计专利价值量。后续学者对该模型从预期收益衰减模式改进和测算应用范围拓展两方面进行研究。基于专利续期模型的高价值专利测度中最大的难点在于预期收益衰减模式问题。理由是专利授权后虽然专利是否维持是由专利收益是否大于专利成本的原则决定,而且专利成本是确定的,但是专利收益是不确定的。[1] 授权后有些专利的收益是由高到低趋势,有些专利的收益是由低到高,有些是U型,有些是倒U型,所以专利预期收益是否"衰减"是不确定的。为此,一方面需要对已经届满或被终止专利维持时间规律进行大量研究,另一方面需要对专利预期收益衰减模式的理论进行详细研究,探索更加符合实际情况的专利预期收益模式,完善专利续期模型,这是精准测度高价值专利的难点。

---

[1] 徐蔼婷,程彩娟,祝瑜晗.基于改进专利续期模型的中国专利价值测度:兼论高价值发明专利的统计特征[J].统计研究,2022,39(3):3-20.

第六节　高价值专利驱动效应与技术创新

高价值专利属于国家发展战略性资源和国际竞争力核心要素。在高水平科技自立自强背景下,研究高价值专利政策对激励技术创新的驱动效应具有重要意义。

一、高价值专利驱动效应内涵及其研究文献

党的十八大以来,在以习近平同志为核心的党中央坚强领导下,中国知识产权事业不断发展,在高价值专利创造、运用、保护、管理和服务方面走出了一条中国特色的发展之路,有力促进了创新型国家建设和全面建成小康社会目标的实现。在此背景下,研究高价值专利对激励技术创新、促进经济社会发展具有重要意义。

(一)高价值专利驱动效应的内涵

高价值专利对中国经济发展、科技进步,尤其是技术创新能力提升方面的促进作用如何?这个问题值得研究。为此,需要梳理中国高价值专利的主要相关政策及其实施效果,研究高价值专利对经济发展、科技进步和技术创新提升的驱动机制,并根据高价值专利判别和测度及其统计结果,确定我国不同类型企业、不同产业和不同区域高价值专利对经济发展、科技进步及技术创新能力提升的实际驱动效应。研究如何让高价值专利更好地激励技术创新并服务于知识产权强国建设非常重要。因此,在科学界定高价值专利内涵和外延的基础上,通过全面深入研究专利价值的影响因素,尤其是影响机制,强化高价值专利的创造(培育)、运用、保护、管理和服务机制,充分发挥其对知识产权强国战略实施的积极作用,更好地激励技术创新。高价值专利驱动效应可以从两个方面理解:一方面,高价值专利作为客体,被知识产权法律制度、政策机制驱动发展的效应,另一方面,高价值专利作为主体对技术创新的驱动效应。

(二)高价值专利驱动效应的研究文献

除了相关政策对高价专利具有驱动效应外,下列因素对高价值专利的价值具有影响。一是专利宽度、被引指数及其组合对专利价值的影响。专利宽度和长度影响专利价值。专利保护范围与专利价值正相关。① 专利被引指数和同族专利数与企业市场价值相关性较高。交叉性技术的专利价值更高;②标准必要专利可通过许可等方式实现更多的专利价值。③ 二是专利主体规模和国籍对专利价值的影响。专利价值实现程度与企业规模正相关。④ 美国授权专利中非美国籍的专利主体进行专利转让的概率高于美籍专利主体;⑤由多个国家或地区权利主体共有的专利价值更高。⑥ 三是专利许可、转让和拍卖等对专利价值的影响。通过专利许可会实现更多的专利价值。⑦ 专利转让可为权利人实现更多的专利价值,获得更多的垄断收益,进而激励技术创新。⑧ 专利拍卖的价格信息不仅反映了

---

① FISCHER T, LEIDINGER J. Testing patent value indicators on directly observed patent value: an empirical analysis of Ocean Tomo patent auctions[J]. Research policy, 2014, 43(3): 519-529.

② ANTONIO M, GIUSEPPE S, ELISA U, et al. Global markets for technology: evidence from patent transactions[J]. Research policy, 2017, 46(9): 1644-1654.

③ BARON J, POHLMANN T, BLIND K. Essential patents and standard dynamics [J]. Research policy, 2016, 45(9): 1762-1773.

④ 崔维军,孙成,吴杰,等. 高价值专利对企业技术标准化能力的影响研究[J]. 科学学研究,2023,41(2):296-306; ARORA A, COHEN W, WALSH J. The acquisition and commercialization of invention in American manufacturing: incidence and impact[J]. Research policy, 2016, 45(6): 1113-1128.

⑤ ANTONIO M, GIUSEPPE S, ELISA U, FEDERICO C. Global markets for technology: evidence from patent transactions[J]. Research policy, 2017, 46(9): 1644-1654.

⑥ BRIGGS K. Co-owner relationships conducive to high quality joint patents[J]. Research policy, 2015, 44(8): 1566-1573.

⑦ KISHIMOTO S, WATANABE N. The kernel of a patent licensing game: the optimal number of licensees[J]. Mathematical social sciences, 2017, 86(3): 37-50; CAVIGGIOLI F, UGHETTO E. The drivers of patent transactions: corporate views on the market for patents[J]. R&D management, 2013, 43(4): 318-332.

⑧ GALASSO A, SCHANKERMAN M, SERRANO C J. Trading and enforcing patent rights[J]. The RAND journal of economics, 2013, 44(2): 275-312.

专利的经济价值，也反映了该专利的技术创新水平。① 由此可见，专利价值及其实现受很多因素的影响，文献研究也相对深入，但是影响机制需要明确，以便为高价值专利判别指标选择提供依据。

二、高价值专利驱动效应对技术创新的影响

高价值专利是实现高水平科技自立自强、建设创新型国家的基础要件之一。实现高水平科技自立自强的过程中，高价值专利对中国经济发展、科技进步，尤其是对技术创新能力提升具有重要意义。《知识产权强国建设纲要（2021—2035年）》指出，要突出重点领域和重大需求，推动知识产权与经济、科技和社会等方面深度融合发展。如何让高价值专利与我国经济、科技和社会等尤其是技术创新的方面深度融合，有利于促进技术创新，是知识产权强国战略的重要任务之一。因此，研究知识产权制度政策对高价值专利的驱动效应以及高价值专利对中国经济发展、科技进步，尤其是对技术创新能力提升的驱动效应，有利于加快实现高水平科技自立自强和创新型国家建设。

习近平总书记在主持中央政治局第二十五次集体学习时强调，知识产权保护工作关系国家治理体系和治理能力现代化，关系高质量发展，关系人民生活幸福。② 因为中国不同区域经济、科技和社会发展水平的不平衡导致其专利，尤其是高价值专利的分布高度不均衡，所以研究我国东中西部高价值专利对经济、科技和人民生活水平产生的效应具有重要的现实价值。因此，通过梳理不同类型企业、不同产业（尤其是战略性新兴产业）、不同区域关于高价值专利的相关政策，并在有效统计高价值专利信息的基础上，分别研究其所拥有的高价值专利对地区生产总值、地方财政税收收入和规模以上工业企业经济等指标，规模以上工业企业R&D、规模以上工业企业新

---

① CAVIGGIOLI F, UGHETTO E. Buyers in the patent auction market: opening the black box of patent acquisitions by non-practicing entities[J]. Technology forecasting and social change, 2016, 104: 122-132; ODASSO C, SCELLATO G, UGHETTO E. Selling patents at auction: an empirical analysis of patent value[J]. Industry corporate change, 2015, 24(2): 417-438; FISCHER T, RINGLER P. What patents are used as collateral: an empirical analysis of patent reassignment data[J]. Journal of business venturing, 2014, 29(5): 633-650.

② 习近平.全面加强知识产权保护工作 激发创新活力推动构建新发展格局[EB/OL].(2021-01-31)[2024-03-28].https://www.gov.cn/xinwen/2021-01/31/content_5583920.htm.

产品和技术市场成交额等科技发展指标以及居民人均可支配收入和居民人均消费支出等反映人民生活水平指标的驱动效应,探究高价值专利在多大程度上促进经济发展、科技进步,尤其是技术创新能力的提升。

知识产权制度政策驱动高价值专利发展对经济增长具有主要价值。高价值专利对经济发展、科技进步,尤其是对技术创新能力提升具有重要影响。不同类型企业、产业和区域高价值专利对我国生产总值、地方财政税收收入、规模以上工业企业经济指标,尤其是规模以上工业企业R&D、新产品、技术市场成交额的驱动效应对我国经济高质量发展非常重要。

第七节 高价值专利激励技术创新实证研究

高价值专利日益成为全球创新型企业获得竞争优势的靶心。按照国家知识产权局等官方机构发布的标准,"专利优秀奖"获奖专利属于中国高价值专利的重要组成部分,所以本节以"专利优秀奖"获奖专利作为高价值专利的代表,对其进行实证研究,反映其对技术创新的促进作用。研究产品专利、方法专利、产品与方法专利的指数特征对实施专利质量提升工程、完善专利质量指标、推动高价值专利的创造和运用和提高技术创新能力具有重要意义。

一、高价值专利的界定及量化

随着国家知识产权战略的贯彻以及专利政策的落实,我国在知识产权强国建设方面取得了较大的进步和成就。2019年,中国受理的专利申请量为140.1万件,授权专利量45.3万件,其中国内专利授权36.1万件,国内每万人口专利拥有量为13.3件;[1]同年前11个月知识产权使用费进出口总额371.9亿美元,其中出口额60.1亿美元,同比增长19.2%,知识产权质量效

---

[1] 国家知识产权局.2019知识产权主要数据发布:主要指标稳中有进 知识产权质量效益持续提升[EB/OL].(2020-01-15)[2020-6-25].http://www.cnipa.gov.cn/zscqgz/1145388.htm.

益持续提升。① 中国授权专利曾经具有较低的价值,但是近年来随着专利质量提升工程、高价值专利培育工程的实施,专利质量和专利价值均有所提升,技术创新水平也不断提高。

(一)高价值专利与获奖专利

1. 高价值专利与获奖专利的重要性

国家每年都授予大量的专利权,同时应该考虑这些授权专利的质量和价值,②但是专利价值问题似乎没有在国家层面上被重视。尽管很多研究成果分析了企业申请或者拥有授权专利的数量和质量,但是关于企业从这些专利(申请)获得了多少的收益,很少有人研究。这在不同层面上反映了专利价值及其研究并不乐观。中国已成为专利大国,但不是专利强国,主要原因在于专利制度及政策不够完善导致的专利价值不高等,或者说高价值专利数量不足。不断优化和完善专利价值提升机制,基于专利价值视角提高专利制度运行绩效,充分发挥创新主体积极性,这对专利质量工程、高价值专利挖掘等政策效果,尤其是对技术创新具有重要意义。

不过,专利价值的特征决定了其难以量化的特性,为对其进行定量研究带来相当的难度。中国专利奖③是由中国国家知识产权局与世界知识产权组织共同组织的奖励高质量和高价值专利权利主体的重要奖项。国家知识产权局办公室发布的《中国专利奖评奖办法》第5条规定的专利获奖指标和权重主要要求包括:专利质量(25%,重点评价新颖性、创造性、实用性等)、运用及保护措施和成效(35%,重点评价专利运用及保护措施、经济效益及市场份额)、社会效益及发展前景(15%,重点评价社会效益和行业影响力等)。基于获得国家专利奖项的专利价值量化方法可以作为量化专利价值

---

① 国家知识产权局.2019年我国知识产权高质量发展成效显著[EB/OL].(2020-01-08)[2020-6-25].http://www.cnipa.gov.cn/zscqgz/1145180.htm.

② WU L J, CHANG P C, TSAO C C, et al. A patent quality analysis and classification system using self-organizing maps with support vector machine[J]. Applied soft computing, 2016, 41: 305-316.

③ 《中国专利奖评奖办法》规定中国专利奖的奖项包括专利金奖、专利银奖、专利优秀奖以及外观设计金奖、银奖、优秀奖等,其中专利优秀奖从第七届专利奖开始评选(除第八届未评选专利优秀奖)。

的指标之一。因为获奖专利的申报需要基于一定的专利价值,所以在特定控制变量基础上,运用获奖专利的相关信息量化专利价值具有一定的参考价值,所以本节将获得中国专利优秀奖的专利作为"高价值专利"的代表,进行实证研究。截至2019年8月已成功举办了共13届,中国专利优秀奖作为高价值专利的重要组成部分,所占比例最高、数量最多,更具有代表性,因此研究中国专利优秀奖获奖专利对于提升整体专利质量,分析和完善专利质量指标,推动高价值专利质量指标的创建,引导高价值专利、核心专利的创造等,尤其是促进技术创新方面具有重要的指导和借鉴意义。

2.高价值专利及获奖专利文献综述

虽然国内外学者关于专利质量的研究已经很多,各界也开始重视专利质量水平的提升问题,其中金柳欣等(2014)分析了第1—15届中国专利金奖的专利价值影响因素,[1]但是关于中国专利优秀奖的专利质量研究还比较少。近年来,随着中国专利数量的暴增,创造更多的高价值专利成为当前改善科技创新能力的重要目标,中国专利优秀奖作为高价值专利的代表,更能够反映出中国高价值专利的特征。

专利价值是专利法律法规和政策制度调整的基本问题,关于专利价值的获得、评估和形式的研究成果主要集中在以下三方面。一是通过阻止技术模仿获得专利价值。专利通过产品或技术市场影响需求,为专利主体提供优势,使其获得高于完全竞争条件下的市场价格,实现更多的专利价值;因为专利权严格限制竞争对手模仿专利技术,使得专利主体可以实现更多的专利价值;[2]专利产品被模仿侵权的风险越高,专利主体越需要强化对其专利保护,较为长期地实现专利价值。[3] 模仿专利技术的代价越高,专利价值一般也越高。如何在合法前提下,基于限制竞争对手模仿技术获得更多的专利价值,是专利主体考虑的重要问题之一。二是高价值专利的评估及

---

[1] 金柳欣,李曦,段丽斌,等.基于中国专利金奖统计分析的专利价值提升研究[J].图书情报导刊,2014(14):111-114.

[2] GRIMPE C, HUSSINGER K. Resource complementarity and value capture in firm acquisitions: the role of intellectual property rights[J]. Strategic management journal, 2014, 35(12): 1762-1780.

[3] ARCHONTAKIS F, NIKOS C, VARSAKELI S. Patenting abroad: evidence from OECD countries[J]. Technological forecasting and social change, 2017, 116(6): 62-69.

辨别。Bessen(2009)、Hall 等(2005)企图通过专利价值评估和企业市场价值等资产信息评估企业股票信息；①Cornelli 等(1999)认为，除了提高审查员素质外，专利局保持专利授权质量标准的一个重要途径是设计合理的专利申请费和维持费机制，同时利用专利主体申请和维持专利的信息辨别专利预期价值高低。② 如何比较准确评估专利价值是解决专利维持和交易活动的重要环节。三是专利价值递减及其特殊表现形式。专利价值递减整体反映了专利价值下降速度较快，且快于传统资本产品的收益递减率，专利价值递减不是因为其包含技术的有形产品价值下降，而是因其代表的创新技术市场价值变化。

专利价值或者质量是影响企业商业运作方式和研发投入获得专利价值的重要因素。③ 专利价值或者质量的评估难点在于其商业价值和技术影响的差异。④ 有学者从专利被引（总被引次数、被引率、平均被引次数、H 指数），专利引用（科学关联度、科学强度、技术循环周期），技术保护范围（权利要求数量、技术覆盖范围），区域保护范围（专利族大小、保护区域数量、美国专利数量、三方专利数量、PCT 申请数量），有效维持状况（维持年限、专利存活率）以及专利率等方面评价专利价值等。⑤

发明是指对产品、方法或者其改进所提出的新的技术方案。为此，专利分为产品专利、方法专利、产品与方法专利。不同性质专利的技术方案和研发难度、法律保护范围均会存在明显差异。区分不同性质专利特征，一方面，有助于国家等相关部门更好了解社会对不同性质发明产品的需求状况、

---

① BESSEN J. Estimates of patent rents from firm market value[J]. Research policy，2009，38(10)：1604-1616；HALL B H，JAFFE A，TRAJTENBERG M. Market value and patent citations[J]. The RAND journal of economics，2005，36(1)：16-38.
② CORNELLI F，SCHANKERMAN M. Patent renewals and R&D incentives[J]. The RAND journal of economics，1999，30(2)：197-213.
③ WANG B，HSIEH C H. Measuring the value of patents with fuzzy multiple criteria decision making：insight into the practices of the Industrial Technology Research Institute[J]. Technological forecasting and social change，2015，92：263-275.
④ BOEING P，MUELLER E. Measuring patent quality in cross-country comparison[J]. Economics letters，2016，149：145-147.
⑤ 马廷灿，李桂菊，姜山，等.专利质量评价指标及其在专利计量中的应用[J].图书情报工作，2012，56(24)：89-95.

不同性质专利的质量差异;另一方面,有利于社会各类研发者根据社会需求选择研发方向,也能够更便捷地利用专利分类的特征进行技术之间的创新利用,从而促进创新资源充分、多元性的优化整合,满足不同的社会经济发展需求。因此,基于第 7—20 届中国专利优秀奖的产品发明、方法发明、产品与方法发明不同性质的专利数据,分析高价值专利在经济、技术、法律层面的指标特征,以期对激励技术创新提供参考。

3.高价值专利数据采集

通过登录中华人民共和国国家知识产权局网站中国专利奖项评选信息专栏(https://www.cnipa.gov.cn/col/col41/index.html),获取已公布的第 7—20 届中国专利奖获奖的专利清单,收集整理总计获得 4185 件专利,利用国家知识产权局专利数据检索网站搜索每一项专利的数据信息(数据检索截止日期:2019 年 8 月 2 日)。该数据库包括中国专利优秀奖专利的申请号、专利名称、专利分类(产品专利、方法专利、产品与方法专利)、同族专利、引用指数、被引用数、申请日期、授权日期、终止日期、法律状态、申请人类型、主分类编号、发明人数、权利要求数等信息。选取专利优秀奖的数据基于以下两点原因:一是中国专利优秀奖开设时间较长,基于专利数据能够较准确反映专利质量收益的整体信息;二是中国专利优秀奖数量较大,对研究中国的专利价值及其反映的技术创新水平具有较强的说服力。

(二)获奖的高价值专利数量和技术创新发展趋势

获奖专利数量作为考察高价值专利的数量指标,在一定程度上能从数量上反映创新主体的技术创新能力和专利价值能力。《中国专利奖评奖办法》对每届优秀专利奖项总数没有特别限定,但是相邻年份的优秀奖总数量差异不大,研究其中获奖专利数量及其变化趋势具有一定的现实意义。通常情况下,创新主体拥有的获奖专利数量越多,则越能体现其具有较强的技术创新能力和专利价值能力。图 4-1 反映了获得第 7—20 届中国专利优秀奖的专利数量及技术创新的发展趋势。

从图 4-1 可以看出,中国专利优秀奖获奖专利的数量总体上呈增长的趋势。在第 7—13 届阶段,中国专利优秀奖获奖专利数量增长缓慢,总量较少。从第 14 届开始,各类专利数量呈现逐年增长的趋势,而且增长速度开始迅速提升。这可能是因为 2011 年国家开始规划实施专利审查工作的推

[图表：获得第7—20届中国专利优秀奖的不同性质专利数量发展趋势，纵轴为数量/件(0—350)，横轴为第7届至第20届，包含产品专利、方法专利、产品与方法专利三类]

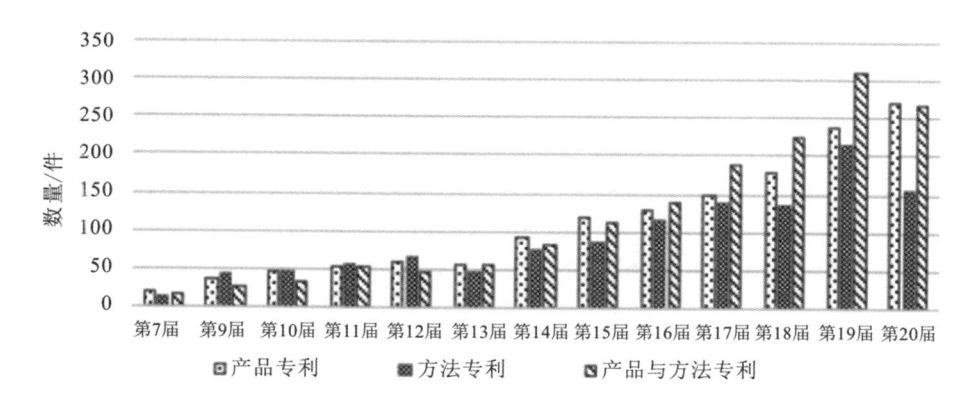

图 4-1 获得第 7—20 届中国专利优秀奖的不同性质专利数量发展趋势

动作用,国民经济发展"十二五"规划时期以经济社会发展需求为导向,不断提高审查效率,改进审查质量,加强审查服务,有力推进了全国专利事业发展战略目标的实现。到 2016 年第 18 届后,国务院印发了《"十三五"国家知识产权保护和运用规划》。在新的经济形势下全面深化知识产权领域改革,提高知识产权治理能力,这可作为后续中国专利质量水平得到较大改善的重要原因。在第 7—13 届阶段中,产品专利、方法专利、产品与方法专利的数量差距均比较小;第 14 届开始三类专利数量差距逐渐增大;第 20 届时三类性质专利数量差距最大。总体来看,产品与方法专利数量最多,其次为产品专利,方法专利数量最少。由此可见,产品与方法专利促进技术创新的作用更加显著,更能满足技术需求多元化的社会经济发展需求。

二、高价值专利的经济指标特征与技术创新

以获得中国专利优秀奖的专利为代表的高价值专利不仅内含较高的技术创新水平,而且应该具有较好的经济价值,因此,基于权利转移指数与专利寿命视角研究高价值专利对技术创新的影响具有重要价值。

(一)高价值专利权利转移指数与技术创新

专利权转移是专利市场交易中的一种基本形式,能够有效促进科技成果的转化和专利运用,从而产生经济价值并获得专利价值,在一定层面反映技术创新水平。通过专利交易转让等方式可以获得更多的专利价值,促进

技术创新和社会福利,①但是专利交易成本直接影响专利价值实现程度。②因此,专利的转移量可以反映获奖专利在经济层面的收益状况。专利权实现转移说明该项专利具有可利用价值,也就具有市场价值,转移量越高,则说明专利价值较高,其技术创新水平越高。图 4-2 反映了第 7—20 届中国专利优秀奖中不同性质专利的转移及技术创新情况。

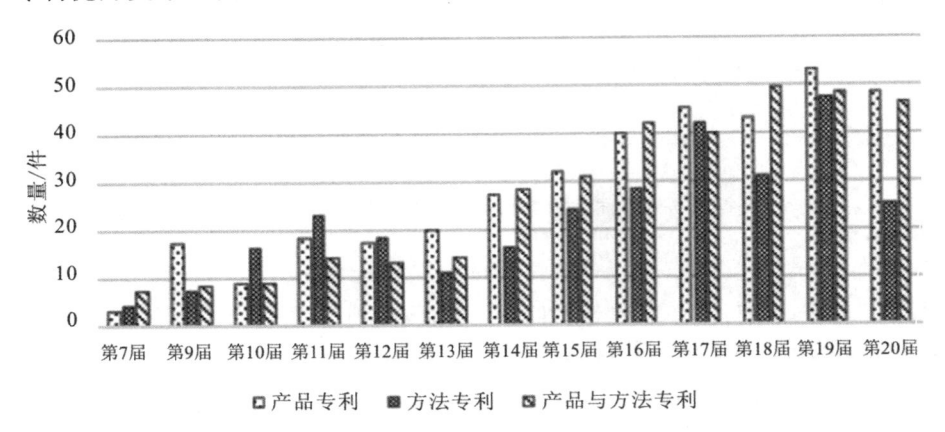

图 4-2 基于转移数量的获得第 7—20 届中国专利优秀奖的不同性质专利价值分布

从图 4-2 可以看出,随着中国专利奖的开展,中国专利优秀奖中专利转移和专利价值水平不断得到提升,技术创新水平也得到不同程度发展。具体表现在三个方面。首先,在第 7 届时,由于专利优秀奖获奖专利本身总量较少,因此实现专利转移的数量也比较少;在第 9 届时,产品专利的转移量迅速提升,并且超过了方法专利和产品与方法专利。其次,在第 10 届中,方法专利的转移量高于另外两类专利,并一直持续到第 12 届,这可能是因为方法专利转移所需经济成本更低,转移后更容易被其他专利技术吸收和充分运用,因此也就更容易促进此类专利在市场中的转移。最后,在第 13—20 届时,专利的转移总量上均大幅度上涨(除第 18 届和第 20 届方

---

① DE RASSENFOSSE G, PALANGKARAYA A, WEBSTER E. Why do patents facilitate trade in technology: testing the disclosure and appropriation effects[J]. Research policy, 2016, 45(7): 1326-1336.

② FOSS K, FOSS N J. Resources and transaction costs: how property rights economics furthers the resource-based view[J]. Strategic management journal, 2005, 26(6): 541-553.

法专利数量有所降低),其中产品专利、产品与方法专利转移量的增长幅度较为明显,其转移量持续高于方法专利,这也可以说明前两类专利经济质量更高,转移后给专利权人带来的收益更丰厚,所以更能满足市场需求。同时也可以反映出随着中国专利政策的不断改进、专利市场格局的不断调整,中国的专利转移和专利价值水平也得到较好的改善,创新主体的专利价值能力不断提升,更好地促进了专利市场的有效运作,也推动了技术创新和社会经济的发展。

(二)高价值专利寿命与技术创新

专利寿命是指一项专利在其获得法定授权以后保持专利的法律状态继续有效的时间长度,在这期间专利权人必须依法向专利行政部门缴纳规定数量的维持费用。只要专利预期收益大于专利维持成本,专利权人就会选择维持这些具有潜在价值的专利。[1] 专利寿命已经成为衡量专利质量、揭示专利价值和技术创新的重要指标。因此,专利寿命在不同层面反映了其技术创新水平。直至法定保护期届满,专利权人每年都要做出是否维持专利的决定是基于特定时间范围内维持成本与同期维持专利价值的比较。如果专利权人依据专利价值最大化原则确定是否维持专利,则专利维持率和维持费的数据可以用来评估专利价值,甚至可以测度其技术创新水平。因此,研究中国专利优秀奖获奖专利的收益水平需要分析专利的维持时间,并通过专利维持时间的长短在一定程度上判断其所产生的专利价值大小和技术创新水平高低。表4-2展示了不同性质专利在四个不同时间段的专利维持信息。

从表4-2可见,三类性质的获奖专利维持时间最大值均为20年,但总体维持时间都比较短,仅有10年左右,说明大多数专利的维持时间未能达到届满状态。首先,就产品专利而言,仅有8.61%的专利维持时间在1~5年,52.46%的专利维持时间在6~10年,超过产品专利整体数量的一半;随着维持时间的延长,产品专利数量也开始减少,维持时间在11~15年的专

---

[1] SCHANKERMAN M, PAKES A. Estimates of the value of patent rights in European countries during the post-1950 period[J]. The economic journal, 1986, 96(384): 1052-1076.

利仅占29.42%,维持时间在16～20年的专利数量仅有9.51%。其次,对于方法专利而言,不同阶段维持时间拥有的专利数量所占比例状况与产品专利维持状况相似,维持时间在6～10年与11～15年的专利所占比例分别为47.47%和31.03%,不同的是方法专利中有12.56%的专利维持时间在16～20年,高于同段时间的产品专利。最后,对于产品与方法专利来说,维持时间在6～10年的发明数量最多,占比53.15%,其次是11～15年,占27.73%,1～5年占9.95%,维持时间高于16年以上的最低,仅占9.18%。总的来看,中国专利优秀奖获奖专利的维持时间主要集中在6～10年期间,占总数比例51.3%,其次为11～15年,占总数比例29.25%,仅有10.25%的专利维持时间超过16年,换句话说,与普通专利相比,获奖专利具有相对的收益优势,内含技术具有更高的创新水平。

表4-2 获得第7—20届中国专利优秀奖的不同性质专利维持时间分布

维持时间/年	1～5	6～10	11～15	16～20	最大值	均值	总计
产品专利/件	124	756	424	137	20	9.99	1441
所占比例/%	8.61	52.46	29.42	9.51	—	—	100
方法专利/件	106	563	368	149	20	10.39	1186
所占比例/%	8.94	47.47	31.03	12.56	—	—	100
产品与方法专利/件	155	828	432	143	20	9.8	1558
所占比例/%	9.95	53.15	27.73	9.18	—	—	100
总计/件	385	2147	1224	429	—	—	4185
所占比例/%	9.20	51.30	29.25	10.25	—	—	100

三、高价值专利的技术指标特征与技术创新

专利引证是指专利所引用的其他技术方案,包括科技期刊中技术性的学术论文、技术类的会议文件和著作等资料。[1] 专利引证指标在很大程度上间接地反映了专利技术的创新水平,所以不少学者基于引证指标研究了专利技术指标。而且越来越多的学者已经将专利引用作为评价专利技术价

---

[1] 张克群,牛悾悾,夏伟伟.高被引专利质量的影响因素分析:以LED产业为例[J].情报杂志,2018,37(2):81-87.

值的重要指标之一。专利的被引指数和专利族数与企业的市场价值相关性较高,[①]对专利价值的实现具有重要的影响。专利引用指标中的当前影响指数可以反映企业专利的影响力、企业专利组合的质量;引用指数中科学文献引用的平均数量可以反映该技术与科学的密切程度。[②] 专利引证指数和专利被引指数从不同角度反映了技术创新的水平。

(一)高价值专利引证指数与技术创新分析

中国专利优秀奖获奖专利的引用指数平均值不仅可以反映中国高价值专利的质量状况,而且可以反映这些专利的技术创新水平。图 4-3 展示了第 7—20 届中国专利优秀奖获奖的不同性质专利的引证数均值情况。

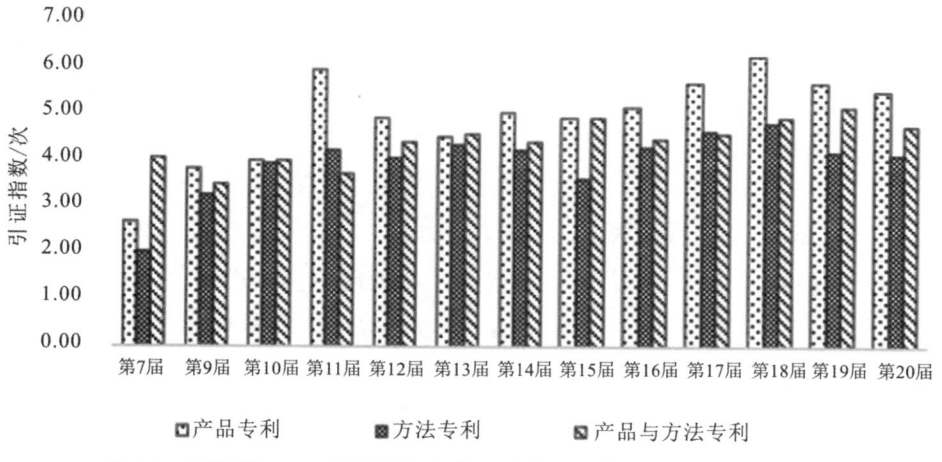

图 4-3 获得第 7—20 届中国专利优秀奖的不同性质专利引证指数分布

从图 4-3 可见,中国专利优秀奖的获奖专利引证指数均值总体水平相对较高。首先,从产品专利来看,在第 7 届时其专利引用均值较小,仅有 2.63 次,远远低于产品与方法专利,随着专利优秀奖的继续开展,专利引证数均值不断提高;到第 11 届时,已有 5.96 次,远超其他两类专利;从第 14

---

① KIM D, KIM N, KIM W. The effect of patent protection on firms' market value: the case of the renewable energy sector[J]. Renewable and sustainable energy reviews, 2018,82(2):4309-4319.

② 李春燕,石荣.专利质量指标评价探索[J].现代情报,2008,28(2):146-149.

届开始引用指数均值持续上升,且高于另外两类性质的专利,其中第 18 届达到最大均值 6.23 次。其次,从方法专利来看,最低引用均值为 2 次,在第 10—15 届,引用均值保持在 4~5 次左右,在第 18 届达到引用指数最大值 4.79 次。从总体趋势比较可以看出,方法专利整体引用指数均值基本都低于产品专利和产品与方法专利。最后,从产品与方法专利的引用指数来看,其最小引用指数均值在第 9 届,数值为 3.46 次。整体来看,产品与方法专利引用指数均值变化幅度较小,引用指数均值保持在 4~5 次,最大引用均值为第 19 届 5.12 次。从上述数据也可以发现不同性质专利的技术创新水平。

(二)高价值专利被引指数与技术创新

专利被引指数是指一项专利获得授权公开以后被其他专利作为参考引用的次数。通俗地讲,一项专利被引用的次数越多,越能够说明该专利所包含的技术的重要性,也越能体现该专利对后续专利的技术创新影响程度。但是专利被引指数受时间影响较大,通常一项专利申请授权成功后不一定立刻就能被其他专利技术引用,如若专利质量水平高,随着专利维持时间的延长,被引频数才会逐渐增加。有学者提出一种在早期阶段利用多个指标识别新兴技术的方法,并认为专利族和独创性等指标可以为专利的价值提供证据,但是该研究也存在局限,即用数量有限的专利指标评估新兴技术的多面特征还不能完全保证专利价值的全面性。[①] 图 4-4 反映了中国专利优秀奖中不同性质专利的被引指数均值及其技术创新状况。

通过图 4-4 可见,历届中国专利优秀奖的获奖专利被引指数均值呈现出下降的趋势,也反映了其技术创新水平的变化趋势。具体分析来看,具有如下特征:首先,在第 7 届中国专利优秀奖中,产品专利的被引指数均值为 7.74 次,方法专利被引指数均值为 6.31 次,而产品与方法专利的被引指数均值最高,达到了 16.59 次。其次,不同性质专利被引指数的最大值均有差异,产品专利被引指数均值为第 10 届的 10.2 次,方法专利被引指数最大值

---

① CHANGYONG L, OHJIN K, MYEONGIUNG K, et al. Early identification of emerging technologies: a machine learning approach using multiple patent indicators[J]. Technological forecasting and social change, 2018, 127: 291-303.

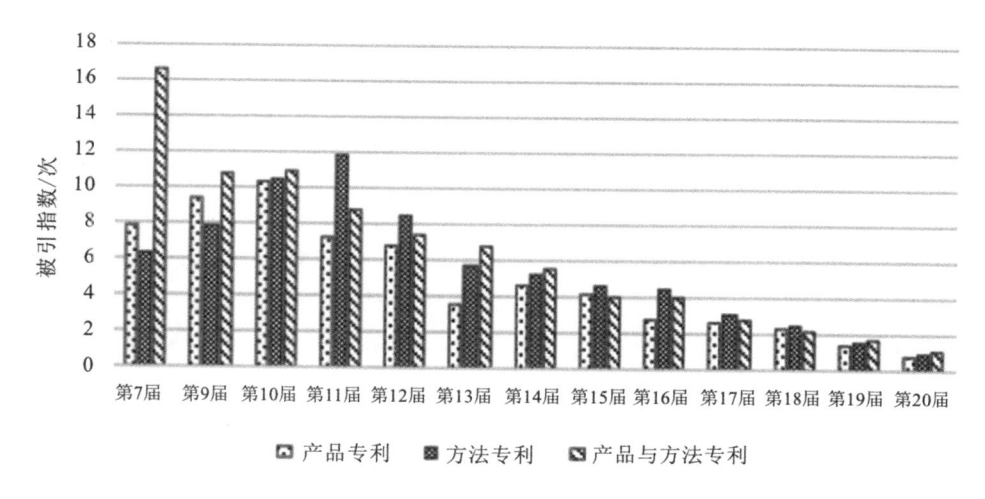

图 4-4　获得第 7—20 届中国专利优秀奖的不同性质专利被引指数分布

在第 11 届为 11.74 次,两者低于产品与方法专利被引指数均值的最大值;从第 12 届中国专利优秀奖开始,不同性质专利的被引指数均开始降低,直到第 20 届时,产品专利、方法专利、产品与方法专利的被引指数均值分别为 0.75、0.95、1.04。由此可见,尽管中国专利的数量不断增多,质量也有所提升,但是专利的被引指数不断下降,说明众多技术创新的后续利用及开发能力还有待提高。

(三)高价值专利的权利要求数与技术创新

权利要求反映专利申请或者授权文件中所列出的需要保护的权利范围,在很大程度上反映了该专利的技术创新水平。权利要求书是专利文件的关键部分,也是反映其技术创新水平的核心内容。授权专利的权利要求可以用来判定他人技术是否侵权,因此权利要求数的多少可以反映该项专利的技术范围。专利权利要求数与专利价值具有正相关性;[1]专利的宽度

---

[1] BESSEN J,MEURER M.The patent litigation explosion[R].Boston Univ.School of Law Working Paper,2005(5-18).

和长度影响专利价值大小;①专利保护范围与专利价值呈现正相关关系。②陈海秋等(2013)研究发现权利要求项数、说明书页数、发明人数等早期文献指标能够不同程度地反映专利质量;③刘红光等(2013)通过分析专利族数量、专利高被引、共被引、专利覆盖范围、专利权利要求数量指标证实权利要求数在评价专利质量时的重要性。④ 可见,权利要求数量不仅对专利价值具有一定的影响,而且在很大程度上反映该专利技术的创新水平。因此,可以将中国专利优秀奖中获奖专利的权利要求数作为专利价值水平和技术创新程度评析的重要指标。图4-5按照第7—20届专利优秀奖顺序展示了三类性质专利的权利要求数均值的变化情况。

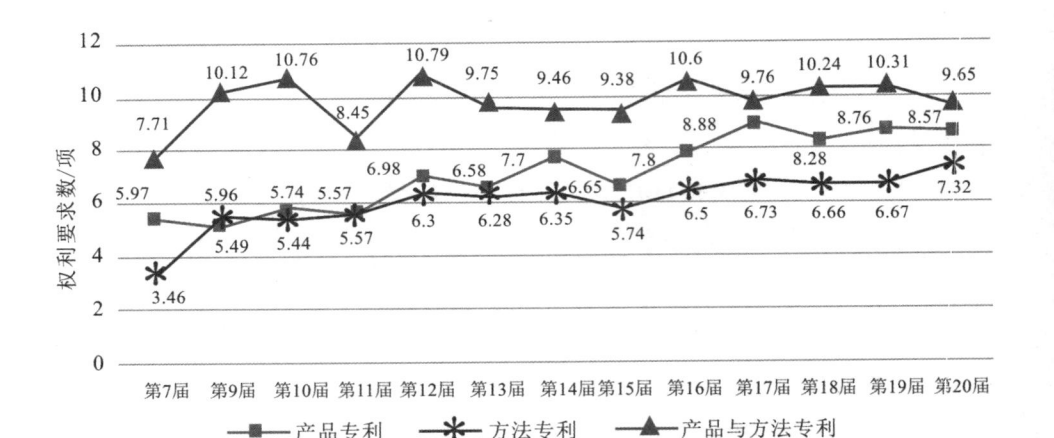

图 4-5 获得第 7—20 届中国专利优秀奖的不同性质专利的权利要求数分布

从图4-5可见,中国专利优秀奖的三类性质专利权利要求数均值变化不大,整体技术创新趋势保持较平稳的状态。第一,产品与方法专利的权利

---

① ÇEVIKARSLAN S. Optimal patent length and breadth in an R&D driven market with evolving consumer preferences: an evolutionary multi-agent based modeling approach [J]. Technological forecasting and social change, 2017, 118: 94-106.

② FISCHER T, RINGLER P. What patents are used as collateral: an empirical analysis of patent reassignment data[J]. Journal of business venturing, 2014, 29(5): 633-650.

③ 陈海秋,韩立岩.专利质量表征及其有效性:中国机械工具类专利案例研究[J].科研管理,2013,34(5):93-101.

④ 刘红光,孙惠娟,刘桂锋,等.基于专利组合分析的新兴产业核心技术挖掘:以国际燃料电池汽车为例[J].情报杂志,2013,32(8):68-73.

要求数均值持续处于较高的状态,远超过另两类性质的专利,最小均值为第7届的7.71项,最大均值为第12届的10.79项。因此,从权利要求数来看,产品与方法专利质量水平高于另外两种性质的专利,这也说明产品与方法专利权利要求项数更多,受法律保护的范围更大。第二,产品专利的权利要求数均值始终低于产品与方法专利,第9届是最小均值,为5.49项,第17届是最大均值,为8.88项。第三,方法专利的权利要求数均值在三类性质专利中最少,历届的权利要求数均值都低于另外两类性质的专利(除第9届以外),其最小均值与最大均值分别为3.46项和7.32项。整体来看,中国专利优秀奖获奖专利的权利要求数均值虽有上升但不明显,三类性质专利的权利要求数均值差距逐渐缩小。由此可见,基于高价值专利权利要求数量的技术创新呈现较为复杂的情况。

四、高价值专利的法律指标特征与技术创新

专利的法律状态是指申请在录入文献数据库时所处法律状态,专利权并不是一经申请就能得到,还要经过系列的审查程序,其法律状态通常包括不稳定状态,即发明申请公开、实质审查阶段;相对稳定状态,即已得到授权;稳定状态,比如撤回、无效、届满。专利质量越高,则法律状态越稳定,维持时长越接近届满(中国专利最长维持时间为20年)。高价值专利法律指标不仅反映专利质量高低,而且可以反映其技术创新水平高低。表4-3反映了获得中国专利优秀奖的不同性质专利的法律状况及技术创新水平。

从表4-3可知,三种性质专利的法律状态各有差异。首先,就届满状态来看,三种性质专利从高到低分别是:产品专利(2.22%)、方法专利(2.19%)、产品与方法专利(2.18%),这说明三种发明性质的专利届满率都处于较低水平。其次,从终止状态来看,终止率从低到高的专利依次为:产品与方法专利(8.86%)、产品专利(10.83%)、方法专利(11.89%),这说明产品与方法专利的质量水平相对更高。最后,从专利继续有效的状态来看,其有效的专利数量从高到低依次为:产品与方法专利(91.14%)、产品专利(89.17%)、方法专利(88.11%)。可以看出,获得中国专利优秀奖的专利大部分均保持法律有效状态,这也体现了获奖专利基本符合专利奖参评条件。因此从法律有效性来看,获得中国优秀奖的专利整体收益水平较高。

表 4-3　基于法律状态的获得中国专利优秀奖的不同性质专利质量分布

专利	届满	终止	有效	获奖专利总数
产品专利/件	32	156	1285	1441
所占比例/%	2.22	10.83	89.17	100
方法专利/件	26	141	1045	1186
所占比例/%	2.19	11.89	88.11	100
产品与方法专利/件	34	138	1420	1558
所占比例/%	2.18	8.86	91.14	100

注：届满的专利包括在终止的专利内。

五、主要结论及激励技术创新的政策建议

专利法律法规、制度政策及市场条件对专利价值都有重要影响。中国专利奖的评选有利于强化知识产权的创造、保护和运用，获奖专利在一定程度上反映了中国授权专利的质量、价值及其技术创新状况。获奖专利的指标特征在很大程度上代表了高价值专利指标特征和技术创新水平。

（一）主要研究结论

通过对获得第7—20届中国专利优秀奖的专利相关指标特征的分析，得出以下结论：首先，获得中国专利优秀奖的不同性质专利数量逐渐提升，表明中国授权专利整体技术创新水平得到提升。其次，获得第7—20届中国专利优秀奖的专利的经济指标特征为：获奖专利整体转移量逐步提升，其中第7—20届获奖专利总数中产品与方法专利转移量最高，其次为产品专利，方法专利转移量最低；三类性质获奖专利的维持时间均主要集中在6~10年之间，其具体顺序为方法专利低于产品专利、产品与方法专利，但差距较小。再次，获得第7—20届中国专利优秀奖的专利的技术指标特征为：获奖专利的引证指数总体呈增长趋势，其中产品专利引证指数最高，其次为产品与方法专利，方法专利引证数总体最低；获奖专利整体被引指数呈下降趋势，不同性质获奖专利的被引指数均值差距也逐渐缩小；三种性质获奖专利权利要求数的总体变化趋势不明显，且权利要求数均值最大的是产品与方法专利，其次为产品专利、方法专利。最后，获得第7—20届中国专利优秀

奖的专利的法律状态指标特征为：三类性质获奖专利的整体届满率均较低；产品与方法专利终止率最低，其后为产品专利、方法专利；三类性质获奖专利有效状况较好，专利价值时间较长。总之，获奖专利虽然在很大程度上代表了高价值专利，同时也反映技术创新水平，但是产品专利、方法专利、产品及方法专利三者不论在高价值专利的代表性上，还是在技术创新水平的反映程度上，均存在一定的差异。

（二）激励技术创新的政策建议

针对上述研究结论，提出激励技术创新的以下政策建议：首先，在重视专利数量的同时要坚持质量导向，以创造高价值专利为目标，提高专利的技术创新水平。其次，要努力激活专利市场的运作机制，鼓励不同类型专利权人根据不同性质专利的特点进行专利技术的整合，提升专利运用价值，充分利用技术创新创造更多的高价值专利。同时，根据市场的实际需求以及未来专利市场的发展趋势，对一些具有潜力的专利给予政策资金等优惠，使其能够较长时间维持，从而减少因专利环境的不适而造成专利无效、终止等现象，获得更多专利价值，实现对技术创新的更多回报。最后，优化专利保护政策，强化专利保护力度，严惩专利侵权行为，最大限度实现专利价值，充分激发专利权人的积极性，提升创新主体的技术创新能力。

参考文献

一、中文文献

1. 鲍宗客,施玉洁,钟章奇.国家知识产权战略与创新激励:"保护创新"还是"伤害创新"?[J].科学学研究,2020(5).

2. 曹前有.技术创新动力视野中的知识产权制度[J].自然辩证法研究,2006(11).

3. 曹勇,程前,周蕊.专利申请时机对创新绩效的影响[J].科学学研究,2018,36(1).

4. 陈国宏,郭羿.我国FDI、知识产权保护与自主创新能力关系实证研究[J].中国工业经济,2008(4).

5. 陈海秋,韩立岩.专利质量表征及其有效性:中国机械工具类专利案例研究[J].科研管理,2013,34(5).

6. 陈恒,侯建.R&D投入、FDI流入与国内创新能力的门槛效应研究:基于地区知识产权保护异质性视角[J].管理评论,2017,29(6).

7. 崔维军,孙成,吴杰,等.高价值专利对企业技术标准化能力的影响研究[J].科学学研究,2023,41(2).

8. 邓雨亭,李黎明.面向国家创新体系的专利保护强度影响因素研究[J].科学学研究,2021,39(7).

9. 丁秀好,黄瑞华,任素宏.知识流动状态下自主创新的知识产权风险与防范研究[J].科学学与科学技术管理,2009,30(9).

10. 丁秀好,黄瑞华.知识产权风险对合作创新企业间知识转移的影响研究[J].科研管理,2008,29(3).

11. 董静,苟燕楠,吴晓薇.我国产学研合作创新中的知识产权障碍:基于企业视角的实证研究[J].科学学与科学技术管理,2008,29(7).

12. 董雪兵,王争.R&D风险、创新环境与软件最优专利期限研究[J].经济研究,2007(9).

13. 范龙振,唐国兴.产品专利价值评价的期权定价方法[J].研究与发展管理,1999,11(4).

14. 方厚政,刘鹏.专利拍卖成交率影响因素的实证研究[J].科学学研究,2013,31(12).

15. 甘静娴,戚湧.双元创新、知识场活性与知识产权能力的路径分析[J].科学学研究,2018(11).

16. 郭春野,庄子银.知识产权保护与"南方"国家的自主创新激励[J].经济研究,2012(9).

17. 郭韧,程小刚,李朝明.企业协同创新知识产权合作的动力学研究[J].科研管理,2018,39(11).

18. 何欢浪,任岩,章韬.媒体宣传、知识产权保护与企业创新[J].世界经济,2022,45(1).

19. 贺贵才,于永达.知识产权保护与技术创新关系的理论分析[J].科研管理,2011,32(11).

20. 贺京同,冯尧,徐璐.创新模式、技术引进策略与差别化专利宽度[J].南开经济研究,2011(6).

21. 胡小君,陈劲.基于专利结构化数据的专利价值评估指标研究[J].科学学研究,2014,32(3).

22. 黄瑞华,祁红梅,彭晓春.基于合作创新的知识产权共享伙伴选择分析[J].科学学与科学技术管理,2004,25(11).

23. 黄宗琪,乔永忠.基于审查效率的高收益专利审查周期影响因素研究[J].科研管理,2023,44(3).

24. 贾开,徐婷婷,江鹏.知识产权与创新:制度失衡与"互联网+"战略下的再平衡[J].中国行政管理,2016(11).

25. 蒋启蒙,朱雪忠.专利侵权诉讼中无效宣告倾向的影响因素研究[J].科学学研究,2022,40(7).

26. 靳巧花,严太华.自主研发与区域创新能力关系研究:基于知识产权保护的动态门限效应[J].科学学与科学技术管理,2017,38(2).

27. 靳晓东,谭运嘉.一种专利组合价值评估模型的设计[J].数量经济技术经济研究,2013(4).

28. 李勃昕,韩先锋,李宁.知识产权保护是否影响了中国OFDI逆向创新溢出效应?[J].中国软科学,2019(3).

29.李后建,张宗益.金融发展、知识产权保护与技术创新效率:金融市场化的作用[J].科研管理,2014,35(12).

30.李蕊,巩师恩.开放条件下知识产权保护与我国技术创新:基于1997—2010年省级面板数据的实证研究[J].研究与发展管理,2013,25(3).

31.李伟,董玉鹏.协同创新过程中知识产权归属原则:从契约走向章程[J].科学学研究,2014,32(7).

32.李晓桃,袁晓东.揭开专利侵权赔偿低的黑箱:激励创新视角[J].科研管理,2019,40(2).

33.梁玲玲,陈松.过于严厉的专利制度不利于创新:基于国外文献的综述[J].科研管理,2011,32(10).

34.刘春林,彭纪生.基于专利期限的技术创新激励模型研究[J].科研管理,2004,25(1).

35.刘思明,侯鹏,赵彦云.知识产权保护与中国工业创新能力:来自省级大中型工业企业面板数据的实证研究[J].数量经济技术经济研究,2015,32(3).

36.刘小鲁.序贯创新、创新阻塞与最优专利宽度[J].科学学研究,2011,32(4).

37.卢娣.我国发明专利审查周期的影响因素探析[J].科研管理,2017,38(7).

38.马荣康,金鹤,刘凤朝.基于生存分析的中国技术领域比较优势持续时间研究[J].研究与发展管理,2018,30(4).

39.马廷灿,李桂菊,姜山,等.专利质量评价指标及其在专利计量中的应用[J].图书情报工作,2012,56(24).

40.马一德.创新驱动发展与知识产权战略实施[J].中国法学,2013(4).

41.毛昊,刘澄,林瀚.中国企业专利实施和产业化问题研究[J].科学学研究,2013,31(12).

42.毛昊,刘澄,林瀚.基于调查的中国企业非实施专利申请动机实证研究[J].科研管理,2014,35(1).

43.毛昊.创新驱动发展中的最优专利制度研究[J].中国软科学,2016(1).

44.潘士远.最优专利制度研究[J].经济研究,2005(12).

45.彭华涛.区域科技创新中的知识产权论[J].科学学与科学技术管理,2007,28(12).

46. 彭纪生,刘伯军.模仿创新与知识产权保护[J].科学学研究,2003,21(4).

47. 乔永忠,肖冰.基于权利要求数的专利维持时间影响因素研究[J].科学学研究,2016,34(5).

48. 乔永忠.不同类型创新主体发明专利维持信息实证研究[J].科学学研究,2011,29(3).

49. 邱洪华,陆潘冰.基于专利价值影响因素评价的企业专利技术管理策略研究[J].图书情报工作,2016,60(6).

50. 邱均平,王伟军,付立宏.论国家创新体系建设中的知识产权保护[J].武汉大学学报(哲学社会科学版),2001(2).

51. 邱一卉,张驰雨,陈水宣.基于分类回归树算法的专利价值评估指标体系研究[J].厦门大学学报(自然科学版),2017,56(2).

52. 任桂芬.区域知识产权自主创新能力与潜力研究:以河北省为例[J].中国行政管理,2008(8).

53. 任培民,赵树然,姜文远.基于结构方程:组套索的复杂专利组合测度研究[J].科研管理,2022,43(9).

54. 任素宏,黄瑞华.合作创新中知识产权风险影响因素体系的构建及应用[J].科研管理,2008,29(2).

55. 史宇鹏,顾全林.知识产权保护、异质性企业与创新:来自中国制造业的证据[J].金融研究,2013(8).

56. 宋河发,穆荣平.知识产权保护强度与我国自主创新能力建设研究[J].科学学与科学技术管理,2006,27(3).

57. 宋爽,陈向东.区域技术差异对专利价值的影响[J].科研管理,2016,37(9).

58. 宋爽,陈向东.信息技术领域专利维持状况及影响因素研究[J].图书情报工作,2013,57(18).

59. 孙玉涛,刘凤朝,李滨.基于专利的中欧国家创新能力与发展模式比较[J].科学学研究,2009,27(3).

60. 唐春.基于区分国内外创新的专利制度设计研究[J].科研管理,2012,33(2).

61. 唐方成,仝允桓.经济全球化背景下的开放式创新与企业的知识产权保护[J].中国软科学,2007(6).

62.万小丽,朱雪忠.专利价值的评估指标体系及模糊综合评价[J].科研管理,2008,29(2).

63.汪忠,黄瑞华.合作创新的知识产权风险与防范研究[J].科学学研究,2005,23(3).

64.王海成,吕铁.知识产权司法保护与企业创新:基于广东省知识产权案件"三审合一"的准自然试验[J].管理世界,2016(10).

65.王浩.劳动价值论视角下的专利价值评价客体研究[J].知识产权,2017(1).

66.王九云,叶元煦.论保护知识产权对技术创新的驱动功能[J].管理世界,2001(6).

67.王九云.技术创新过程中可以形成知识产权的机理与启示[J].管理世界,2004(3).

68.王九云.论企业如何在技术创新中取得更多自主知识产权[J].中国软科学,2000(5).

69.王雎.开放式创新下的占有制度:基于知识产权的探讨[J].科研管理,2010,31(1).

70.王黎萤,陈劲,杨幽红.技术标准战略、知识产权战略与技术创新协同发展关系研究[J].科学学与科学技术管理,2005,26(1).

71.王黎萤,陈劲,杨幽红.技术标准战略、知识产权战略与技术创新协同发展关系研究[J].中国软科学,2004(2).

72.王黎萤,虞微佳,王佳敏,等.影响知识产权密集型产业创新效率的因素差异分析[J].科学学研究,2018(4).

73.王钰,胡海青,张琅.知识产权保护、社会网络及新创企业创新绩效[J].管理评论,2021,33(3).

74.魏浩,巫俊.知识产权保护、进口贸易与创新型领军企业创新[J].金融研究,2018(9).

75.文豪.市场特征、知识产权与技术创新:基于产业差异的分析[J].管理世界,2009(9).

76.文家春,朱雪忠.政府资助专利费用对我国技术创新的影响机理研究[J].科学学研究,2009,27(5).

77.文家春.专利审查行为对技术创新的影响机理研究[J].科学学研究,2012,30(6).

78.吴昌南.无专利保护产业中的创新与模仿研究[J].科研管理,2014,35(1).

79.吴超鹏,唐菂.知识产权保护执法力度、技术创新与企业绩效:来自中国上市公司的证据[J].经济研究,2016(11).

80.吴志鹏,方伟珠,包海波.专利制度对技术创新激励机制微观安排的三个维度[J].科学学与科学技术管理,2003,24(1).

81.肖冰,何丽敏,许可."创新之策"或"避税之道":英国"专利盒"政策实践与启示[J].科研管理,2021,42(1).

82.肖冰,肖尤丹,许可.知识产权司法保护与企业创新的互动机制研究:基于专利侵权诉讼的分析[J].科研管理,2019,40(12).

83.肖冰,许可,肖尤丹.专利审查能够影响专利维持时间吗?[J].科学学研究,2018,36(7).

84.肖延高,李仕明,李平.基于产业自主创新的知识产权制度建设:以深圳实践为例[J].研究与发展管理,2008,20(3).

85.谢其军,冯楚建,宋伟.合作网络、知识产权能力与区域自主创新程度:一个有调节的中介模型[J].科研管理,2019,40(11).

86.邢斐.加强专利保护对我国创新活动影响的实证研究[J].科学学研究,2009,27(10).

87.徐蔼婷,程彩娟,祝瑜晗.基于改进专利续期模型的中国专利价值测度:兼论高价值发明专利的统计特征[J].统计研究,2022,39(3).

88.徐顽强,何菲.科技奖励制度促进自主创新战略的作用机制研究[J].自然辩证法研究,2011,27(8).

89.徐迎,张薇.专利与技术创新的关系研究[J].图书情报工作,2013,57(19).

90.许可,张亚峰,刘海波.所有权性质、知识产权诉讼能力与企业创新[J].管理学报,2019(12).

91.许培源,章燕宝.行业技术特征、知识产权保护与技术创新[J].科学学研究,2014,32(6).

92.薛卫,雷家骕.创新激励、市场垄断与专利的理论评述[J].科学学与科学技术管理,2008,28(6).

93.杨冠灿,刘彤,李纲,等.基于综合引用网络的专利价值评价研究[J].情报学报,2013,32(12).

94.杨君,肖明月,蒋墨冰.知识产权保护、技术创新与中国的资本回报率[J].科研管理,2023,44(2).

95.杨思思,戴磊,郝屹.专利经济价值度通用评估方法研究[J].情报学报,2018,37(1).

96.杨武,孙世强,陈培.技术锁定视角下的专利价值影响因素分析[J].科学学研究,2022,40(6).

97.杨武,王玲.知识产权保护下的技术创新者与模仿者竞争模型研究[J].科研管理,2006,27(4).

98.易靖韬,蔡菲莹.企业创新与贸易方式转型:知识产权保护和贸易自由化的调节作用[J].中国软科学,2019(11).

99.易玲.日本专利无效判定制度之改革及其启示[J].法商研究,2017,34(2).

100.尹志锋,梁正.我国专利侵权诉讼赔偿额的影响因素分析[J].中国软科学,2015(12).

101.尹志锋,杨椿,闫琪琼,等.知识产权司法保护能否促进企业自主创新?[J].科学学研究,2023,41(1).

102.尹志锋,叶静怡,黄阳华,等.知识产权保护与企业创新:传导机制及其检验[J].世界经济,2013(12).

103.尹志锋.专利诉讼经历与企业技术创新战略[J].世界经济,2018,41(10).

104.袁翔珠.知识产权制度在科技创新中的作用机制[J].研究与发展管理,2003,15(1).

105.袁晓东,戚昌文.技术创新需要知识产权制度[J].研究与发展管理,2002,14(2).

106.袁晓东,张军荣,杨健安.中国高校专利利用的影响因素研究[J].科研管理,2014,35(4).

107.张古鹏,陈向东.基于专利存续期的企业和研究机构专利价值比较研究[J].经济学(季刊),2012,11(3).

108.张军荣.开放式创新能提升专利质量吗?[J].科研管理,2017,38(11).

109.张亚峰,李黎明.专利价值再认识:大学专利转让的实证研究[J].科学学研究,2022,40(9).

110.赵旭梅.专利保护宽度的国际趋同与创新博弈[J].科研管理,2015,36(9).

111.赵远亮,周寄中,许治.高技术企业自主创新、知识产权与自主品牌的联动关系及启示[J].科学学与科学技术管理,2008,29(1).

112.赵志耘,郑佳.从专利分析走向看技术创新与经济周期的关系[J].中国软科学,2010(9).

113.郑贵忠,刘金兰.基于生存分析的专利有效模型研究[J].科学学研究,2010,28(11).

114.郑友德,高华.论专利制度对创新的激励[J].科研管理,1999,20(3).

115.周寄中,张黎,汤超颖.知识产权与技术创新:联动与效应分析[J].研究与发展管理,2006,18(5).

116.周密,申婉君.研发投入对区域创新能力作用机制研究:基于知识产权的实证证据[J].科学学与科学技术管理,2018,39(8).

117.周文光,黄瑞华.企业自主创新中知识产权风险预警过程研究[J].科学学与科学技术管理,2010,31(4).

118.周文光,黄瑞华.企业自主创新中知识创造不同阶段的知识产权风险分析[J].科学学研究,2009,27(6).

119.周英男,杜鸿雁.企业技术创新过程中的知识产权战略选择模型[J].科学学研究,2007,25(2).

120.周勇涛,黎运智.企业技术创新与专利战略转换作用机理研究[J].科学学与科学技术管理,2009,30(6).

121.周泽将,汪顺,张悦.知识产权保护与企业创新信息困境[J].中国工业经济,2022(6).

122.朱雪忠,乔永忠,万小丽.基于维持时间的发明专利质量实证研究:以中国国家知识产权局1994年授权的发明专利为例[J].管理世界,2009(1).

123.庄子银.知识产权、市场结构、模仿和创新[J].经济研究,2009(11).

二、英文文献

1.ACEMOGLU D. Directed technical change[J]. The review of economic studies,2002,69(4).

2.ACEMOGLU D. Why do new technologies complement skills? Directed technical change and wage inequality[J]. The quarterly journal of economics,1998,113(4).

3.ACS Z J, AUDRETSCH D B, FELDMAN M P. R&D spillovers and recipient firm size[J]. Review of economics and statistics, 1994, 76(2).

4.ALASSO A, MITCHELL M, VIRAG G. A theory of grand innovation prizes[J]. Research policy, 2018, 47(2).

5.ANDRIES P, FAEMS D. Patenting activities and firm performance: does firm size matter? [J]. Journal of product innovation management, 2013, 30(6).

6.ANTON J, YAO D. Expropriation and inventions: appropriable rents in the absence of property rights[J]. The American economic review, 1994, 84(1).

7.ANTON J, YAO D. Finding "lost" profits: an equilibrium analysis of patent infringement damages[J]. Journal of law, economics, and organization, 2006, 23(1).

8.ANTON J, YAO D. Little patents and big secrets: managing intellectual property [J]. The RAND journal of economics, 2004, 35(1).

9.ANTON J, YAO D. Patents, invalidity, and the strategic transmission of enabling information[J]. Journal of economics and management strategy, 2003, 12(2).

10.ANTON J, YAO D. The sale of ideas: strategic disclosure, property rights, and contracting[J]. The review of economic studies, 2002, 69(3).

11.ANTONIO M, GIUSEPPE S, ELISA U, et al. Global markets for technology: evidence from patent transactions[J]. Research policy, 2017, 46(9).

12.AOKI R, HU J. Licensing vs. litigation: the effect of the legal system on incentives to innovate[J]. Journal of economics and management strategy, 1999, 8(1).

13.ARCHONTAKIS F, VARSAKELIS N C. Patenting abroad: evidence from OECD countries[J]. Technological forecasting and social change, 2017, 116.

14.ARORA A, CECCAGNOLI M. Patent protection, complementary assets, and firms' incentives for technology licensing[J]. Management science, 2006, 52(2).

15.ARORA A, COHEN W, WALSH J. The acquisition and commercialization of invention in American manufacturing: incidence and impact[J]. Research policy, 2016, 45(6).

16.ARTZ K W, NORMAN P M, HATFIELD D E, et al. A longitudinal study of the impact of R&D, patents, and product innovation on firm performance[J]. Journal of product innovation management, 2010, 27(5).

17.ARUNDEL A, KABLA I. What percentage of innovations are patented? Empirical estimates for European firms[J]. Research policy, 1998, 27(2).

18. AVADOR M, WERNING I, ANGELETOS G M. Commitment vs. flexibility [J]. Econometrica, 2006, 74(2).

19.BARIRANI A, BEAUDRY C, AGARD B. Can universities profit from general purpose inventions? The case of Canadian nanotechnology patents[J]. Technological forecasting and social change, 2017, 120.

20.BARON J, POHLMANN T, BLIND K. Essential patents and standard dynamics[J]. Research policy, 2016, 45(9).

21.BELDERBOS R, CASSIMAN B, FAEMS D, et al. Co-ownership of intellectual property: exploring the value-appropriation and value-creation implications of co-patenting with different partners[J]. Research policy, 2014, 43(5).

22.BESSEN J. Estimates of patent rents from firm market value[J]. Research policy, 2009, 38(10).

23.BESSEN J. The value of U. S. patents by owner and patent characteristics[J]. Research policy, 2008, 37(5).

24.BHATTACHARYA S, RITTER J. Innovation and communication: signalling with partial disclosure[J]. The review of economic studies, 1983, 50(4).

25.BISIN A, LIZZERI A, YARIV L. Government policy with time inconsistent voters[J]. The American economic review, 2015, 105(6).

26.BLIND K, CREMERS K, MUELLER E. The influence of strategic patenting on company patent portfolios[J]. Research policy, 2009, 38.

27.BLIND K, EDLER J, FRIETSCH R, et al. Motives to Patent: evidence from Germany[J]. Research policy, 2006, 35(5).

28.BOUDREAU K, LACETERA N, LAKHANI K. Incentives and problem uncertainty in innovation contests: an empirical analysis[J]. Management science, 2011, 57(5).

29.BOUDREAU K, LAKHANI K, MENIETTI M. Performance responses to competition across skill-levels in rank order tournaments: field evidence and implications for tournament design[J]. The RAND journal of economics, 2016, 47(1).

30.BRIGGS K. Co-owner relationships conducive to high quality joint patents[J]. Research policy, 2015, 44(8).

31.BROWN J, MARTINSSON G, PETERSEN B. What promotes R&D? Comparative evidence from around the world[J]. Research policy, 2017, 46(2).

32.BRUNT L, LERNER J, NICHOLAS T. Inducement prizes and innovation[J]. Journal of industrial economics, 2012, 60(4).

33.BUSOM I. An empirical evaluation of the effects of R&D subsidies[J]. Economics of innovation and new technology, 2000, 9(2).

34.ÇEVIKARSLAN S. Optimal patent length and breadth in an R&D driven market with evolving consumer preferences: an evolutionary multi-agent based modeling approach[J]. Technological forecasting and social change, 2017, 118.

35.CAVIGGIOLI F, UGHETTO E. Buyers in the patent auction market: opening the black box of patent acquisitions by non-practicing entities[J]. Technology forecasting and social change, 2016, 104.

36.CAVIGGIOLI F, UGHETTO E. The drivers of patent transactions: corporate views on the market for patents[J]. R&D management, 2013, 43(4).

37.CHANG H. Patent scope, antitrust policy, and cumulative innovation[J]. The RAND journal of economics, 1995, 26.

38.CHANGYONG L, OHJIN K, MYEONGIUNG K, et al. Early identification of emerging technologies: a machine learning approach using multiple patent indicators[J]. Technological forecasting and social change, 2018, 127(2).

39.CHARI V, GOLOSOV M, TSYVINSKI A. Prizes and patents: using market signals to provide incentives for innovations[J]. Journal of economics theory, 2012, 147(2).

40.CHE Y K, GALE I. Optimal design of research contests[J]. The American economic review, 2003, 93(3).

41.CHEN Y, PUTTITANUN T. Intellectual property rights and innovation in developing countries[J]. Journal of development economics, 2005, 78(2).

42.CHOI J. Alternative damage rules and probabilistic intellectual property rights: unjust enrichment, lost profits, and reasonable royalty remedies[J]. Information economics and policy, 2009, 21(2).

43.CHU A C, COZZI G, GALLI S. Does intellectual monopoly stimulate or stifle innovation? [J]. European economic review, 2012, 56(4).

44.COCKBURN I M, MACGARVIE M J. Patents, thickets and the financing of early-stage firms: evidence from the software industry[J]. Journal of economics and management strategy, 2009, 18(3).

45.COCKBURN I M, GRILICHES Z. Industry effects and appropriability measures in the stock market valuation of R&D and patents[J]. The American economic review, 1988, 88(2).

46.COHEN W M, GOTO A, NAGATA A, et al. R&D spillovers, patents and the incentives to innovate in Japan and the United States[J]. Research policy, 2002, 31(8).

47.COHEN W M, LEVINTHAL D. Absorptive capacity: a new perspective on learning and innovation[J]. Administration science quarterly, 1990, 35(1).

48.CORNELLI F, SCHANKERMAN M. Patent renewals and R&D incentives[J]. The RAND journal of economics, 1999, 30(2).

49.CROSLAND M, GALVEZ A. The emergence of research grants within the prize system of the French Academy of Sciences, 1795-1914[J]. Social studies of science, 1989, 19(1).

50.CZARNITZKI D, TOOLE A. Business R&D and the interplay of R&D subsidies and product market uncertainty[J]. Review of industrial organization, 2007, 31(3).

51.DAVID P, HALL B, TOOLE A. Is public R&D a complement or substitute for private R&D? A review of the econometric evidence[J]. Research policy, 2000, 29(4-5).

52.DE RASSENFOSSE G, PALANGKARAYA A, WEBSTER E. Why do patents facilitate trade in technology: testing the disclosure and appropriation effects[J]. Research policy, 2016, 45(7).

53.DENG Y. A dynamic stochastic analysis of international patent application and renewal processes[J]. International journal of industrial organization, 2011, 29(6).

54.DENG Y. Private value of European patents[J]. European economic review, 2007, 51(7).

55.ELENA N. An examination of the antecedents and implications of patent scope[J]. Research policy, 2015, 44(2).

56.ERIK B, ALFRED K. Innovative output and a firm's propensity to patent: an exploration of CIS micro data[J]. Research policy, 1999, 28(6).

57.ERNST H. Patent applications and subsequent changes of performance: evidence from time-series cross-section analyses on the firm level[J]. Research policy, 2001, 30(1).

58.FARRELL J, SHAPIRO C. How strong are weak patents? [J]. The American economic review, 2008, 98(4).

59.FISCHER T, LEIDINGER J. Testing patent value indicators on directly observed patent value: an empirical analysis of Ocean Tomo patent auctions[J]. Research policy, 2014, 43(3).

60.FOSS K, FOSS N J. Resources and transaction costs: how property rights economics furthers the resource-based view[J]. Strategic management journal, 2005, 26(6).

61.FULLERTON R L, MCAFEE P R. Auctioning entry into tournaments[J]. Journal of political economy, 1999, 107(3).

62.FUTAGAMI K, IWAISAKO T. Dynamic analysis of patent policy in an endogenous growth model[J]. Journal of economic theory, 2007, 132(1).

63.GOH A T, OLIVIER J. Optimal patent protection in a two-sector economy[J]. International economic review, 2002, 43(4).

64.GALASSO A, MITCHELL M, VIRAG G. A theory of grand innovation prizes[J]. Research policy, 2018, 47(2).

65.GALASSO A, SCHANKERMAN M, SERRANO C J. Trading and enforcing patent rights[J]. The RAND journal economics, 2013, 44(2).

66.GALLINI N, WRIGHT B. Technology transfer under asymmetric information[J]. The RAND journal of economics, 1990, 21.

67.GALLINI N. Patent length and breadth with costly imitation[J]. The RAND journal of economics, 1992, 44.

68.GAMBARDELLA A, GIURI P, LUZZI A. The market for patents in Europe [J]. Research policy, 2007, 36(8).

69.GAMBARDELLA A, HARHOFF D, VERSPAGEN B. The value of European patents[J]. European management review, 2008, 5(2).

70.GICK W. Little firms and big patents: a model of small-firm patent signaling[J]. Journal of economics and management strategy, 2008, 17(4).

71.GILBERT R, SHAPIRO C. Optimal patent length and breadth[J]. The RAND journal of economics, 1990, 21(1).

72.GONZALEZ X, PAZO C. Do public subsidies stimulate private R&D spending? [J]. Research policy, 2008, 37(3).

73.GRILICHES Z, HALL B H, PAKES A. R&D, patents and market value revisited: is there a second(technological opportunity) factor? [J]. Economics innovation and new technology, 1991, 1(3).

74.GRIMPE C, HUSSINGER K. Resource complementarity and value capture in firm acquisitions: the role of intellectual property rights[J]. Strategic management journal, 2014, 35(12).

75.GRINDLEY P, TEECE D J. Managing intellectual capital: licensing and cross-licensing in semiconductors and electronic[J]. California management review, 1997, 39(2).

76.HALL B H, JAFFE A, TRAJTENBERG M. Market value and patent citations [J]. The RAND journal of economics, 2005, 36(1).

77.HALAC M, YARED P. Fiscal rules and discretion under persistent shocks[J]. Econometrica, 2014, 82.

78.HALL B H, ZIEDONIS R M. The patent paradox revisited: an empirical study of patenting in the U.S. semiconductor industry, 1979-1995[J]. The RAND journal of economics, 2001, 32(1).

79.HALL B H. Exploring the patent explosion[J]. The journal of technology transfer, 2005, 30(1/2).

80.HARABI N. Appropriability of technical innovations: an empirical analysis[J]. Research policy, 1995, 24(6).

81.HARHOFF D, SCHERER F M, VOPEL K. Citations, family size, opposition and the value of patent rights[J]. Research policy, 2003, 32(8).

82.HELPMAN E. Innovation, imitation, and intellectual property rights[J]. Econometrica, 1993, 61.

83.HIKKEROVA L, KAMMOUN N, LANTZ J. Patent life cycle: new evidence[J]. Technological forecasting and social change, 2014, 88.

84.HINLOOPEN J. Subsidizing cooperative and noncooperative R&D in duopoly with spillovers[J]. Journal of economics, 1997, 66(2).

85.HOPENHAYN H, LLOBET G, MITCHELL M. Rewarding sequential innovators: prizes, patents, and buyouts[J]. Journal of political economy, 2006, 114(11).

86.HOPENHAYN H, MITCHELL M. Innovation variety and patent breadth[J]. The RAND journal of economics, 2001, 32.

87.HORII R, IWAISAKO T. Economic growth with imperfect protection of intellectual property rights[J]. Journal of economics, 2007, 90(1).

88.HORSTMANN I, MACDONALD G M, SLIVINSKI A. Patent as information transfer mechanisms: to patent or (maybe) not to patent[J]. Journal of political economy, 1985, 93.

89.HSIEH C H. Patent value assessment and commercialization strategy[J]. Technological forecasting and social change, 2013, 80(2).

90. HU A G. Propensity to patent, competition and China's foreign patenting surge [J]. Research policy, 2010, 39(7).

91.HUANG K F, CHENG T C. Determinants of firms' patenting or not patenting behaviors[J]. Journal of engineering and technology management, 2015, 36.

92.HUGO A H, MATTHEW F M. Innovation variety and patent breadth[J]. The RAND journal of economics, 2001, 32(1).

93.IMPULLITTI G. International competition and U.S. R&D subsidies: a quantitative welfare analysis[J]. International economic review, 2010, 51(4).

94.IWAISAKO T, FUTAGAMI K. Patent protection, capital accumulation, and economic growth[J]. Economic theory, 2013, 52(2).

95.JEON H. Patent protection and R&D subsidy under asymmetric information[J]. International review of economics & finance, 2019, 62(7).

96.JERRY R G, SCOTCHMER S. On the division of profit in sequential innovation [J]. The RAND journal of economics, 1991, 5(1).

97.JOHNSON W H A. An integrative taxonomy of intellectual capital: measuring the stock and flow of intellectual capital components in the firm[J]. International journal of technology management, 1999, 18(5).

98.JONES C I. R&D-based models of economic growth[J]. Journal of political economy, 1995, 103.

99.JUDD K L. On the performance of patents[J]. Econometrica, 1985, 53.

100.KAY L. The effect of inducement prizes on innovation: evidence from the Ansari X prize and the Northrop Grumman Lunar Lander Challenge[J]. R&D management, 2011, 41(4).

101.KIEDAISCH C. Intellectual property rights in a quality-ladder model with persistent leadership[J]. European economic review,2015,80.

102.KIM D,KIM N,KIM W. The effect of patent protection on firms' market value: the case of the renewable energy sector[J]. Renewable and sustainable energy reviews,2018, 82(3).

103.KISHIMOTO S,WATANABE N. The kernel of a patent licensing game: the optimal number of licensees[J]. Mathematical social sciences,2017,86(3).

104.KLEMPERER P. How broad should the scope of patent protection be[J]. The RAND journal of economics,1990,21(1).

105.KLETTE T,MØEN J,GRILICHES Z. Do subsidies to commercial R&D reduce market failures? Microeconometric evaluation studies[J]. Research policy,2000,29(5).

106.KREMER M. Patent buyouts: a mechanism for encouraging innovation[J]. Quarterly journal of economics,1998,113(4).

107.LACH S. Do R&D subsidies stimulate or displace private R&D? Evidence from Israel[J]. The journal of industrial economics,2002,50(4).

108.LAHIRI S,ONO Y. R&D subsidies under asymmetric duopoly: a note[J]. The japanese economic review,1999,50.

109.LANGINIER C,MARCOUL P. Contributory infringement rule and patents[J]. Journal of economic behavior and organization,2009,70(1).

110.LANJOUW J O,PAKES A,PUTNAM J.How to count patents and value intellectual property: the uses of patent renewal and application data[J]. The journal of industrial economics,1998,46(4).

111.LANJOUW J O,SCHANKERMAN M. Characteristics of patent litigation: a window on competition[J]. The RAND journal of economics,2001,32(1).

112.LANJOUW J O,SCHANKERMAN M. Patent quality and research productivity: measuring innovation with multiple indicators[J]. Economic journal,2004,114(1).

113.LANJOUW J O. Patent protection in the shadow of infringement: simulation estimations of patent value[J]. Review of economic studies,1998,65(4).

114.LAWRENCE M D. Market structure,innovation and optimal patent life[J]. Journal of law and economics,1985,28(1).

115.LEE S,YOON B,PARK Y. An approach to discovering new technology opportunities: keyword-based patent map approach[J]. Technovation,2009,29(6-7).

116.LERNER J,TIROLE J. Efficient patent pools[J]. The American economic review, 2004,94.

117. LIU K, ARTHURS J, CULLEN J, et al. Internal sequential innovations: how does interrelatedness affect patent renewal[J]. Research policy, 2008, 37(5).

118. LIU K. Human capital, social collaboration, and patent renewal within U.S. pharmaceutical firms[J]. Journal of management, 2014, 40(2).

119. LIU L J, CAO C, SONG M. China's agricultural patents: how has their value changed amid recent patent boom[J]. Technological forecasting and social change, 2014, 88.

120. LLANES G, TRENTO S. Patent policy, patent pools, and the accumulation of claims in sequential innovation[J]. Economics theory, 2012, 50(3).

121. MANSFIELD E. Patents and innovation: an empirical study[J]. Management science, 1986, 32(2).

122. MARCO A C. The option value of patent litigation: theory and evidence[J]. Review of financial economics, 2005, 14(3-4).

123. WALSH J P, LEE Y N, JUNG T. Win, lose or draw? The fate of patented inventions[J]. Research policy, 2016, 45(7).

124. MATUTES G, REGIBEAU P, ROCKETT K. Optimal patent design and the diffusion of innovations[J]. The RAND journal of economics, 1996, 27(1).

125. MINNITI A, VENTURINI F. The long-run growth effects of R&D policy[J]. Research policy, 2017, 46(1).

126. MURRAY F, STERN S, CAMPBELLG, et al. Grand innovation prizes: a theoretical, normative, and empirical evaluation[J]. Research policy, 2012, 41(10).

127. NAIR S S, MATHEW M, NAG D. Dynamics between patent latent variables and patent price[J]. Technovation, 2011, 31(12).

128. NAM S, NAM C, KIM S. The impact of patent litigation on shareholder value in the smart-phone industry[J]. Technological forecasting and social change, 2015, 95(7).

129. NORDHAUS W D. The optimal life of a patent: reply[J]. The American economic review, 1972, 62(3).

130. REITZIG M, HENKEL J, HEATH C. On sharks, trolls, and their patent prey: unrealistic damage awards and firms' strategies of "being infringed"[J]. Research policy, 2007, 36(1).

131. REITZIG M. Improving patent valuations for management purposes: validating new indicators by analyzing application rationales[J]. Research policy, 2004, 33(6-7).

132. SCHANKERMAN M, PAKES A. Estimates of the value of patent rights in the European countries during the post-1950 period[J]. Economic journal, 1986, 96(6).

133. SCHANKERMAN M. How valuable is patent protection? Estimates by technology field[J]. Journal of economics, 1998, 29(1).

134.SCHNEIDER C. The battle for patent rights in plant biotechnology: evidence from opposition fillings[J]. The journal of technology transfer, 2011, 36.

135.SCOTCHMER S. On the optimality of patent renewal system[J]. The RAND journal of economics, 1999, 30(2).

136.SERRANO C J. The dynamics of the transfer and renewal of patents[J]. The RAND journal of economics, 2010, 41(4).

137.SHEPARD A. Licensing to enhance demand for new technologies[J]. The RAND journal of economics, 1987, 18.

138.SOLOW R. A contribution to the theory of economic growth[J]. The quarterly journal of economics, 1956, 70(1).

139.SUH D, HWANG J. An analysis of the effect of software intellectual property rights on the performance of software firms in South Korea[J]. Technovation, 2010, 30(5-6).

140.TEECE D. Profiting from technological innovation: implications for integration, collaboration, licensing and public policy[J]. Research policy, 1986, 15(6).

141.TONG T W, ZHANG K, HE Z L, et al. What determines the duration of patent examination in China? An outcome-specific duration analysis of invention patent applications at SIPO[J]. Research policy, 2018, 47(3).

142.TORRISI S, GAMBARDELLA A, GIURI P, et al. Used, blocking and sleeping patents: empirical evidence from a large-scale inventor survey[J]. Research policy, 2016, 45(7).

143.WANG B, HSIEH C H. Measuring the value of patents with fuzzy multiple criteria decision making: insight into the practices of the Industrial Technology Research Institute[J]. Technological forecasting and social change, 2015, 92.

144.WEYL G, TIROLE J. Market power screens willingness to pay[J]. The quarterly journal of economics, 2012, 127(4).

145.WILLIAMS H. Innovation inducement prizes: connecting research to policy[J]. Journal of policy analysis and management, 2012, 31(3).

146.Wright B. The economics of invention incentives: patents, prizes and research contracts[J]. The American economic review, 1983, 73.

147.YAMAUCHI I, NAGAOKA S. Does the outsourcing of prior art search increase the efficiency of patent examination? Evidence from Japan[J]. Research policy, 2015, 44(8).

148.YIANNAKA A, FULTON M. Getting away with robbery? Patenting behavior with the threat of infringement[J]. Journal of economics and management strategy, 2011, 20(2).

149.ZHANG G P, CHEN X D. The value of invention patents in China: country origin and technology field differences[J]. China economic review, 2012, 23(2).

150.ZHANG G, LV X, ZHOU J. Private value of patent right and patent infringement: an empirical study based on patent renewal data of China[J]. China economic review, 2014, 28.

151.ZIEDONIS R H. Don't fence me: fragmented markets for technology and the patent acquisition strategies of firms[J]. Management science, 2004, 50(6).